自民党大乱

裏金・抗争・権力奪取

大下英治
Ohshita
Eiji

さくら舎

目次◆自民党大乱——裏金・抗争・権力奪取

第一章　惨劇

第二章　混沌

第三章 波乱

第四章　野望

第五章　覚悟

自民党大乱

——裏金・抗争・権力奪取

第一章　惨劇

二発目の銃弾

事件当日の令和四年七月八日、安倍《あべ》晋三《しんぞう》元総理は、自宅を朝早くに出発した。午前一一時半からの奈良《なら》での演説に間に合わせるために、羽田《はねだ》空港を午前九時に出発する伊丹《いたみ》空港行きの全日空一七便に搭乗する必要があったからだ。

安倍晋三

「今日も元気に行ってくるよ」

見送りに出た昭恵《あきえ》夫人に安倍は、いつものように言葉をかけて家を出たという。

午前一〇時五分、安倍を乗せた全日空一七便は、伊丹空港に到着した。安倍は、そこから車に乗って、街頭演説会のおこなわれる近鉄大和西大寺《やまとさいだいじ》駅へと向かった。

午前一一時一〇分、奈良県選挙区から再選を目指す自民党公認の現職の佐藤啓《さとうけい》の街頭演説会が大和西大寺駅北口から東に五〇メートルほど離れた交差点中央のガードレールで囲まれた安全地帯でおこなわれた。安全地帯の真南には県道一〇四号谷田奈良線が通っている。駐車スペースがないために、選挙カーは安全地帯から北に約二〇メートルほど離れた場所に止められた。

午前一一時一八分、安倍は、警察官とともにガードレールの内側に到着した。安倍が姿を現したこともあって、前方の聴衆が徐々に増え始めていった。

一一時二三分、候補者である佐藤の演説が始まった。

一一時二八分、安倍は、佐藤とグータッチを交わしたあと、高さ約四〇センチメートルの台の上で、駅のロータリーを背にして応援演説を開始した。

事件が起きたのは、安倍が演説を開始して、数分しか経っていない午前一一時三一分過ぎだった。

「彼（佐藤）は、できない理由を考えるのではなく……」

安倍がそう語った直後、爆発音があがった。

斜め後ろから演壇に近づいてきた男が、たすきがけの黒いカバンから筒状の銃身を粘着テープで巻いた手製の拳銃を取り出し、安倍に向けて発砲したのだ。この一発目の時点での安倍と男の距離は約七メートル。一発目は誰にも当たらなかった。が、爆破音のような大きな音とともに白煙が上がった。安倍は音のした左後方を振り返った。

男は一発目の発射から二・七秒後、さらに二メートルほど安倍に近づいた位置から、二発目を発射した。二発目の銃弾は、安倍の首の右前部と左上腕部に着弾。安倍はその場に倒れ込んだ。

二発目が命中したことで心肺停止状態となった安倍は、現場に居合わせた看護師らに救命措置を施された。

その後、救急車に収容され、ドクターヘリの着陸先である平城宮跡《へいじょうきゅうせき》歴史公園に向かった。一二時九分にドクターヘリに収容されると、一二時二〇分、橿原《かしはら》市内にある奈良県立医科大学高度救命救急センターへ搬送された。

殺意

いっぽう、銃撃を実行した男は奈良県警にすぐに取り押さえられ、午前一一時三二分に殺人未遂の現行犯で逮捕された。

男の名は山上徹也《やまがみてつや》。四一歳の奈良市在住の無職の男性だった。

山上が安倍を狙った理由は、安倍が宗教団体の旧統一教会（現・世界平和統一家庭連合）と関わりを持っていたことだった。

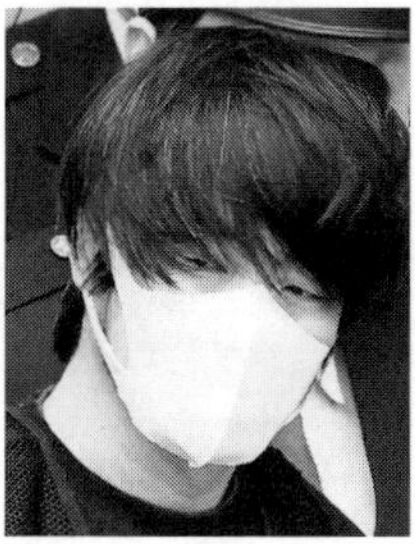

山上徹也

令和三年九月一二日、韓国のソウル近郊にある清平《チョンピン》で旧統一教会の関連団体UPF（天宙平和連合）などが主催したオンライン年次大会「THINK TANK 二〇二二 希望前進大会」がおこなわれた。安倍は、その大会にビデオメッセージを寄せて、会員たちに向けて語っていた。

「今日に至るまでUPFとともに世界各地の紛争の解決、とりわけ朝鮮半島の平和的統一に向けて努力されてきた韓鶴子《かんつるこ》総裁をはじめ、みなさまに敬意を表します。UPFの平和ビジョンにおいて家庭の価値を強調する点を高く評価いたします」

旧統一教会に多額の献金をおこなう熱心な信者を母親に持つ山上は、大学への進学を断念するなど、若いころから教団の存在に苦しみ続けていた。教団への恨みを募らせていた山上は、教団の活動を賞賛する安倍のビデオメッセージを目にして、攻撃の対象を安倍に向けたという。

反共団体の統一教会

安倍元総理と旧統一教会の関わりは、一代に限られたものではない。安倍の祖父である岸信介《きしのぶすけ》元総理のころにまで遡る長い関係があった。

昭和二九年に韓国で教祖の文鮮明《ぶんせんめい》によって活動を開始した統一教会は、昭和三三年ころから日本でも活動を開始。昭和三九年に宗教法人として認証されると、久保木修己《くぼきおさみ》が日本の初代会長に就任している。その年の一一月、日本の統一教会は、渋谷《しぶや》区南平台《なんぺいだい》にある岸信介の邸宅の隣に本

岸信介

部を移転。以降、岸は、盟友の日本船舶振興会会長の笹川良一《ささがわりょういち》との縁もあり、教団と深い関係を築いていく。

昭和四二年六月には、山梨《やまなし》県の本栖《もとす》湖畔で日韓両国の「反共首脳会議」が開催された。この会議には、日本側からは、笹川良一、児玉誉士夫《こだまよしお》の代理人、韓国側からは文鮮明らが集まり、反共団体をつくることで合意した。翌四三年、笹川を名誉会長、統一教会の久保木を会長として、政治団体の国際勝共連合が発足する。

反共意識が強く、安保改定時に自らを辞職に追い込んだ左翼勢力に対して批判的だった岸は、昭和四五年には勝共連合の本部を兼ねる統一教会の本部に出向き、若者たちを激励している。さらに昭和四九年には、文鮮明を囲んだ晩餐会を帝国ホテルで自ら実行委員長として開催した。晩餐会には、娘婿である安倍晋太郎《しんたろう》や、当時、大蔵大臣だった福田赳夫《ふくだたけお》も出席した。

岸信介や安倍晋太郎は統一教会と深い関係を築いたが、平成五年に初当選した安倍晋三は、当初距離を置いていたという。だが、民主党政権が誕生し、下野をして以降、政権復帰を目指すなかで、急速に近づいていったようだ。

令和四年の参院選でも比例区に出馬して当選した井上義行《いのうえよしゆき》が統一教会の強い支援を受けて、国政復帰を果たしているが、井上は第一次安倍政権で政務の総理秘書官を務めるなど、安倍に近い政治家のひとりであった。

なお、一度総理大臣を辞職した安倍が再び総理の座を目指して戦うことができたのも、岸信介の孫という血統ゆえともいえよう。もし、そういう輝ける血統がなければ、二度も総理にという運命はなかったであろう。しかし、今回凶弾に倒れたのも、統一教会と関わりの深い岸信介の孫であったせいといえる。その意味では、安倍にとって一連の出来事は岸家の運命というよりも、岸家の宿業ともいえよう。

真っ先に駆け付けた西村康稔

事件当日の七月八日、西村康稔《にしむらやすとし》は、羽田空港を正午に発つ伊丹空港行きの全日空二三便に乗るために、羽田空港へと向かっていた。前日の七月七日、兵庫《ひょうご》県で安倍とともに末松信介《すえまつしんすけ》を応援していた西村も、その夜、安倍と同じく東京《とうきょう》の自宅に戻っていた。

午前中の打ち合わせを終えて、羽田空港に着き、飛行機に搭乗する直前の午前一一時四五分、西村の携帯電話が鳴った。

電話に出るや、相手はすぐに緊迫した声で伝えてきた。

「安倍さんが奈良で演説中に撃たれたというニュースが入っています」

突然の報せに、西村は衝撃を受けた。しかし、この段階ではまだ事件直後の一報が流れているだけで、詳細まではわからなかった。

西村は、安倍の身を案じながら、奈良ということもあり伊丹空港行きの便に搭乗した。

午後一時過ぎ、予定通り伊丹空港に到着した全日空二三便から降りた西村は、すぐさま安倍についての詳細を確認した。

西村は、撃たれた安倍が、奈良県立医科大学高度救命救急センターに搬送されて救急治療を受けていることを確認すると、その日の午後の予定をすべてキャンセルし、すぐさま病院へと向かった。

西村が病院に到着すると、すでに安倍派の会長代行を務める塩谷立《しおのやりゅう》元文部科学大臣と兵庫県選挙区選出で安倍派に所属する加田《かだ》裕之《ひろゆき》参議院議員が駆けつけていた。

静岡《しずおか》県が地盤の塩谷は、この日、偶然関西にいたため、すぐに向かったという。

西村と塩谷、加田は三人で協力して、各方面と連絡をとった。

西村康稔

病院の救急救命室で蘇生措置を受けていた安倍との面会はかなわなかった。
医師団から大量の輸血をおこなって、懸命の治療中という状況を訊き、西村はひたすら回復を祈りつづけた。
病院には、事件時に安倍を警護していたＳＰもいて、激しく憔悴し、泣き崩れていた。

西村も、そのSPと顔見知りだったため、事件の責任を感じ、泣き崩れているSPの姿を見て、胸が詰まったという。

徐々に様子が落ち着くと、SPからも事件当時の状況を訊いた。

また、西村は、永田町《ながたちょう》にある自民党本部にも連絡をとった。

福田《ふくだ》達夫《たつお》総務会長が幹事長室にいたため、西村は福田と情報を共有しながら、官邸をはじめとする各方面と連絡をとった。

安倍晋三の本当の死因

一報を受けて東京都渋谷区富ヶ谷《とみがや》の自宅を出た昭恵夫人が、午後四時五五分、病院に到着した。

昭恵夫人は、塩谷、西村とともに懸命に治療を受けている安倍元総理と対面した。

そして、病院側から安倍元総理の容態の説明を受けて、蘇生措置を中止することを最終的に承諾した。

西村は、昭恵夫人とともに安倍元総理を看取ることになり、午後五時三分に安倍の死亡を確認した。その時の安倍の様子を西村が語る。

「本当に穏やかな表情でした」

安倍が亡くなったことを確認すると、昭恵夫人も、ショックで茫然としているようだった。しばらくすると、涙をとめどなく流した。

西村が駆けつけた後にも、病院には菅義偉《すがよしひで》元総理や、安倍が応援に入った候補者の佐藤啓参議院議員、佐藤と同じく奈良県選出の堀井巌《ほりいいわお》参議院議員、内閣情報官や国家安全保障局長を務めた北村《きたむら》滋《しげる》、松野《まつの》博一《ひろかず》官房長官らが駆けつけていた。

北村は、第二次安倍内閣で総理秘書官を務めた今井《いまい》尚哉《たかや》から事件の一報を受けて、病院に急行してくれたようだった。

北村は自ら「自分が役に立つこともあるだろうから、ずっといますよ」と言い、警察関係との連絡や調整を担ってくれた。警察官僚出身の北村の存在は非常に助かったという。

菅も、この日は参院選の応援演説のために沖縄《おきなわ》県に向かう予定であった。だが、事件の一報を受けて演説が中止になったために、病院に急行したという。

昭恵夫人

病院に駆けつけた面々は、安倍の遺体と面会し、それぞれに別れを告げた。

西村は、その後の段取りについて、昭恵夫人と相談をし、東京の自民党本部にいる福田達夫総務会長に岸田《きしだ》文雄《ふみお》総理や茂木《もてぎ》敏充《としみつ》幹事長への連絡を頼んだ。

午後六時過ぎからは、担当医による会見がおこなわれた。

司法解剖をおこなうため、その夜は病院に泊まり、翌朝、東京に向けて出発することになった。西村や、昭恵夫人、昭恵夫人の実弟の松崎勲《まつざきいさお》らは、病院内に用意されたそれぞれの部屋で一夜を過ごした。

七月九日に奈良県警によって公表された司法解剖の結果では、安倍の死因は失血死であり、左上腕部が狙撃され、左右の鎖骨下動脈を損傷したことが致命傷となったという。

七月九日、午前五時五五分、昭恵夫人や西村らは、安倍の遺体とともに、奈良医大附属病院を車で出発した。午後一時三五分、一行は、渋谷区富ケ谷の自宅に到着した。

安倍の母親の洋子《ようこ》をはじめ、長兄の安倍寛信《あべひろのぶ》、弟の岸信夫《のぶお》参議院議員らが迎えた。

さらに、高市早苗《たかいちさなえ》政調会長や、福田達夫総務会長、大石吉彦《おおいしよしひこ》警視総監、鈴木浩《すずきひろし》外務審議官、安倍と親交が深かった日枝久フジサンケイグループ会長らも来ていた。

安倍の遺体は洋子が普段生活している三階に運ばれた。

自宅前には多くのマスコミが集まっていた。

昭恵夫人も、昨夜から一睡もできなかったようで、相当疲れている様子だった。

西村は、その後は、塩谷立や、下村博文《しもむらはくぶん》らとともに弔問客の対応に追われた。

この日は、選挙応援の合い間を縫う形で岸田総理のほかに、森喜朗《もりよしろう》元総理、小泉純一郎《こいずみじゅんいちろう》元総理、細田博之《ほそだひろゆき》衆議院議長、山東昭子《さんとうあきこ》参議院議長、二階俊博《にかいとしひろ》元幹事長、小池百合子《こいけゆりこ》東京都知事らが弔問に訪れた。

　翌一〇日、参院選の投開票日となったこの日も、茂木敏充自民党幹事長や、亀井静香《かめいしずか》元衆議院議員、三木谷浩史《みきたにひろし》楽天グループ会長兼社長、ラーム・エマニュエル駐日アメリカ大使らが弔問に訪れた。

亀井静香

荒井広幸

悲しみの対面

　安倍の事件当日の七月八日、一報を知ると、安倍と盟友の荒井広幸《あらいひろゆき》元参議院議員は、昼過ぎには、安倍の自宅に駆けつけて、安倍の母親の洋子と長男の寛信とともに、推移を見守っている。

　翌日の七月九日、荒井は、昭恵夫人と一緒に帰宅した安倍の遺体を、ガレージで迎えた。

　荒井は、安倍の顔を見ることができなかった。荒井には、最後に別れた時の笑顔のままで安倍のことを記憶しておきたい気持ちがあったのだ。

　安倍の自宅には、亀井静香元衆議院議員も、弔問に来た。安倍と荒井のことを初当選の時からずっと可愛がっていた亀井は、安倍の死を心から悲しんでいるようだった。

荒井と西村康稔に抱えられながら、安倍の遺体を前に、亀井は泣き叫んだ。

「晋三、痛かったろうな。晋三、バカ野郎、なんで死んだんだ」

亀井は、周りの制止も訊かず、五分ほど語り続けていたという。

安倍の突然の死は、荒井に、かつて敵対した人物と邂逅する機会をつくったという。

その人物は、かつて郵政民営化を巡って、荒井が激しく対立した小泉純一郎元総理だ。

平成一七年夏に現職の参議院議員でありながら、郵政民営化法案に反対し、自民党を離党し後に除名され、新党改革を自ら立ち上げた荒井は、それ以降、国会で小泉と討論することはあっても、サシで会うことは一度もなかった。

安倍の自宅のガレージで小泉と話をしたが、およそ二〇年ぶりのことだったという。

小泉は帰りぎわに、荒井とあいさつを交わし、握手をしたあと、車に乗り込みながら天を仰ぎ、荒井に安倍について言った。

「荒井さん、安倍さんは再登板もあったな…」

森喜朗元総理は、月刊誌『中央公論』令和四年九月号で、安倍の死と再登板について語っている。

《七月九日、安倍さんのご遺体がご自宅に戻ったので、病院から弔問して、対面した。頭に包帯が巻かれていたが、安らかで、それから非常にきれいな顔をしていた。頭も顔も撫でてやったよ。冷たかったなあ。「安倍くん、ご苦労だったな」「よく頑張ったな」という言葉をかけるよりなかった。

私から見ると、弟みたいにしていたからね。「かわいそうになあ」という気持ちと同時に、「まだあと二〇年はやれるのにもったいないなあ」と。「俺は老骨に鞭打って頑張っているのに、まだ若いのだからもったいないじゃないか」という気持ちになってしまった。安倍さんが亡くなるとは、予想もしていなかったし、考えもしなかった。はっきり言えば、これからどうやって安倍さんをもう一回、もり立てていくかということを考えていた。

本人もおそらく、心の中では「チャンスがあれば」と思っていたはずだよ。それはお互い、絶対に口にしないようにしていたが、そのつもりでいたと思う。彼は、七月の参院選は異常なまでに（候補者応援のために）歩いていた。奈良もそうだし、福井《ふくい》とか、行かなくていいようなところまで、きめ細かく歩いておられた。やっぱり他日を期しているのだなあと、私には見えた。だから、その時に備えて、お互いに「あうんの呼吸」で周りをしっかり固めて、環境を作り上げることが、私の最後の仕事だと、そう思っていたからね。》

森喜朗

《安倍さんがもう一度、総理大臣に再登板するというのは非常に安易な話で、本当はやってはならないことだ。しかし、もうどうしようもないという時に使える大変な「奥の手」だった。だから、安倍さんは心しておこうということであって、そういう期待はこれっぽっちも持たないほうがいいし、周りも誰も言わない方がよかった。安倍さんは日々、自分の研鑽のために、体力をつけるのと同じように、勉強することを心がけていた。その中の一つとして、今度の選挙は圧倒的に勝とうとして、そのためにエネルギーを使い過ぎ、不幸なことになったということでしょう。》

再々登板する意欲か

安倍派の下村博文によると、岸田政権が発足したのちも、安倍元総理は、積極的に発言し、存在感を示していた。

衆院選後の令和三年一一月十日には、清和政策研究会会長の細田博之が衆議院議長に就任することになり、派閥を離脱した。安倍は、二度目の総裁となった平成二四年以来約九年ぶりに派閥へ復帰し、細田の後任の会長に就任した。これによって、平成三年五月に父親の晋太郎が死去して以来、三〇年ぶりに安倍派が復活した。衆参合わせて一〇〇人近い議員が所属する最大派閥の会長となった安倍は、自身の政策を反映させようと、財政や安全保障分野を中心に次々と意見を発信していく。

党内最大派閥の会長で、保守派に影響力を持つ安倍の存在感を前に、岸田総理も政権運営を考えて配慮せざるを得なかった。

令和四年三月には、安倍は、アメリカの核兵器を同盟国で共有する「核共有」について、「わが国はアメリカの核の傘のもとにあるが、いざという時の手順は議論されていない。非核三原則を基本的な方針とした歴史の重さを十分かみしめながら、国民や日本の独立をどう守り抜いていくのか現実を直視しながら議論していかなければならない」と語り、踏み込んだ意見を述べた。

さらに、六月には「防衛費をＧＤＰ（国内総生産）の二％に増額する方針を『骨太の方針』に明記すべき」と発言。実際に政府は「骨太の方針」の原案にこの方針を明記している。

下村は語る。

「総理大臣経験者となると、あまり踏み込んだ発言をしないものでしたが、安倍さんは、従来の元総理のイメージを払拭するかのように、相当積極的に発言していました。元総理になると、現在の政権を大所高所から見守るものでしたが、外交などの得意の分野から経済政策まで、パワフルに提言していました」

こうした安倍の積極的な言動について、自民党の一部からは「もう一度総理総裁を目指すつもりなのでは」という声も上がっていた。

下村が安倍の再々登板説について語る。

「わたしもそのように見ていましたが、派閥の議員たちも、ほとんどがそう思っていたと思いますよ。もちろん再々登板する意欲を表に出してはいませんでしたが、安倍さんには、自分が総理大臣をやった方がはるかに日本のためにも、世界のためにも、良い仕事ができるという自負があったんじゃないでしょうか。岸田総理に対しても、敬意は表していましたが、政策についてははっきりと意見をしていました。防衛費も予算の金額まで踏み込んで発言していましたから」

安倍の通夜と葬儀は、通夜が七月一一日、葬儀が一二日の日程で、いずれも港《みなと》区芝《しば》にある増上寺でおこなわれることになった。

一一日の通夜には、岸田総理や菅前総理、麻生《あそう》太郎《たろう》自民党副総裁、ラーム・エマニュエル駐日アメリカ大使、アメリカのジャネット・イエレン財務長官、黒田《くろだ》東彦《はるひこ》日本銀行総裁、泉健太《いずみけんた》立憲民主党代表、玉木《たまき》雄一郎《ゆういちろう》国民民主党代表、三木谷《みきたに》浩史《ひろし》楽天グループ会長兼社長、豊田《とよだ》章男《あきお》トヨタ自動車社長、里見《さとみ》治《はじめ》セガサミーホールディングス会長をはじめ、国会議員や各国の大使、親交のある経済人や文化人ら、約二五〇〇人が焼香に訪れた。

一二日におこなわれた葬儀と告別式では、麻生太郎自民党副総裁が「友人代表」として、昭恵夫人が喪主として弔辞を読んだ。

「あまりに突然なことで、まだ夢の中にいるようだ。あの日は、朝八時にご飯を一緒に食べてお見送りをした。そうしたら、一一時過ぎに撃たれたと連絡があって、母の洋子さんには言わないでと言われたのですが、『えっ』と声を上げてしまいました。平静を装っていましたが、テレビが流れ始めてしまって。事件後に病院に駆けつけて、主人と対面したとき、手を握ったら、握り返してくれたような気がした」

そして結婚してからの二人の人生を振り返った。

「主人のおかげで、経験できない色々なことを経験できました。すごく感謝しています。いつも自分をかばって助けてくれた。主人は家では優しい人で、人を喜ばせるのが本当に好きな人、人のためにするのが好きな人なので、こんなにたくさんの人が葬儀に参列してくれたことを喜んでいることでしょう。

安倍晋三を支えてくれて、本当にありがとうございました。（吉田松陰《よしだしょういん》の『留魂録』の文章に）一〇歳には一〇歳の春夏秋冬があり、二〇歳には二〇歳の春夏秋冬、五〇歳には五〇歳の春夏秋冬があります。父・晋太郎さんは、総理目前に倒れたが、六七歳の春夏秋冬があったと思う。主人も、政治家としてやり残したことはたくさんあったと思うが、本人なりの春夏秋冬を過ごして、最後、冬を迎えた。種をいっぱいまいているので、それが芽吹くことでしょう」

令和四年九月二七日、安倍晋三元総理の国葬が日本武道館で執りおこなわれた。

岸田総理に続いて、三権の長である細田博之衆議院議長、尾辻秀久《おつじひでひさ》参議院議長、戸倉三郎《とくらさぶろう》最高裁判所長官が、友人代表として、菅義偉前総理が弔辞に臨んだ。

安倍はまだ六七歳。上の世代の力を持った人たちはやがていなくなる。党内の最大派閥（清和会＝安倍派）を率い、その力は強く、安倍の時代が今後十何年近くも続くはずだった。

三回目となる総理大臣への返り咲きも可能となる環境すら整っていた。退任後に力を持った田《た》中角栄《なかかくえい》はロッキード事件で被告となっていたから「闇将軍」といわれたが、安倍は罪人ではないから「昼将軍」として堂々と力を振るい続けることができた。安倍の母方の祖父の岸信介は満州国をつくり「満州の妖怪」といわれたが、安倍は爽やかで一見、妖怪風でないのにしたたかな「令和の妖怪」として力を振るえる可能性があった……。

キッシーの総裁選

総務会長や選挙対策委員長として岸田文雄政権を支えることになる遠藤利明《えんどうとしあき》は、岸田総理とは古くから親交がある。

遠藤は、岸田が初めて出馬し、菅義偉に敗れた令和二年九月の自民党総裁選と、みごと総裁の座を射止めた令和三年九月の自民党総裁選で、いずれも岸田文雄陣営の選対本部長を務めている。いわば、岸田総理産みの親のひとりといえる存在だ。

　平成五年の衆院選では日本新党推薦の無所属として旧山形《やまがた》県一区から出馬し、初当選を飾った。当選後は日本新党の追加公認を受けるが、同じ山形県選出の加藤紘一《かとうこういち》の誘いもあり、自民党に復党。加藤と同じ宏池会（宮澤派）に入った。

　遠藤はそれ以来、平成五年の初当選組で、同じく宏池会の一年生議員であった岸田と行動を共にする機会が多くなっていく。

　ちなみに、この平成五年の衆院選では、遠藤や岸田のほかにも、昨年七月に死去した安倍晋三元総理や、茂木敏充幹事長、野田聖子《のだせいこ》前内閣府特命担当大臣、高市早苗経済安保担当大臣など、多くの政治家たちが国会の赤じゅうたんを初めて踏んでいる。

　遠藤が岸田との関係について語る。

「岸田総理とは初当選のころからの長い付き合いですが、数年前から『総裁選に出る時は応援するよ』とよく話していました。わたしは長年、谷垣《たにがき》グループの一員として、谷垣禎一《さだかず》さんを支えてきましたが、谷垣さんが引退されてからは、清和会の安倍さんの流れとは違う宏池会の岸田さんにいずれ政権を担ってほしいという思いを持ち続けていました」

　平成二一年八月の衆院選で自民党は大敗し、民主党に政権交代を許した。

遠藤利明

野党転落後の自民党総裁選で当選し、火中の栗を自ら拾ったのは、遠藤が側近として支えていた谷垣禎一だった。

遠藤は、自民党の野党時代、政権復帰を目指す谷垣総裁を支えるための議員有志の会（奪還の会）を作り、各派の中堅議員たちに参加を呼びかけた。

清和会からは塩谷立、平成研究会からは竹下亘《たけしたわたる》、近未来研究会からは田野瀬良太郎《たのせりょうたろう》、石破《いしば》グループからは鴨下一郎《かもしたいちろう》、無派閥からは小池百合子が参加するなかで、宏池会を代表して参加してくれたのが岸田文雄だった。

その会は、谷垣が自民党総裁を退任した後も、この中から将来の総理をとの思いで、「龍の会」と名称を変え、コロナ禍をのぞき、今も毎月一回ほどのペースで開かれている。

自民党きっての文部科学行政通である遠藤利明にとって、ここ数年取り組み続けてきた最大の政治課題は、東京五輪の実現であった。遠藤は、平成二六年に日本オリンピック委員会と東京都によって一般財団法人東京オリンピック・パラリンピック競技大会組織委員会が設立されると理事に就任。平成二七年六月二五日には、東京オリンピック競技大会・東京パラリンピック競技大会担当の初代の国務大臣として初入閣を果たしている。一年後の平成二八年八月に大臣を退任すると、自民党二〇二〇年五輪・パラリンピック東京大会実施本部長に就任。

この年一一月には、森喜朗会長を全般に渡り補佐する「会長代行」業務を担うために、東京オリンピック・パラリンピック競技大会組織委員会の副会長に就任した。

その後、新型コロナウイルス流行の影響により、令和二年八月に開催予定だった東京五輪の翌年への延期が決まって以降も、遠藤は無事開催されるように尽力し続けてきた。

多忙ななかでも、遠藤は、自民党総裁を目指す岸田文雄に対して、助言を欠かさなかった。

遠藤は、岸田が初めての総裁選に出馬する少し前から言っていた。

「キッシー、総裁選に出る時は、選対本部長には自分の派閥以外の人になってもらった方が良いよ。自分のところから出すと広がりが見えなくなる。なるべく他の派閥の議員にやってもらった方がいいよ」

元々、同じ宏池会の岸田と遠藤だったが、加藤の乱を機に宏池会は二つに分裂。岸田は堀内《ほりうち》派、遠藤は加藤派に所属する。その後、平成二〇年に両派は合流したが、平成二四年の自民党総裁選を巡って、再び分裂。遠藤や逢沢一郎《あいさわいちろう》ら谷垣に近い議員たちは宏池会を離脱し、谷垣グループ（有隣会）を結成して活動していた。

岸田にそのように提案した遠藤だが、この時、遠藤自身が選対本部長に就くことになるとはまったく思ってもいなかったという。

菅義偉に敗北

令和二年八月二八日、安倍晋三総理が健康問題を理由に辞任を表明した。

八月二四日に大叔父である佐藤栄作《えいさく》の持つ総理大臣連続在職日数記録の二七九八日を超えて、最長記録を更新した直後であった。

岸田文雄

安倍が辞任した八月二八日、政調会長を務めている岸田文雄は、安倍が退陣を表明する前に新潟で講演し、語っていた。

「ぜひ、総裁選挙には挑戦したい」

岸田は、講演を終えたのち、すぐに帰京した。夕方には永田町の派閥の事務所で自身が会長を務める岸田派（宏池会）の緊急会合を開催し、力を込めて語った。

「心を合わせて、これからの政局に臨んでいきたい」

第二次安倍政権で外務大臣と政調会長を務めるなど、後継の有力候補に見られていた岸田だったが、その後、流れが一気に変わる。

八月二九日の夜、赤坂《あかさか》にある議員宿舎で菅義偉官房長官、二階俊博幹事長と森山裕《もりやまひろし》国会対策委員長、林幹雄《はやしもとお》幹事長代理が会談し、菅を擁立することを確認。

翌三〇日に二階派が菅の支持を表明すると、それ以降、細田派や麻生派、竹下派も菅支持へと流れていく。

菅優位の大きな流れができ、岸田は苦しい立場に立たされた。

岸田は、安倍総理や、麻生太郎副総理に支持を求めたが、明確な支持を取り付けることができなかった。岸田の苦境が報じられるなか、宏池会の事務総長を務める根本匠《ねもとたくみ》が遠藤のもとに頼みにきた。

「遠藤さん、今度の総裁選、選対本部長をお願いできませんか」

すでに劣勢は明らかだった。

遠藤は冗談まじりに言った。

「勝てそうにない選対本部長か。だけど、岸田本人から頼まれたら考えるよ」

そのうちに、岸田本人も頼みにきた。

「誰もいないんです。お願いします」

遠藤は、総裁選での勝利が有力視されていた菅とは、あまり付き合いがなかった。

そのため菅に気をつかう必要はなかった。

「わかった。そこまで言うなら引き受けるよ」

しかし、遠藤は、岸田に念押しすることも忘れなかった。

「総裁選、石破さんにも負けて三着になるかもしれないけれど、それでもやる覚悟はあるの？」

総裁選には、最有力と見られている菅のほかに、自民党員からの人気が高く、前回の総裁選で現職の安倍相手に善戦していた石破茂《しげる》も出馬を表明していた。四度目の総裁選挑戦となる石破は高い知名度を持っている。そのため、岸田には、菅だけでなく、さらに石破の後塵を拝する可能性もあった。

岸田は言った。

「覚悟はあります」

遠藤はさらに問いかけた。

「わかった。三着になっても、あきらめずにもう一回総裁選に挑む気があるならば、やってもいいよ」

岸田政権で財務大臣を務める麻生派の鈴木俊一《すずきしゅんいち》は、令和二年九月におこなわれたポスト安倍を争う総裁選の際に、岸田から支援を要請されたという。

「実は菅総理が勝利する総裁選で、岸田さんはわざわざわたしの家まで足を運んでくれて『応援してほしい』と言ってくれたんです。ただあの時の情勢は、安倍元総理の意向が物事を決する状況でしたので、『まず安倍元総理からの支持を得られるように頑張ってもらいたい』と申し上げました。結局、岸田さんは安倍さんからの支持を得ることができず、安倍さんの支持を得た菅さんが勝利しました」

遠藤が当時を振り返って語る。

「実際に岸田さんが最下位になっていたら、その後はきつかったと思うけれど、本人がそれでも総理総裁の座を目指す意欲があるなら大丈夫だろうと思って、結局、引き受けました」

麻生の支持獲得のため、古賀を切る

令和二年九月に宏池会の名誉会長を退任した古賀誠《こがまこと》は、現在、宏池会会長の岸田文雄総理とは距離を置いている。岸田が古賀と距離を置くようになったのは、安倍晋三元総理が退任したのちにおこなわれた自民党総裁選で、菅義偉の前に敗れたことだった。

岸田は、その後、総理総裁を目指すために麻生太郎との関係強化を志し、古賀と距離を置くことを選択したが、そのきっかけは森喜朗元総理からのアドバイスだった。

古賀誠

岸田は、令和二年八月三〇日の日曜日の午後、国会近くの「ザ・キャピトルホテル東急」で森に面会した。その時、森は総裁選で麻生派の支持を得るために、麻生と関係を強化するように伝えた。森は、岸田に訊いた。

「岸田さん、あなたは、麻生さんに何と言えばいいと思っているの？」

森は、麻生に岸田を推してもらうための策をさずけたという。

「岸田さんね、わたしならこう言いますよ。『麻生さん、頼みます。

あなたにすべて内閣を任せます。副総理でも官房長官でも、幹事長をやるとおっしゃるならそれもすべてお任せします』と。そこまで言わない限り、もう麻生さんは動きませんよ」

麻生太郎

岸田はその後、麻生と会談した。

「総理の意向がはっきりしていないから、決められない」

麻生からはそう言われ、当然のごとく好感触を得ることはできなかった。

岸田は、翌八月三一日午前の官邸で、安倍総理と向き合い、支援を求めた。

「総裁選に向けた準備を進めています。お力添えをお願いします」

だが、安倍の言葉は素っ気なかった。

「自分の立場からは、個別の名前を出すことは控えている」

結局、岸田は、この総裁選で麻生派や細田派の支持を取り付けることはできずに菅の前に敗れた。総裁選後、岸田は、麻生との関係強化に向けて動く。

石破、覚悟の出馬

石破茂は、令和二年九月一四日の自民党総裁選に出馬した。石破にとって四度目の自民党総裁選であった。

この総裁選では、事前に苦戦が予想されたこともあって、水月会（石破派）でも一部には出馬に消極的な声があった。しかし、石破は最終的に総裁選への出馬を決断した。それはなぜか。石破はこう語る。

「もちろん自民党ですから、同じ党内で天と地ほど意見が違うわけではありません。ですが、わたしには『自民党員に様々な選択肢を示さないといけない』という使命感のようなものがありました」

それだけでなく、石破には、なにより自民党への危機感もあったという。

「わたしは平成二一年の衆院選に自民党が敗れて野党に転落した時代、政調会長や幹事長として、『なぜ自民党が野党になったのか、どこが間違っていたのか、どこに問題があったのか』という意識を持って、谷垣禎一自民党総裁のもとで、自民党再生のために主体的に取り組んだという思いがあります。

その後、数度の国政選挙を経たこともあり、今の自民党は厳しい野党時代を知らない若手議員が半分を超えています。『自由民主党は謙虚な党でなければいけない』、あるいは『政府を公正に機能させる政党でなければいけない』、『あらゆる組織としっかり協議する政党でなければいけない』、そのように『自民党は国民のためにかくあるべし』と徹底的に反省し新しい綱領を定めた当時の議論を知らなかったり、忘れてしまったりする議員も、残念ながら増えています。やはり与党が長くなれば、どこかに奢りがでてきます。こういった問題点を語れるのは自分だという思いもあって、総裁選への出馬を決めました」

派閥内には不戦論もあり、石破自身、勝利を期しての出馬ではなかったという。

石破が語る。

「勝つことは難しいが、総裁選を通して、伝えるべきこと、伝えなくてはいけないことがあると確信していました。自民党は、国会議員だけの政党ではなく、地域で支えてくれている党員あっての政党です。党員のみなさんは、特に何かメリットがあるわけでもないのに、わざわざ入党して一年四〇〇〇円の党費を支払い、党を支えてくれています」

石破には、自民党員の声に常に耳を傾けたい、という強い思いがあるという。

そして、その思いは、石破自身の苦い経験に由来するという。

第一次安倍政権時代の平成一九年（二〇〇七年）の夏の参院選で、自民党は小沢一郎《おざわいちろう》率いる当時の民主党の前に大敗した。この選挙で自民党は二七議席減の三七議席しか獲得できず、衆参ねじれの状態に追い込まれる。結果として、この参院選は、平成二一年の衆院選での自民党の野党転落の要因となっている。

この参院選では、石破の地元の鳥取《とっとり》県や、隣県の島根《しまね》県など、それまで自民党の支持が分厚かった地方の一人区で、民主党の前に敗れる選挙区が続出した。

当時も自民党鳥取県連の会長を務めていた石破は、選挙後、各地域の自民党の支部長や、支持者たちのもとをお詫び行脚にまわった。

彼らは言った。

「今回はこれまでとは違う。自民党には入れんかったで」

話を訊くと、民主党支持に転向したわけではなかった。ただそれまで熱心に支持していただけに、自民党に愛想が尽き、いったん離れたい、ということであった。

石破は、この時、自民党の中核的な支持者から見捨てられるつらさを実感したという。

石破は語る。

「中核的な支持層が離反した時は自民党にとって、本当に危機的な状況になります。だからこそ、国会議員の票だけで決まるのではなく、地域で党を支えてくれる人たちの思いを代弁できるような選択肢を提示し続けたかった」

石破茂

今回の総裁選は、任期途中の臨時の総裁選ということで、地方票のウエイトも選挙期間も通常より少ない簡易型でおこなわれることになった。これまで石破の強みであった地方票の割合が低下したことも、石破にとっては不利であった。石破がこの点について打ち明ける。
「すでに選挙前から今回は菅先生を、という雰囲気ができていましたから、ある程度のルール変更はおこなわれるだろうと覚悟はしていました。もしルール変更がなければ、地方票では勝てたかもしれません。ですが、ルール変更が気に入らないならば、そもそも出馬しなければいいだけです。もちろん、党員投票の比率が下がることは自民党全体にとっていいことだとは思いませんが、『ルールが変わったから出馬しない』というのも、わたしの流儀ではありません。どんなルールでも戦う、ということは大事だと思いました」

令和二年九月一四日、自民党総裁選の投開票がグランドプリンスホテル新高輪《しんたかなわ》でおこなわれた。国会議員票、各三票の都道府県連票を合計した開票の結果、菅義偉が議員票二八八票、県連票八九票で合計三七七票で過半数を獲得し、第二六代自民党総裁に選ばれた。

二位は岸田文雄で、議員票七九票、県連票一〇票で合計八九票、石破は、議員票二六票、県連票四二票で合計六八票、立候補者三名中の三位であった。

この総裁選では、石破は県連票では菅に次ぐ二位だったが、国会議員票が二六票と伸びず、議員票で七九票を獲得した岸田に次ぐ三位となった。

総裁選の結果もあり、総裁選後、永田町では石破の影響力低下を噂する声も一時的に増えた。

だが、世論調査をみると、石破の人気は根強いものがあった。

「岸田は選挙に弱い」

いっぽう、三位になることが危ぶまれていた岸田だったが、石破を抑えて二位となり、総裁候補としての面子を保つことはできた。

この時、岸田の議員票は、事前のマスコミ予想よりも多かったこともあり、以前から敵対する石破茂の存在を面白く思わない安倍や麻生が岸田に票を回したという憶測も流れた。

だが、岸田陣営の選対本部長だった遠藤によると、その見方は少し違うという。

「もちろん、そういう部分もあったと思います。しかし、何人かで票読みをしていましたから、誰が岸田さんに入れてくれたのかはだいたいわかります。みんなで一人一人口説きましたから、議員票七九票のうち、七二票までは誰が入れてくれたのかを数えることができました。わからなかったのは七人くらいですから。実際は、菅さんにアレルギーを感じる議員の票が岸田さんに流れたんです。それと早稲田大学出身の岸田さんは同窓の森喜朗さんにも可愛がられていますから、その影響もあったのでしょう」

令和二年一〇月五日夜、宏池会（岸田派）は、東京都内のホテルで政治資金パーティーを開催した。会長の岸田は、菅に敗れた総裁選に触れて語った。

「次は勝利できるよう政策を磨く。力を蓄え、精進したい」

さらに、岸田は、池田勇人《いけだはやと》元総理が創設した宏池会の流れを共にくむため志公会（麻生派）や有隣会（谷垣グループ）との再結集を目指す「大宏池会」構想を念頭にして強調した。

「宏池会の大きな固まりを実現できるよう、先頭に立って汗をかきたい」

岸田は、結局、麻生との関係強化のために、麻生の要望を呑んだ。麻生が古賀との関係を絶つように強く求めたのだ。麻生と古賀は生い立ちはもとより政治手法も全く逆、しかも同じ九州の福岡を地盤としていて、折り合いが悪かった。

このパーティーに先立ち、古賀は、宏池会の名誉会長職の辞意を岸田に伝え、岸田からの要請を受けパーティーも欠席した。が、政権実現のための我慢や辛抱は大事の前の小事に過ぎない。岸田を立てることこそが自分の責務だと考えていた。

古賀は語る。

「右寄りの危機を含む清和会政権よりもリベラル中庸の保守本流の宏池会政権こそ今求められる国民の声だと確信しています」

岸田派の木原誠二《きはらせいじ》が総裁選後の動きについて語る。

「総裁選で菅さんに負けた理由は、地方票で苦戦したこと。我々は四〇人ちょっとの派閥でしたから、派閥間の連携もうまくいってなかった。そのため、総裁選後には派閥の人みんなで手分けして日本各地に岸田後援会を作りました。わたしは選挙区が東京ですからその部分のお手伝いはできないので、他派閥の若手を集めて、岸田さんの話を訊いてもらう機会を作ったりしていました」

しかし、総裁選後、岸田はさらなるピンチを迎える。

令和三年四月二五日におこなわれた参議院の広島県《ひろしま》選挙区の補欠選挙で、自民党公認の西田英範《にしだひでのり》が野党の推す宮口治子《みやぐちはるこ》に敗れたのだ。

令和元年七月の参院選で自民党公認で当選した河井案里《かわいあんり》が公選法違反で有罪判決を受けた末に議員辞職したためにおこなわれた補選とはいえ、自民党広島県連の会長を務め、総理総裁を目指す岸田としては絶対に落とせない選挙であった。

当時、菅政権の支持率も低下しつつあったが、自民党内ではこの敗戦によって「総裁候補としての岸田は終わった」、「岸田は選挙に弱い」という評価が広まっていく。

だが、遠藤は、このころも岸田を励ましたという。

「麻生太郎さんだって、四回目の総裁選。小泉純一郎さんだって、三回目で総理になったんだから。まだ一回負けただけなんだし、前回より一票でも増やすつもりでやればいいんだ」

岸田も挫けている様子はなかった。

「3A」のそろい踏み

令和二年九月の総裁選に勝利した菅義偉の総裁任期は、安倍前総裁の残した期間であったため、

甘利明

令和三年九月には任期三年の正規の総裁選が予定されていた。

令和三年四月二五日には、参議院の広島県選挙区のほかに、衆議院の北海道《ほっかいどう》二区、参議院の長野《ながの》県選挙区でも補選がおこなわれ、自民党は広島県だけでなく長野県でも敗れ、候補者を擁立しなかった北海道二区と合わせて、一分二敗という結果に終わった。

このころから、支持率低迷に苦しむ菅政権を巡って、様々な動きが起こり始める。

次期総裁を目指す岸田も動き出していく。

岸田は、令和三年六月一一日、格差是正などの経済政策を考える「新たな資本主義を創る議員連盟」の設立総会を開き、自ら会長に就任した。

この議員連盟には、一四五人もの議員が参加したが、岸田が次の総裁選での支援を期待する安倍晋三元総理や、麻生太郎副総理、甘利明《あまりあきら》税調会長も参加したこともあって、政局含みのものとしてメディアには報じられた。

国会内の会議室で、安倍、麻生、甘利の三人に挟まれた岸田は興奮気味に語った。

「『3A』そろい踏みであります」

3Aとは安倍、麻生、甘利の頭文字を指すもので、この三人の動きは、菅政権を支える二階俊博幹事長への牽制との見方が広がっていた。

遠藤も、この時、岸田から「新たな資本主義を創る議員連盟」への参加を呼びかけられた。

「遠藤さん、格差是正や再分配についての勉強会をしたいんだ」

遠藤は応じた。遠藤が長年師事していた谷垣禎一も、同じような問題意識を強く持っていたからだ。

「いいテーマじゃないか。そういうことなら手伝うよ」

だが、「新たな資本主義を創る議員連盟」は、安倍や麻生が最高顧問に名を連ねるなど、政局的な意味合いもあった。

そのため、遠藤は、その後、宏池会の座長である林芳正《はやしよしまさ》に問いただした。

「おれは再分配についての勉強会だって訊いたから参加したんだよ。成長戦略が目的ならやらないぞ」

林はなだめてきた。

「遠藤さん、あくまでも再分配の勉強会です」

結局、遠藤は議連の会長代行に就任した。

遠藤は、その時、森喜朗元総理からも意見を聞き、岸田にさらに助言をした。

「会長代行は俺だけがやるんじゃダメだ。もう一人入れた方がいい」

「誰ですか？」

「小渕優子《おぶちゆうこ》に入ってもらおう。やっぱり宏池会が勝つ時は平成研究会と組まないとダメだ。平成研究会から入ってもらうとしたら、適任者は小渕しかいない」

かつて宏池会の領袖だった大平正芳《おおひらまさよし》や鈴木善幸《すずきぜんこう》は、田中角栄の支援を受けて総理総裁に就任した。遠藤はそのような事例を思い浮かべて、岸田にアドバイスをした。

結局、小渕優子は会長代行に就任することはなかったが、議員連盟には参加してくれることになった。

遠藤が振り返って語る。

「『次の総裁選も岸田さんの応援をしなければいけない』とそのころから覚悟をしていました。ただ、勝てると確信していたわけではありません。『岸田は死んだ』と言われていましたから」

それでも遠藤は岸田に会うたびに激励した。

「四回総裁選に出たっていいんだから、絶対にあきらめないで」

「それなら私が出たるわ」

高市早苗は、令和三年九月におこなわれたポスト菅義偉を争う自民党総裁選に出馬することになるが、もともとは自分が出馬するのではなく、親交の深い安倍晋三元総理に再々登板を果たしてほしかったという。

岸田文雄内閣で経済安全保障担当大臣を務めることになる高市早苗は、昭和三六年三月七日、奈良県に生まれた。高市は、奈良県立畝傍《うねび》高校を卒業後、神戸《こうべ》大学経営学部経営学科へ進学し、経営数学を専攻した。大学を卒業すると、松下《まつした》政経塾に第五期生として入塾して、松下幸之助《こうのすけ》の薫陶を受ける。

昭和六二年には渡米し、米国連邦議会のコングレッショナル・フェロー（議会研究員）として、民主党の下院議員のパトリシア・シュローダーの下院議員会館事務所および下院児童・青年委員会事務局に勤務し、議員立法のための調査や分析をおこなった。

帰国後、松下政経塾を卒塾すると、亜細亜大学系列の日本経済短期大学（のち亜細亜大学短期大学部）の助手に就任。その後、平成四年の参院選に奈良県選挙区から無所属で出馬し、落選。翌平成五年の衆院選に、中選挙区時代の奈良全県区に無所属で出馬し、トップ当選を飾って、国会の赤じゅうたんを踏んだ。

高市は、無所属時代から同期当選の安倍晋三と親しく、特に平成八年一一月の自民党入党以降は、保守主義を信条とする政治家として長年行動を共にしてきた。

第一次安倍内閣では、内閣府特命担当大臣（イノベーション、科学技術政策、少子化・男女共同参画、沖縄および北方対策等担当）として初入閣を果たし、第二次安倍内閣でも、政調会長や総務大臣などの要職を歴任している。

令和三年二月、高市は、議員会館の安倍のもとを訪れて勧めた。

「だいぶお元気そうじゃないですか。もう一度、安倍内閣を作りましょうよ」

前年の令和二年八月に体調悪化を理由に七年八カ月務めた総理大臣の辞職を表明した安倍だったが、退任後は体調も戻って、健康を回復しているようだった。

高市はその様子を見て、再々登板を果たしてほしいと思っていたのだ。

しかし、高市の要請に対する安倍の返事は芳しいものではなかった。

「去年辞めたばかりなのに、今年の総裁選に出られるわけがないだろう。だいたい今は菅（義偉）さんが頑張ってくれているんだから、わたしは秋の総裁選は何があっても菅さんの再選を応援するよ」

安倍の任期途中での退任表明によって急遽行われた総裁選では、第二次安倍政権で官房長官を務めた菅義偉が岸田文雄と石破茂を見事やぶって総理総裁の座を射止めていた。

しかし、高市はあきらめなかった。

「世の中、何が起きるかわからないじゃないですか。政策だけでも作っておきましょうよ」

政界は一寸先は闇といわれる。高市は、不測の事態に備えるために、その次の週から週一回、安倍の議員会館の部屋に講師をともなって顔を出した。それ以来、高市と安倍は、講師を交えて、一時間半ほどの勉強会を定期的に開催する。のちに高市が安倍の秘書から話を訊いたところによると、安倍自身はこの勉強会にあまり乗り気ではなく、むしろ迷惑がっていたという。だが、高市はあきらめることはなかった。

〈いつか安倍総理の気が変わるかもしれない……〉

なお、政界では総理を退いた後も、総理と呼ぶのが慣習である。

高市は、安倍の再々登板という一縷の望みを持ちながら、勉強会を続ける。

勉強会には、第二次安倍政権で内閣広報官や総理補佐官を務めていた経済産業省出身の長谷川《はせがわ》榮一《えいいち》も協力してくれた。長谷川は講師の人選に協力してくれるだけでなく、記録係も帯同してくれて、勉強会の議事録作成にも協力してくれた。

この勉強会には、ハーバード大学経営大学院の竹内弘高《たけうちひろたか》教授、ファナック株式会社の山口賢治《やまぐちけんじ》社長をはじめ多くの有識者や経営者が講師として参加してくれた。

高市はその議事録をもとに政策を磨き上げていった。もし安倍の気が変わり総裁選に出馬することになれば、新しい安倍政権の看板となるような立派な政策集を作る心積もりだったのだ。

政権発足当初は高い支持率で迎えられた菅政権だったが、新型コロナウイルスの蔓延や、令和三年四月の衆参補欠選挙の敗北もあって、令和三年七月末になると、支持率が低迷しつつあった。会見などで見せる菅の様子も精彩を欠き、心労を重ねていることが傍目にもわかるほどであった。総裁選を二カ月後に控えたこの時期、高市は、再び安倍に総裁選に出馬するように訴えた。

「菅総理が相当弱られているようなので、安倍総理、やっぱりもう一度出ませんか？」

しかし、安倍はやはりつれなかった。

「そんなことできるわけないだろう」

高市は、勉強会をベースにした政策集の準備が進んでいることも伝えた。

「二月からやっている勉強会を活かした政策集やご著書なら、すぐにでも出せます」

それでも安倍はつれない。

「著書なら高市さんの名前で出せばいいよ。わたしは菅さんを応援するともう決めているんだから。そこまでいうならば、高市さんが自分で総裁選に出ればいいじゃないか」

安倍の決心は変わらないようで、高市と総裁選を巡り、口論になるほどだった。

高市は、九月二日にネット番組に出演した際、安倍元総理に出馬を促したが断られたことを明らかにして、語っている。

「『それならわたしが出たるわ』と啖呵を切ってしまった」

後日談だが、この政策集は、総裁選の渦中の令和三年九月一五日、『美しく、強く、成長する国へ。―私の「日本経済強靱化計画」』というタイトルで高市の著書としてワックから緊急出版されている。全九章におよぶこの政策集では、サイバーセキュリティーや原発を含むエネルギー政策、中国への技術流出を防ぐための法整備などに言及し、憲法改正の必要性についても訴えた。

結局、安倍を翻意させることが難しいと理解した高市は、自らが総裁選に出馬することを決意する。高市は、令和三年八月一〇日発売の月刊誌文藝春秋の二〇二一年九月号に「総裁選に出馬します！」と題した手記を発表した。

高市は、手記で総裁選を実施し、衆院選に向けて自民党員に活力を取り戻してもらうことの大切さや、「危機管理投資」や「成長投資」への必要性、のちに自らが大臣として取り組むことになる経済安全保障の重要性や中国への技術流出の危険性などを訴えた。

しかし、この時点では安倍からの応援はまったく見込めなかった。安倍は高市に言ったように、現職の菅の再選を支持すると周囲に公言していた。

高市が手記を発表した八月上旬の時点では、支持率が低下しているとはいえ、前年の総裁選で圧勝した菅の再選が有力視されていた。東京オリンピック・パラリンピックが控えていたこともあり、前年に菅と総裁の座を争った岸田も石破もこの時点では総裁選への対応を明言しておらず、菅の再選を支持する二階俊博幹事長ら党執行部は無投票再選の可能性を考えていた。

高市自身も勝ち目があると思っての出馬ではなかった。自らが出馬することで総裁選を実施させ、菅総理が圧勝で再選することによって、自信を持って強い総理大臣になってほしいという気持ちが強かった。

高市は自らの心境を振り返って語る。

「誰かが立候補して活発な総裁選をする必要性を感じていました。前年の総裁選では、安倍総理が任期途中で辞任したこともあり、菅総理は国会議員等による投票で選出されており、全党員が投票できる正式な総裁選で総理総裁になったわけではなかった。だから、全国の自民党員を巻き込んだ総裁選を実施し、そこで菅総裁が再選されれば、全国の自民党員が、自らが選んだ総裁を支えてくださる。

衆議院議員の任期も迫っていましたから、自民党の政策を国民の皆様にアピールする機会になり、内閣が再浮上するチャンスにもなると思っていた。そのためならば、わたしは捨て駒として総裁選に出る覚悟をしていました」

高市が出馬を表明した直後は、支援のために集まってくれた議員は二〇数名ほどだった。派閥とは関係なく、自らの信念で高市を支持すると公言してくれる議員ばかりで、高市が顧問を務める保守団結の会に所属する議員が多かった。この時点では、総裁選に出馬するために必要な二〇人を上回るものの、大きなうねりを起こせるとは思っていなかった。しかし、その後、総裁選を巡って、事態は大きく変化していく。

岸田、二階を斬る

支持率の低下に苦しんでいた菅政権にさらに追い打ちをかけたのは、八月二二日投開票の横浜市長選だった。菅政権で国家公安委員長を務めた小此木八郎《おこのぎはちろう》が衆議院議員を辞職してまで挑んだが、野党が推す山中竹春《やまなかたけはる》の前に敗北したのだ。衆議院の任期満了が迫るなか、現職総理のおひざ元での敗戦に自民党内には動揺が広がっていった。

八月二六日、自民党は、菅総理の総裁任期満了にともなう総裁選の日程を九月一七日告示、二九日投開票と決めた。この日、岸田はついに動いた。国会内で記者会見を開き、総裁選への出馬を表明。現職の菅に挑戦状を叩きつけたのである。

岸田は、ふっきれた表情で、ゆっくりと言葉に力を込めた。

「自民党が国民の声を聞き、そして幅広い選択肢を示すことができる政党であることを示し、我が国の民主主義を守るために総裁選に立候補する」

岸田はさらに党改革の重要性に触れながら、次のように発言した。

「党役員の任期を明確化するべきだ。総裁を除く党役員は一期一年、連続三期までとし、権力の集中と惰性を防いでいく」

岸田が標的と定めたのは、なんと菅政権を支える二階俊博幹事長だった。

二階は、第二次安倍政権時代から幹事長職を五年以上も務めていた。そのため、党内には交代を求める声もあった。

遠藤利明がこの時の岸田の思惑について語る。

「岸田さんにしてみたら、現職の菅さんを相手に戦うには、イチかバチか、幹事長人事をテーマにするしかなかった。新人が現職相手に戦う時は現体制を壊すしかないわけですが、覚悟してよく発言したと思います。発言の中身自体をよく訊いてみると、最大三年までにしようと言っているだけなんだけど、メディアにも大きく取り上げられて、インパクトは大きかった」

二階俊博

この岸田の二階斬り発言にもっとも衝撃を受けて、動揺したのは、実は菅総理であった。八月三〇日午後三時三一分、菅総理は、官邸に二階幹事長を呼び、会談した。

菅は、二階に提案した。

「今、総裁選前に解散総選挙をするべきかについて悩んでいます。その場合は、人心一新、党人事も内閣改造もやって、解散した方がいいのではないかと思っています」

菅は、今後の政権運営に相当悩み、執行部を変えることで、岸田の批判を回避しようと試みたようだった。この日の夜には、幹事長の交代と党役員人事の実施が報じられ、翌三一日の朝刊各紙には「二階幹事長　交代へ」の見出しが躍った。

菅が「幹事長の交代」という人事に踏み込んだことに対して、自民党内にはさらに波紋が広がった。すでに総裁選の日程が確定した段階で人事権を行使することについて、「禁じ手だ」と反発する声も上がり始めていた。

また、幹事長を外されることになる二階派からも批判が出始めていた。

さらに三一日の夜には、菅総理が九月中旬に衆議院を解散し、総裁選の先送りをおこなうという情報が永田町を駆け巡った。

この解散情報については、自民党内から強い反発があった。

追い込まれる菅政権

人事により血路を開こうとした菅総理だったが、さらに追い込まれていくことになる。

早期解散案を聞きつけた安倍や麻生が反発し、菅と電話で激しい口論になったという話が広まった。翌日の九月一日、毎日新聞の朝刊には、「首相、今月中旬解散意向　来週党役員人事、総裁選先送り」との見出しがつけられた記事が掲載された。

菅義偉

自民党内の空気はこの報道により、いっそう菅離れが進んでいった。

党内からの激しい反発を受けて菅総理は、午前九時過ぎのぶら下がり取材で、「解散できる状況ではない」と解散説を自ら打ち消さざるをえなかった。

解散権という総理大臣の大権を自ら封じる羽目に陥ったことで、菅

下村博文

の求心力はさらに低下を招いていく。

実はこの解散情報をいち早く手に入れて、安倍に伝えたのは下村博文だったという。

下村は語る。

「党本部で菅総理と二階幹事長が解散について相談しているのを訊いた党職員の一人が『僭越ですが、菅総理は来週にでも解散しようという思いがあふれていました』と心配して伝えてくれたんです」

下村はその話を訊き、すぐに安倍に連絡したという。

「このまま解散したら下野する可能性もあったので、『もしや菅総理は普通の判断ができなくなっているのでは』と心配しました。総理の解散権を止められるのは元総理くらいしかいない。だから、安倍さんと麻生さんにすぐに連絡して『このままでは解散するから、絶対に止めるべきです』と電話しました。安倍さんも驚いていましたが、菅さん本人は本当に解散する気満々のようでした。そこで安倍さんが菅総理に電話を入れ、解散を阻止したということです」

追い詰められた菅総理は、なおも反転攻勢の機を探り、党役員人事に着手する意欲を見せた。が、その党役員人事も難航。結局、九月三日午前一一時半過ぎに、自民党本部で開かれた臨時役員会で、菅総理は総裁選不出馬を切り出した。

「総裁選に出ずに、自分の任期中はコロナ対策に専念したい。ついては、お願いしていた役員人事を撤回したい」

菅総理は、九月一日の朝、自らぶら下がり取材に応じて、衆議院解散と総裁選の先送りを懸命に打ち消している。このことによって、菅総理は総理大臣の伝家の宝刀である解散権を自ら封じてしまった。

結局、解散権を封じられた菅総理は、党役員人事を断念し、不出馬を決めた。

遠藤利明が岸田陣営で本格的に総裁選に関わるのは、東京オリンピックが無事に終了してからだった。遠藤は、岸田から言われていた。

「五輪が終わったら総裁選です。また選対本部長をお願いします」

八月二九日、遠藤は、岸田の選対本部長就任を承諾する。

「誰もいないし、またやるしかないか」

小池百合子

しかし、この時は、まだ岸田の勝利を確信していたわけではないという。

だが、菅が九月三日午前一一時半過ぎ、自民党本部で開かれた臨時役員会で総裁選への不出馬を表明し、再選をあきらめた。

これも、遠藤にとっては寝耳に水であったという。振り返って語る。

「完全に菅さんとの戦いだと思っていたので、驚きました。実は、あの時のもう一つのポイントは菅さんが総裁選前に解散をするかしないかでした。もし、菅総理のまま解散したら、小池百合子東京都知事が国政進出した可能性が高かったと思います」

小池都知事は、希望の党を結成した平成二九年の衆院選のように、虎視眈々と国政進出の機会を狙っていたという。しかし、菅政権での解散を想定していた小池は、岸田政権が発足したことで断念したようであった。

森山裕から見た菅政権

菅義偉政権時代、森山裕は、国会対策委員長として菅の再選をギリギリまで支えようとしていた。

この菅総理の突然の不出馬表明は、森山にとっても寝耳に水の出来事だったという。

森山は振り返って語る。

「前日の九月二日の夜にも菅総理とは会っていて、その時はそんな様子はまったくなかったから、役員会で不出馬を表明した時は本当に驚きました。わたし自身は、菅さんにやっていただけると信じていましたから。だから、菅総理が役員会で話をされはじめて、途中から何か様子が違うなと驚いたくらいでした」

菅はなぜ不出馬を表明したのか。

「やはり総理大臣という立場になると、相当な責任感がありますし、菅さんはコロナ禍での就任となって、大変に苦労されておられました。不出馬という判断は、誰にでもできるものではありませんから、菅総理なりのお考えがあったのでしょう」

菅総理はわずか一年という短い在任期間となったが、森山は、菅政権が遺した実績を高く評価している。

「コロナ禍で厳しい時でしたが、短い間にさまざまな実績をあげました。ワクチンの一日一〇〇万回接種をはじめ、携帯電話料金の大幅値下げ、不妊治療の保険適用、デジタル庁発足、二〇五〇年脱炭素社会の実現、子ども家庭庁の創設準備など、多くの政策をダイナミックに進めたという点では、菅さんには総理としてもっと頑張ってほしかったですね」

安倍の高市支持の謎

現職の菅義偉総理の再選断念により、総裁選を巡る状況は大きく変わっていく。

高市陣営にとって大きかったのは、菅が不出馬を表明したことにより、安倍晋三前総理が支援にまわってくれたことだった。

安倍は、菅が不出馬を表明した九月三日、自身の出身派閥で党内最大派閥の細田派（清和会）

の幹部に対して、高市のことを「信条的に近い」と語り、支援する考えを伝達した。さらに、安倍は閣僚経験者に高市に細田派から推薦人を出させる考えも伝えたという。

安倍は、この日以降、高市の支持拡大に向けて一気に動き出す。

九月七日夜、高市は、安倍の渋谷区富ヶ谷の自宅を訪問した。安倍は、高市に対して、総裁選出馬に当たっての根回しの必要性や、政策の打ち出し方などを指導した。

さらに高市に近い議員を活用するように促してアドバイスを伝えた。

「周囲を使うのは総理大臣になっても同じだ」

安倍はなぜ高市を支持したのか。高市本人も具体的な理由は思い当たらないという。

「安倍総理はわたしには理由は何もおっしゃらなかった。ただ『日本初の女性総理がそろそろ出なきゃダメだよ』とかそういう言い方をしておられました。安倍総理も、わたしが勝てると思っておられる感じではなかったたし、わたし自身も、総裁選初挑戦で勝つことなど困難なことは承知の上で、出るといった以上は、正々堂々と戦おうと思っていました」

九月八日の夕方、高市は、議員会館内で記者会見をおこない、総裁選への出馬を正式に表明した。

高市が最初に挙げた政策は、アベノミクスを継承し、発展するという「サナエノミクス」だった。高市は、アベノミクスと同様に、金融緩和や機動的な財政出動などの「三本の矢」を示して、強調した。

「日本経済強靭化計画で経済を立て直し、成長軌道に乗せていく」

安倍政権が目標とした物価上昇率二％に届くまでは、プライマリーバランス（国と地方の基礎的財政収支）の黒字化目標を凍結すると主張した。

さらに、安倍の持論である敵基地攻撃の能力保有についても法整備の必要性を語った。

「敵基地を無力化することを早くできた国が自分の国を守れる」

九月一七日に公示された自民党総裁選には初挑戦となる高市と野田聖子のほかに、二度目の挑戦となる岸田文雄と河野太郎《こうのたろう》が出馬した。

高市陣営は、推薦人代表が細田派の西村康稔、選挙責任者が無派閥の古屋圭司《ふるやけいじ》、推薦人は、細田派の馳浩《はせひろし》、高鳥修一《たかとりしゅういち》、佐々木紀《ささきはじめ》、山谷《やまたに》えり子、山田宏《やまだひろし》、佐藤啓、二階派の山口壮《やまぐちつよし》、小林鷹之《こばやしたかゆき》、小林茂樹《しげき》、衛藤晟一《えとうせいいち》、片山《かたやま》さつき、竹下派の木原稔《きはらみのる》、小野田紀美《おのだきみ》、無派閥の江藤拓《えとうたく》、城内実《きうちみのる》、黄川田仁志《きかわだひとし》、石川昭政《いしかわあきまさ》、青山繁晴《あおやましげはる》が名を連ねた。

山が動いた

令和三年八月の上旬、九月に総裁選が迫るなか、安倍派に所属する参議院議員の山田宏のもとを松下政経塾の後輩の高市早苗が訪ねてきて、言った。

「先輩、わたし、来月の総裁選に出るつもりだから、応援してよ」

しかし、この時は現職の菅総理の再選が有力視され、安倍元総理も菅の再選支持を公言していた。

安倍派に所属する山田としては、いくら親しい後輩の頼みとはいえども、簡単に承知するわけにはいかなかった。

山田宏

「いや、俺、安倍派だから安倍さんがウンって言わないと応援はできないよ」

しかし、高市はあきらめない。

「安倍さんはウンって言うと思う」

「ホントに。安倍さんがウンと言うならば、支持してもいいぞ」

その時はそんなやりとりだけだったが、その後、高市の言う通りに物事は進展していった。

九月三日に菅総理が再選を断念すると、高市は安倍の支持を取り付けることに成功した。

九月八日、高市は正式な出馬会見を開くことになり、山田に言った。

「記者会見をするから、司会をして」

「だから安倍さんがウンと言わないとできないよ」

「いや、安倍さんはウンって言ったよ」

「安倍さんに電話して確かめるよ」

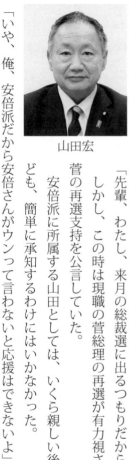

山田は念のため安倍に電話して訊いた。

「高市を応援してもいいんですか？」

「応援してあげて」

「わかりました」

山田は念のため、参議院の清和会を率いる世耕弘成《せこうひろしげ》参院幹事長にも電話で問い合わせた。

「今度の総裁選、高市を応援しても問題ないですか？　安倍さんから応援するように言われましたが…」

世耕は慌てたように言った。

「山田さん、ちょっとそれは待って」

「でも、安倍さんもオッケーしてますよ」

「確かめてみるから、ちょっと待ってください」

世耕弘成

最終的に、世耕は山田が高市を支持することに理解を示してくれたが、記者会見の日には間に合わず、記者会見の司会を引き受けることはなかった。会見の司会は高市本人が自らおこなったという。
山田が語る。
「非常に良かったですね。彼女はテレビで喋らせたら、他の候補者を抑える圧倒的な政策力を持っていますから」

この総裁選で安倍元総理は高市の応援を熱心におこなっていた。

山田は振り返って語る。

「安倍さんは電話魔でした。多くの国会議員を集めたのも安倍さんの力だし、党員票も、県会議員や市会議員、町会議員、各団体、歯科医師会など全部自分で電話して支持を呼び掛けていました」

安倍の本心

衆議院議員の高鳥修一は、高市早苗に期待する議員の一人だ。高鳥はこの総裁選でも高市の推薦人の一人として、高市のことを必死に応援している。

令和二年六月、高鳥や城内実衆議院議員、赤池誠章《あかいけまさあき》参議院議員は、新しい議員連盟「保守団結の会」を立ち上げた。

この議員連盟は、伝統的な家族観を重視する自民党議員が集まり、皇室の尊厳と皇統の護持、靖国神社参拝、憲法改正、新自由主義的経済政策との決別などを政綱に掲げて設立された。高鳥は、城内と赤池とともに会長兼代表世話人に就任した。

高鳥たちは、かつては稲田《いなだ》朋美《ともみ》を会長として結成された保守系議員の議員連盟である「伝統と創造の会」に所属していたが、路線の違いもあり、その会を抜けて、新たな議員連盟を立ち上げたのだった。約六〇人もの国会議員が所属していた。

保守団結の会を結成した令和二年一二月、高鳥は安倍晋三元総理のもとを訪れた。安倍に顧問に就任してもらおうと思ったのだった。

議員連盟の結成時には現職の総理大臣だった安倍は、この年八月に健康問題を理由に辞任を表明し、翌九月に総理大臣を退任していた。そのため、顧問をお願いしやすくなっていた。

高鳥は頼んだ。

「安倍さん、そろそろ保守団結の会の顧問に就任してください」

「いいよ」

笑顔で応じてくれた安倍は、さらに高鳥が思ってもいない提案をした。

「そういえば、僕だけではなくて、高市さんにも顧問になってもらったらいいんじゃないかな」

高鳥は、それまでは高市とは特別の親交はなかった。だが、安倍の提案ということもあって、高市にも顧問を頼んでみることにした。

高鳥は高市にアポイントメントをとり、議員会館の高市の部屋を訪ねて、言った。

「安倍先生のご指名ですから顧問をお願いします」

高市は非常に驚きながらも、引き受けてくれた。

「わかりました。わたしでよければぜひ参加します」

さらに、高鳥の推薦で古屋圭司にも顧問になってもらい、顧問は三人体制となった。

実は、安倍はその当時から高市のことを気にかけていた。高鳥にもよく言っていた。

高鳥修一

「高市は勉強家なんだけれど、友達が少ないんだ。友達になってやってくれよ」

自民党で総理総裁を目指すには、多くの仲間の応援が必要となる。安倍は高市のその点を心配していたのかもしれない。

ちなみに亡くなった安倍は、現在では「保守団結の会」の永久顧問となっている。

その翌年の令和三年九月、自民党総裁選がおこなわれた。

この時、高鳥は、七月ごろから高市に相談されていた。

「総裁選に出たいので応援してくれませんか」

高鳥は高市の出馬について、安倍に相談してみることにした。

「高市さんが総裁選に出たいと言ってますが……」

しかし、安倍の返事は芳しくなかった。

「わたしの任期を引き継いでいる菅さんを応援しないわけにはいかないから、高市さんの応援はできないよ」

義理固い安倍は、この時点では現職の菅義偉の再選支持であった。

だが、八月の後半に入ると、風向きが変わってきた。

八月三〇日、高鳥は安倍と会った。

すると、安倍が言ってきた。

「高鳥さんは高市さんを応援していいから。高鳥さんが動けば、わたしの気持ちが外に伝わるからさ」

高鳥は気づいた。

〈安倍さんの本心は、高市さんなんだな〉

高鳥は安倍からそのように言われたことを高市にも伝えて、自らメディアの前で高市支持をいち早く公言した。

高市支持を決めると、高鳥はすぐに高市の支援に向けて動いた。

常日ごろから親交のある議員たちに声をかけると、なんと一二人もの議員が高市の推薦人に名を連ねてもいいと言ってくれた。

高市自身でも一〇人ほどの推薦人を集めていたため、メディアからは弱小候補扱いされていたが、この時点でも高市の出馬は確実だった。

その後、現職の菅が不出馬を表明すると、さらに総裁選の流れが変わる。

安倍が高市の支援を公言し、積極的に動きだしたのだ。

結局、高市の推薦人は安倍が声をかけた議員たちも名を連ねることになり、高鳥は自分が集めた一二人を代表する形で推薦人となった。

青山繁晴の獲得

参議院議員の青山繁晴は、実はこの総裁選に出馬しようと思っていた。

八月六日、青山は安倍晋三元総理と議論した。

その時、安倍は現職の菅総理の再選支持だった。

「青山さんの出馬に反対はしないけれど、今回は菅さんをやるしかない。俺は菅さんに借りがあるからね」

その後、政局は急変する。菅が不出馬を表明し、安倍は高市を支持するようになる。

青山は、再び安倍と話をした。

以前から、青山は強い危機感を抱いていた。

〈日本の政治には五観がない〉

五観――この言葉は、青山の造語で、日本を率いるような政治家にとって不可欠な要素を表現した言葉である。国家観、歴史観、人間観、政局観、経済の相場観の五つで構成される。

一つ目の国家観は、大学で教えられているような国家論とは異なり、日本人にとって国とは何かを考える力のことである。

「わたしは日本という国家の原点を仁徳《にんとく》天皇の御代に定めています。日本書記に出てくる民の竈《かまど》のことです。仁徳天皇が高台に登られると、民家の竈から炊煙が立ち上がっていないことに気づかれた。そこで、帝自らが私心をお捨てになり、税金をとるのもやめられ、民の生活が豊かになるまではお食事も着るものも倹約された。さらに、宮殿の屋根の葺《かや》さえふき替えられなかった。やがて、そうした仁徳天皇の仁愛が通じたのか、民は熱意を持って努力して働き、次第に豊かさを回復していった。仁徳天皇は、回復した喜びを『竈の歌』として次の御製《ぎょせい》を詠まれた。『高き屋にのぼりて見れば、煙立つ民の竈はにぎはひにけり』。

わたしはこれは、世界史に残る考え方を示されたと思っています。民の幸せだけが朕《ちん》の幸せだという考えで、日本の国家観の根幹は、すべて民のためにというオリジナルな民主主義です」

青山は自らの思いを熱っぽく、安倍に語った。温厚な安倍は、青山の話を遮ることなく、興味津々で訊いてくれた。

青山はさらに言った。

「今度の総裁選の方々を見ると、五観を全て持つ方がいるでしょうか」

「じゃあ、あなたはどうするの？」

「わたしは総裁選に出ます」

青山が出馬に言及しても、安倍は驚きもせずに言った。

「今回は岸田だよ。俺が右だったから、次は振り子で左の岸田なんだ」

「安倍さんは右じゃないですよ。国際社会に出たら、中庸じゃないですか」

「いやいや。日本では右なんだ。次は岸田に決まってるよ。だから、今回は高市を応援してやってくれないか」

しかし、話を訊いてみると、安倍は高市を支援するとはいうものの、こんなことを繰り返し言うのだった。

「高市は社会性がないところがあるんだよ」

「どういう意味ですか？」

「青山さんも知ってるだろう」

「たとえば、総務官僚との軋轢のことですか？」

高市は総務大臣時代、役人たちと反りが合わず、トラブルになることもあったという。情報通の安倍には様々なルートから情報が入ったのだろう。

「あいつはさ……、夕方になると、議論を途中で打ち切って、書類をまとめて家に持って帰ってしまうんだよ。総務官僚からしたら、もうやってられないよね。（総理の）俺から指示されるのも嫌がるしね」

　しかし、安倍は菅が不出馬を表明したのち、高市早苗の支援にまわり、活発に動いていた。青山は質問をぶつけた。

「じゃあ、どうして高市さんをそんなに頑張ってまで推すんですか」

「今回は岸田が総理総裁になる。ただ、宏池会には問題がある。あの取り巻きたちが官邸に入ったらとんでもないことになるから、高市を彼らの制止役として送るんだよ」

「ちょっとそれは無理があるんじゃないですか。一閣僚で官邸を抑えることはできません。高市さんは総裁選で安倍さんの支援を得れば、勝てなくても、いいところまで行って大臣にはなるでしょう。しかし、官房長官にはならないだろうから官邸の抑え役を求めるのは、実力派の高市さんでも無理です」

青山繁晴

　青山にはそう言ったものの、安倍は高市支持で動くようだった。
「青山さんが今回の総裁選に出るのはもったいないよ。ちょっとここは出馬は待って、高市の推薦人になってくれないか」
　その後、参議院議員会館の自室にいると、高市から連絡があった。
「会ってもらえませんか」

青山は察した。

〈安倍さんからわたしを推薦人にするって話を訊いて連絡してこられたのか……〉

しかし、会ってみると、事情は少し違った。

高市は部屋に現れると、こう言った。

「わたしが総理になったら、青山さんを経済安保担当の大臣にするから」

青山は単刀直入すぎる論功行賞の話に驚いてしまった。

「高市さん、この日本をどうしていきたいか、という話をしてくれたらそれでいいんですよ」

ポストで釣るのはどうでしょう、という忠告を、敬意とともに込めたつもりだった。

しかし、高市は、その部分についてははっきりしなかった。

青山は話をしているうちに考えた。

〈これは安倍さんからまだ何も聞かされていないのかな〉

結局、青山は、九月五日の夜明けごろ、自らの出馬を断念し、高市の推薦人になることを決意し、まず世耕弘成参院幹事長に伝えた。青山は参議院議員だから筋を通した。

青山はその後、高市に伝えた。

「推薦人をお引き受けします」

高市は興奮気味に反応した。

「わー、やったー、これで流れが変わるわあ」

関西人の高市は明るく、大きな反応を見せてくれた。

青山は自身が総裁選への出馬を考えていたことをこの時、伝えた。

高市はまったく知らなかったらしく、驚いていた。

青山は、安倍にも電話で報告した。

「ぼくは高市さんの推薦人になります」

安倍は大きな声を上げて喜んでくれた。

「大きいよ、これは大きいよ……」

安倍は青山が推薦人になることが党員の主権者へのアピールになると思ったらしく、とても喜んでくれた。


「もしもし、安倍です」

この総裁選では、安倍晋三元総理は、自分と考え方が近く、保守系の議員たちのサポートを受けた高市早苗を徹底的に支援していた。安倍は若手議員一人ひとりに直接電話をかけて、熱心に高市への支援を呼びかけていたという。安倍の思惑には、高市を支援することで河野に流れる票を削ぎ、結果的に岸田を側面支援することがあったと言われている。

岸田陣営の選対本部長を務めた遠藤利明が語る。

「最終的には、安倍さんも岸田を応援してくれると思っていました。安倍さんも、誰かを担がないと自分に近い議員たちがバラバラになったり、不満を持つ可能性があった。だから、高市さんを応援する必要もあったのでしょう。それと結果的に三着に入って、決選投票で岸田を支援するという目的もあったと思います」

安倍の連日の電話攻勢は永田町の話題となった。今回の総裁選では、清和会は、高市を支援する議員と、岸田を支援する議員に分かれた。

岸田を応援していた清和会の議員たちは困っていたという。

遠藤は彼らからこぼされた。

「遠藤さん、安倍さんが直接あちこちに電話をするから、毎日一票二票と減っています」

結果的に高市は議員票で河野を大きく上回るなど、相当得票をした。

遠藤は語る。

「安倍さんの力がもっとも大きかったけれど、高市さんの演説が、自分の考え方をもとにした思いの強い内容だったから良かったのでしょう」

強敵・河野太郎

岸田のライバルと見られたのは、メディアに頻繁に登場し、歯に衣着せぬ発言で目立っていた河野太郎だった。

河野は菅内閣でも行政改革担当大臣を務めており、菅も河野の支援に熱心であった。

岸田陣営における遠藤の役割は、森喜朗や塩谷立などの清和会や、小渕優子ら平成研究会との窓口であった。

遠藤利明が当時の情勢について語る。

「菅さんは不出馬になったけれど、それでも正直、岸田さんが河野に勝つのはしんどいと思っていた」

この総裁選では、鈴木俊一の所属する麻生派からは河野太郎が総裁選への立候補に意欲を見せ、最終的に出馬を決断した。だが、麻生派の議員たちは一丸となって河野を推したわけではなかった。若手を中心に河野支持に動いた議員も一部にはいたが、鈴木や甘利明ら派内の多くの議員は岸田の支援に動いた。

河野太郎

鈴木の心境はどのようなものだったのか。

「河野さんが意欲を示しましたが、河野さんに対しては人心を掌握する気持ちというか、もう少し安心感が必要だと思ってました。麻生さんも同じようなことをよく言ってましたが、結局、麻生派の大勢は岸田さんを応援することになり、河野さんを応援する人はそれぞれで頑張ってくださいという雰囲気でした。

割合では河野さんが四分、岸田さんが六分くらい。河野さんもあいさつに来てくれて『自分の選対に入って応援してもらえないか』と言ってくれましたが、わたしは『自分は申し訳ないけれど、岸田さんを応援することに決めている』と言いました。はっきり言わないと失礼ですからね」

令和三年六月になり、総裁選が近くなると、岸田や木原誠二は、宏池会の若手議員たちとともに議員宿舎に籠り、総裁選に向けた政策作りもするようになっていく。

木原は岸田の二度目の総裁選をどのように見ていたのか。

「菅さんが出馬しないとなったからといって、勝てるとは思わなかったですね。衆議院議員の任期満了も迫り選挙が視野に入っていましたから、国民的人気のある河野さんがいますので、厳しい戦いになるだろうと覚悟していました。やはり、河野さんは党員票で有利だろうと思っていましたから」

河野一郎への恩返し

菅政権で、国対委員長であった森山裕は、この総裁選では河野太郎を支援したという。なぜ河野を支持したのか。実はそれには理由があった。

森山が選挙区を引き継いだ山中貞則《やまなかさだのり》は、河野太郎の祖父にあたる河野一郎《いちろう》が率いた派閥・春秋会（河野派）に所属するなど、河野一郎と深い縁があった。

さらに、現在の森山の選挙区である鹿児島県四区の各自治体は、河野一郎が池田勇人内閣で建設大臣を務めていた時代に、多くの恩恵を受けていた。

河野建設大臣は、ある時、親しい山中の応援のために、河野派に所属する重政誠之《しげまさせいし》農林大臣を連れて、山中の選挙区の各自治体を訪れた。

当時の山中の選挙区である鹿児島《かごしま》県三区（中選挙区）は、鹿児島県東部の旧大隅国《おおすみのくに》に属する地域で、森山の出身地である鹿屋《かのや》市や、西之表《にしのおもて》市、垂水《たるみず》市、肝属《きもつき》郡、曽於《そお》郡、熊毛《くまげ》郡で構成されていた。この地域は、畜産や葉タバコの栽培などの農業が盛んだったこともあり、全国きっての自民党王国であった。

特に、山中と、森山が鹿児島市議時代から師事した二階堂進《にかいどうすすむ》は、この選挙区から当選を重ね、二人とも自民党内で大きな影響力を持つ政治家へとなっていった。

河野と重政は、この時、地域の発展のために多くの約束をしてくれた。

一つは、この地域の道路を一年以内に全部舗装するというもの。そして、もう一つは、鹿児島県東部に位置する志布志《しぶし》港を重要港湾に指定するというものだった。

さらにもう一つの約束が山中の出身地である末吉町《すえよし》（現・曽於市）に畜産振興のための食肉加工施設を誘致するというものだった。

この施設は、畜産が盛んなこの地域にとって何よりも誘致が切望されるものであった。

当時の輸送事情は現在ほど芳しくなく、人口が多く大消費地である都市部に豚や牛をどのように輸送するかという課題があった。その当時は、現地では屠畜せずに、生きたままの豚や牛を貨物列車に乗せて、都市部に輸送し、そこで屠畜をおこなっていた。そのため、輸送の途中で、豚や牛が死んでしまうこともあり、貨物列車に同乗する職員たちは、その世話に追われた。だが、そのころから産地で屠畜をおこない、食肉として出荷する方針に変わりつつあった。しかし、全国各地に加工施設を建設する余裕はなかった。畜産が盛んな鹿児島県と宮崎《みやざき》県では、どこか一カ所に建設されるということになった。

河野一郎

そのため、施設の誘致合戦が非常に活発になったという。
自分の地元である末吉町に誘致したかった山中は、河野と重政の来訪に合わせて、地元の有権者とともに一芝居を打ったという。河野と重政が来た時に、歓迎会をおこなうと称して、加工施設の事実上の起工式を企画したのだ。式は、末吉町の赤崎町長が代表になり、音頭をとった。
河野と重政が会場に入ってくると、セレモニーが突然始まった。

「両大臣のご到着です」

二人はそう言われて、集まった多くの聴衆から拍手で迎えられた。

さらに、来賓席に着くと、すぐさま式がはじまる。

「それではただいまから鍬入れ式をします」演台の上には土が盛ってあり、起工式の準備がすでに終わっていた。

「重政農林大臣、鍬入れをお願いします」

しかし、重政は何のことだかわからない。だが、場の雰囲気を壊すわけにも行かず、司会者に言われるがままに壇上に上がって、鍬を入れた。

森山によると、その後の記者会見での重政の答弁がふるっていたという。

重政農林大臣は、末吉町への加工施設の誘致を明言したのだ。

「自分はここに工場を作るということを決めた記憶がないし、決済をした記憶もないですが、今日、鍬入れをしたから、ここに決まったということですかね」

重政誠之

この時のとぼけた会見は、地域の人たちにとって後々まで語り草になったという。
山中たちの打った芝居は見事に成功したのだ。
加工施設は末吉町に無事に建設され、地域の畜産振興の礎となっていく。

森山の選挙区である鹿児島県東部は、そのように河野一郎との縁がたいへん深い地域であった。

森山は今回の総裁選では、孫にあたる河野太郎を支援することで、恩返しをすることにした。

「いっぺん河野さんに恩返しをしなきゃいけないと、わたしの選挙区の方たちも思われていましたし、山中先生もずっとそのことを気にしておられるだろうなあと思って河野さんを推しました」

森山には、河野が勝てるという確信があったわけではなかったという。

「出馬表明が遅かったですし、やはり、一度出馬していた岸田陣営の準備がしっかりしていた。全党員に電話をかけたり、後援会からも資料が届くとか、びっくりするほど用意周到でしたね」

野田聖子、ついに出馬

令和三年九月の自民党総裁選は野田聖子にとっては初の総裁選となった。

総裁選出馬への意欲を積極的に示していた過去三回の総裁選とは異なり、今回の総裁選については、実は、出馬する気持ちが当初はなかったという。

野田は当時を振り返って語る。

「これまでの総裁選ではなんとか出馬しようとギリギリまでもがいて、政局のドラマに翻弄されてきました。もちろん、それは政治家としての自分の肥やしになった部分もありましたが、今回の総裁選については直前まで出る気はありませんでした」

令和二年九月に菅義偉政権が発足すると、野田は菅総理からの要請を受けて、幹事長代行に就任し、二階俊博幹事長とともに党から菅政権を支える立場となっていた。

そのことだけでなく、野田には、もう一つ理由があった。

それは、今回の総裁選では、平成五年の初当選同期で、これまで野田と行動をともにしてきた同志である小此木八郎と浜田《はまだ》靖一《やすかず》の協力を得ることが難しかったからだ。

菅内閣で国家公安委員長を務めていた小此木は、令和三年六月二二日に、八月二二日投開票の横浜市長選挙に立候補する意向を表明し、七月一八日には議員辞職していた。

八月二二日投開票の横浜市長選で、小此木は三二万五九四七票を獲得するも、五〇万六三九二票を獲得した山中竹春の前に落選した。小此木は、記者会見で政界引退を表明していた。小此木の不在は、野田にとって非常に大きかった。

さらに、もうひとりの同志である浜田靖一にも事情があった。浜田は再選を目指す菅総理の選対本部長に就任する予定であったのだ。浜田は、支持率が低下し再選が危ぶまれていくなかでも、菅総理を必死に支えようと動いていた。そのため、野田は、この時点では総裁選には出馬せず、菅の再選のために動く浜田を支えようと思っていた。

しかし、事態はさらに一変していく。九月三日の午前一一時三〇分、党役員人事に行き詰まった菅総理は、自民党本部八階で開かれた臨時役員会に出席し、総裁選への不出馬を表明したのだ。幹事長代行として役員会に出席していた野田も、我が耳を疑った。

だが、野田は、すぐに行動に移った。野田はすぐさま浜田にアポイントをとり、会うことにした。浜田は茫然自失状態だった。

一夜前までは、菅選対の本部長を引き受け、「誰が総理をやっても大変な時だから支えなくては」と腹を括っていたにもかかわらず、突然の不出馬となれば、肩透かしをくらったような心境だったのだろう。しかし、政治家はその時々の情勢に合わせて、留まることなく動き続けなければいけない仕事である。

浜田は、野田と言葉を二言三言交わすなりふいに言った。

「出るか？」

現職の菅が不出馬ならば、野田も浜田も誰にも気兼ねする必要はない。野田も即決した。

「じゃあ、出る」

野田と浜田は、そこから総裁選に向けてすぐさま動き出すことになった。

これまで総裁選への出馬を志すたびに、推薦人二〇人というハードルに阻まれてきた野田聖子だったが、今回は自信があったという。二階派に所属する元夫の鶴保《つるほ》庸介《ようすけ》参議院議員が強力にサポートしてくれたことや、過去の総裁選の際に支援してくれた尾辻秀久元厚生労働大臣や川崎二《かわさきじ》郎《ろう》元厚生労働大臣らの協力も見込めたからだ。

参議院議員で平成研究会に所属している石井準一《いしいじゅんいち》は、自民党総裁選では野田聖子を支援した。野田を支援したのは、自身がかつて秘書を務めた浜田幸一《こういち》の息子である浜田靖一が全面的に支援しているということもあったが、それだけでなく石井が長年師事した吉田博美《よしだひろみ》の遺言があったからだった。

吉田は石井によく言っていた。

「もし、野田聖子が推薦人を一五人まで揃えてきたら、お前が残りの五人を揃えて総裁選に出してやれ」

吉田は、たびたび自民党総裁選への出馬を目指す野田のことを買っていた。

野田の推薦人集めは今回も難航を極めた。実は石井本人も野田の推薦人になる話があったという。

渡海紀三朗《とかいきさぶろう》が最後の二〇番目の推薦人に名を連ねてくれたから良かったが、それがなければ石井がなる予定だったというのだ。

「渡海さんがギリギリで署名してくれたから、わたしは推薦人から降りたんです。だからもし集まらなかった場合に備えて事前に署名していたくらいです。事前に、青木《あおき》一彦《かずひこ》に『もし野田聖子の推薦人になった時は、しばらく派閥は休会する。うちの兄貴の浜田（靖一）が統括責任者だから、しょうがないんだ』と言っておきました」

石井はそれだけでなく、野田の議員票獲得のためにも懸命に動いていた。

石井が実情を明かす。

「河野太郎を支持する議員にターゲットを絞り、一人ひとり口説いていったんです。『河野は決戦投票に残るからそこで書けば不義理はない。もし一回目で野田聖子が（推薦人と自分の数を合わせた）二一票を取れなかったら、自民党の総裁選は国民からヤラセだと思われる。本当に河野太郎を総理総裁にしたいなら、最初の一票は野田聖子と書いてくれ』と頼んだわけです。それを一日一人ずつやって口説いていきました」

告示日を翌日に控えた九月一六日、野田は、正式に初出馬を表明した。

「課題となっていた推薦人二〇人を確保できた」

マスコミの報道では、ギリギリで集まったかのように取り上げられたが、実際は事前に集まっていたという。

結局、野田の推薦人は次の通りとなった。推薦人代表が三原《みはら》じゅん子《こ》参議院議員。選挙責任者が同じ岐阜《ぎふ》県選出の渡辺猛之《わたなべたけゆき》参議院議員。他の推薦人は、二階派から鶴保庸介、大岡敏孝《おおおかとしたか》、神谷《かみたに》昇《のぼる》、福井照《ふくいてる》、岩本剛人《いわもとつよひと》、清水真人《しみずまさと》、出畑実《でばたみのる》、三木亨《みきとおる》の八人。竹下派から、百武公親《ひゃくたけきみちか》と元榮太一郎《もとえたいちろう》の二人。石原派からは、野田と親しい宮路拓馬《みやじたくま》。あとは野田と同じく無派閥の議員で、盟友の浜田のほかに、川崎二郎《かわさきじろう》、木村弥生《きむらやよい》、渡海紀三朗、柘植芳文《つげよしふみ》、徳茂雅之《とくしげまさゆき》、山田俊男《やまだとしお》だった。

特に浜田が野田の推薦人になってほしいと熱望したのが、渡海紀三朗元文科大臣だった。浜田は、かつての総裁選で石破を応援した際に、渡海とともに戦ったことがあった。

その時、渡海の人柄に惚れた浜田は、野田に熱っぽく語っていた。

「人格者の渡海さんに推薦人になってもらえれば、絶対に光る」

なかには野田の演説を訊いて、推薦人に名を連ねてくれる議員もいた。

全国農業協同組合中央会に長年勤め、自民党きっての農政通である山田俊男参議院議員は、野田が演説で農業について言及したことに感銘を受けて、感激してくれた。

「今回の候補者のなかで、君だけが農業のことを熱心に言ってくれた」

山田は、そう言って、野田の推薦人になってくれたという。

討論の岸田、演説の河野

令和三年九月二九日午後、自民党総裁選の投開票がグランドプリンスホテル新高輪でおこなわれた。総裁選には、野田聖子幹事長代行のほかに、岸田文雄前政調会長、河野太郎行政改革担当大臣、高市早苗前総務大臣の四人が立候補し、三八二人の国会議員票各一票と党員・党友票三八二票の計七六四票で争われた。党員票は党員・党友による投票結果を党本部で全国集計し、ドント式で各候補者に割り振られた。

一回目の投票では、一位の岸田が議員票一四六票、党員票一一〇票で合計二五六票、二位の河野が議員票八六票、党員票一六九票で合計二五五票、三位の高市が議員票一一四票、党員票七四票で合計一八八票、四位の野田が議員票三四票、党員票二九票で合計六三票であった。過半数を獲得する候補者がいなかったため、一位の岸田と二位の河野による決選投票がおこなわれた。この結果、議員票二四九票、党員票八票で合計二五七票を獲得した岸田が、議員票一三一票、党員票三九票で合計一七〇票を獲得した河野をやぶり、第二七代自民党総裁に就任した。

岸田は、二度目の挑戦で念願の総理総裁の座を射止めた。

選対本部長を務めた遠藤利明が総裁選の結果を振り返る。

「一回目の投票は議員票だけだと、事前の予想からすると、少し多いくらい。でも、合計で考えると、党員票が予想より伸びなかったので五票ほど足りなかった。河野に一回目の投票で勝負を決めさせずに決選投票に持ち込んで勝つ戦略でしたが、岸田さんが勝った大きな要素は野田聖子さんの出馬でした」

野田の出馬は、結果的に票を分散し、一回目の投票で過半数獲得を目指していた河野の立場を苦しいものにしたという。

「河野はもちろん、岸田さんも野田さんに取られたけれど、結果的に票が分散して河野が二位になり、岸田さんは一票差とはいえ、一回目から一位になることができた。これは野田聖子さんが出馬して総裁選が四人による乱戦になったからでしょう」

以前から総裁選への出馬を熱望していた野田だが、当選同期の遠藤も、野田の立候補のために汗をかいたという。

「野田さんとは付き合いが長いから、今回はチャンスなので、出馬するならば協力してあげたいと思っていた。さらに数名の女性国会議員から熱心に頼まれた」

さらに、遠藤が岸田の勝因について語る。

「岸田さんが勝った最大の要因はコロナ禍で街頭演説がなかったこと。街頭演説がないから、その代わりにテレビでの討論会が増えた。やはり四人で討論する形になると、岸田さんの政策能力が高い。

討論会は、たいてい最初に河野が話して、高市さんと野田さんが河野の意見に反論して、最後に岸田さんがまとめる展開が多かった。そうなると、岸田さんの安定感が光って見えました。

もし、全国一〇カ所で街頭演説をやっていたら、テレビは圧倒的に河野、小泉、石破の集客力に注目するから、世論は圧倒的に河野に流れたはず。それがなくて、テレビ討論だけになったたから、『岸田はしっかりしている』と感じた人が増えたと思う。河野は演説は良いけれど、討論では岸田さんが良い。

それでも岸田さんが取った地方票は全体の二九％で、三割に届いていない。だから、状況による巡り合わせとも言えますね。勝つ時はそういうものなのかもしれないけれど」

一年前の総裁選では、自身が会長を務める宏池会以外の派閥からの支援は得られず、菅の前に敗れた岸田だったが、今回の総裁選では幅広い支持を得ることができた。

岸田が総理総裁を射止めたポイントはなんだったのか。

遠藤利明は一つの点を指摘する。

「前任の宏池会の会長だった古賀誠さんとの関係を見直して、麻生さんとの関係を強化させたことでしょう」

遠藤によると、それを岸田にアドバイスし続けたのは森喜朗元総理だという。

岸田と同じ早稲田大学のＯＢである森は、岸田のことをかわいがっていた。

遠藤が語る。

「一番の大きいポイントは古賀さんと距離を置いたことですが、結果的に、それを一番迫ったのは実は森さんなんです。森さんと古賀さんの仲は悪くないし、森さんは『古賀さんを切れ』などとは一言も言っていません。ただ『麻生に抱きつけ。それ以外に総理になる方法はないぞ』とアドバイスをしたんです」

遠藤も、最初の総裁選の結果を綿密に分析していた。岸田は、議員票は七九票だったが、地方票はほとんど取れず、石破よりも少ない一〇票であった。その内訳は、岸田の地元の広島県で三票、宏池会の議員が複数いる山梨《やまなし》県で二票、遠藤の地元の山形県のほか、福島《ふくしま》県、香川《かがわ》県、長崎《ながさき》県、熊本《くまもと》県でそれぞれ一票であった。

しかし、宏池会の議員が古賀の地盤を引き継いだ藤丸敏《ふじまるさとし》のほかに、山本幸三《やまもとこうぞう》、古賀篤《こがあつし》、松山政司《まつやままさじ》と四人もいる福岡《ふくおか》県では一票も取れなかった。対象的に無派閥の菅は、福岡県で二票を獲得していた。古賀が総裁選で岸田のために動いていないのは明らかだった。

岸田も、森の助言を受け入れて、ついに動いた。

総裁選後に古賀と会談し、距離を置くことを伝え、令和二年一〇月五日に開いた宏池会のパーティーに古賀を招待しなかったのだ。古賀も会長退任以降、長年続けていた名誉会長のポストを退任した。岸田は、結果的に古賀と距離を置く決断をしたことで、麻生や安倍の支持を獲得することに成功したのだった。

遠藤が語る。

「あの決断はたいしたもんですよ。岸田は、意外と頑固なところもある。岸田の姿勢を見て、麻生さんも、岸田に乗れるような感じになってきた。あれが一番大きなポイントですね」

敗北、そして笑顔

高市は、総裁選後、支援してくれた議員たちの前であいさつに立ち語った。

「結果を重く受け止める。党員票が足りなかったのはわたしの不徳の致すところ」

さらに岸田新総裁の下での結束を呼びかけつつ、語った。

「総裁選で互いの政策のいいところを取り込んでいこうと約束もした。わたしたちの声も大きく反映されると思っている」

安倍も語った。

「高市さんを通じて、自民党がどうあるべきかを訴えることができた。はがれかかっていた多くの自民党支持者が自民党のもとに戻ってきてくれたのではないか」

安倍はさらに高市の主張についても語り、迫る衆院選に向けて気勢をあげた。

「確固たる国家観を示しました。高市さん、わたしたちグループの主張は、他の候補にも影響を与えることができたんだろうと思います。今また一体となって、次の衆議院選挙、今度は岸田新総裁のもとに、共に勝ち抜いていこうではありませんか」

高市は、自身初めてとなる自民党総裁選で、議員票で河野太郎を大きく上回る一一四票を獲得し、善戦した。

高市が振り返って語る。

「わたしは、票読みは自分の衆議院選挙でもしたことがないからわかりません。ただ最初に選対らしき有志グループで集まった時には安倍総理は入っておられませんでした。最初は推薦人を少し上回る二〇数人からのスタートでしたから、安倍総理が支援してくださったことで相当、議員票が伸びたと思います。清和会のかなりのメンバーに声を掛けてくださいましたから。だからプラスアルファの国会議員票は安倍総理の力だと思います」

安倍は、保守色の強い高市を支援することで、自民党員や世論を巻き込み、総裁選を活性化させることも考えていたようだった。

高市は語る。

「総裁選を通じてテレビ討論やネット討論がたくさんありましたから、わたしたちのような考え方を持っているチームが自民党にいるという発信はできたんじゃないかなと思います」

高市は、一〇月一日、岸田新総裁のもとで自民党の政務調査会長に就任。総裁選を争った河野は自民党広報本部長、野田は内閣府特命担当大臣（地方創生、少子化対策、男女共同参画）に起用された。

九月二九日、総裁選が終わると、高鳥は高市に声を掛けた。

「力足らずで申し訳ありません」

すると高市がにっこりと笑って、応じてくれた。

「おかげさまで議員票では二番になれました」

高鳥にはとても印象に残る笑顔だった。

高鳥は高市の勝利に期待していたため、その日はショックだった。選挙区へと帰る北陸《ほくりく》新幹線の車中で悔しくて泣きっぱなしで、自分でも不思議なほど感情があふれていた。

この総裁選で高鳥が感じた高市の問題点はやはり仲間づくりだった。この時も、政策づくりに熱中しすぎて、陣営の議員たちとのコミュニケーションに欠けることがあり、安倍にそのことを注意されることもあったという。

総裁選後、高市が安倍派に復帰するという話もあったが、山田宏によると、結局は実現しなかった。

「安倍さんは高市さんを連れていこうと思ったようでしたが、安倍派自体はノーっていう感じでした。高市さんは安倍さんの二度目の総裁選の時に派閥を出ましたからね。安倍さんも無理はせずにタイミングを見ることにしたんだと思います」

第二章　混沌

宏池会悲願の総理大臣

令和三年一〇月四日に第一次岸田《きしだ》政権が発足すると、総裁選で岸田陣営の推薦人代表を務めた鈴木俊一《すずきしゅんいち》は財務大臣に就任した。

鈴木にとっては驚きの人事だったという。

「朝六時くらいに起きて、テレビのニュースで知りました。ただ、まだその時はどこからもその話はありませんでした。ましてや自ら望んでいたポストではないので、半分は困ったなという気持ちでしたね」

実際に、岸田総理から鈴木のもとに話があったのは、それから少し経ち、組閣が本格化してからだったという。

鈴木は、前任の財務大臣であり、自身の姉千賀子《ちかこ》の夫で義兄にあたる麻生太郎《あそうたろう》元総理に相談した。麻生は、鈴木が所属する志公会（麻生派）の会長でもある。

鈴木は言った。

「わたしなんかに財務大臣が務まるでしょうか」

鈴木俊一

麻生は太鼓判を押してくれた。

「財務省の優秀な職員がしっかりサポートしてくれるから大丈夫だ。国際会議でもなんでも心配するな」

麻生から事前に「次の財務大臣はお前だ」と示唆されることはなかった。

鈴木自身はどのような思いだったのか。

「社会保障制度調査会長をやっていたことがあったので、その複雑さを知る者として厚生労働大臣だけはやりたくないと思っていました。わたし自身、これまでポストを自分から欲しがったことはないんです。だから、期待半分で待っていたような感じでした。財務大臣になるということは全く想定していなかったので、はっきり言って、少し驚きましたし、当惑もしましたが、日本の財政を担当する重職ですから、身の引き締まる思いで引き受けました」

鈴木の父親の鈴木善幸《ぜんこう》元総理は、平成一六年七月一九日に九三歳で亡くなっている。

鈴木善幸は亡くなる間際まで息子の俊一に時折、悔やむようにボヤくことがあった。

「なんで宏池会は次々と分裂してしまうのか」

鈴木善幸はかつて自らが会長を務めたことがある宏池会が三分裂してしまったことに心を痛めていた。池田勇人《いけだはやと》を創始者とし、鈴木善幸のほかにも、大平正芳《おおひらまさよし》、宮澤喜一《みやざわきいち》ら総理大臣を輩出し、自民党きっての保守本流の派閥だった宏池会は、一九九〇年代後半からたびたび分裂していた。

平成一〇年一二月には、宮澤喜一の後任会長の座を加藤紘一《かとうこういち》と河野洋平《こうのようへい》が争い、加藤の会長就任が決定的となると、河野や麻生太郎ら河野支持の議員たちのグループは宏池会を離脱。その後、平成一一年一月には、現在の麻生派のルーツとなる大勇会（河野グループ）を結成する。

さらに平成一二年には、森喜朗《もりよしろう》内閣への不信任案を巡って、不信任案可決に向けて加藤紘一が動いたいわゆる〝加藤の乱〟が勃発。

この加藤の乱は、結局、野中広務《のなかひろむ》幹事長によって鎮圧されて不発に終わった。

だが、その結果、宏池会は、会長の加藤に与しない議員たちを中心とする堀内《ほりうち》派（現在の岸田派）と、加藤に殉じようとした谷垣禎一《たにがきさだかず》ら加藤グループ（現在の谷垣グループ）に分裂してしまった。

鈴木善幸は、結果的に三分裂してしまい、議員も影響力も減少した宏池会の現状に心を痛め続けていた。

鈴木も亡くなる間際まで宏池会の行く末を心配していた父の気持ちに報いることができればと、バラバラになった各派閥を昔のような一つの塊にできないか模索していた時期もあったという。

鈴木善幸

「わたしも、いわゆる大宏池会みたいなことができないかと思い、同期の議員たちで集まる機会を設けたりしていました。派閥の幹部の了解のもとでの動きではないので、具体化することはありませんでしたが、そういう思いはずっと持っていました」

しかし、たびたび浮上する大宏池会構想も最終的に実現することはなかった。

平成二〇年には谷垣グループと古賀《こが》派が合流する中宏池会構想が実現することになるが、平成二四年の自民党総裁選で現職の谷垣の再選をめぐり、古賀と谷垣が対立。結果的に谷垣は、現職でありながら総裁選への出馬断念を強いられた。そのため、総裁選後には古賀に反発した谷垣に近い議員たちが派閥から離脱し、再び谷垣グループ（有隣会）を結成した。

現在では、分裂する前の宏池会が大きな派閥だった時代を知る議員も少なくなりつつある。宏池会の変遷を見てきた鈴木は語る。

「やはり一度分かれた派閥はそれぞれ理由があって分かれたわけですから、再び一つになるのはなかなか難しい。ただいずれ宏池会の流れのなかで総理総裁が誕生してほしいという思いは持っていました。そうすれば組織は一つにならなくても、流れのなかで、うちのオヤジの気持ちも少しは報われるのかなと思っていました」

鈴木俊一のそんな思いを実現してくれたのが岸田文雄《ふみお》の総理総裁就任だった。

実際、岸田政権は、岸田が会長を務める宏池会だけでなく、麻生が会長を務め鈴木俊一らが所属する志公会、遠藤利明《えんどうとしあき》総務会長らが所属する有隣会（谷垣グループ）らの支持を受けている。

宏池会は、平成五年七月に宮澤喜一が総理大臣を退任して以来、岸田が総理に就任するまで三〇年近くもの間、総理を輩出していなかった。岸田政権の誕生は、鈴木俊一のように往時の宏池会を知る議員にとっては感慨深いものがあるのだろう。

ポスト岸田の有力候補としては、前回の総裁選で二位だった河野太郎《たろう》が注目されていた。河野と同じ麻生派に所属する鈴木俊一はどのように見ているのか。

「河野さんのこれからの成長がすべて。特に派内の仲間たちからの評価が鍵になってくるでしょう。もちろん仲間ですからネガティブに見ている人はいませんが、先輩議員たちは親心もあって、もう少し安心感が持てる政治的な言動をしてほしいという気持ちを持っています。次の時までにそういう評価を勝ち得ることができれば、道が開けてくるのではないでしょうか」

麻生太郎元総理は、岸田政権を支える大黒柱の一人だ。

義弟である鈴木俊一は、麻生のことをどのように見ているのか。

「良い悪いがはっきりしていて誰にでもいい顔をするわけではないですが、それは麻生さんの中にはっきりした物差しがあるからなんですね。誤解されたり、批判されたりするところもありますが、政治家は八方美人でもいけません。政治は時として不条理なことを判断しないといけませんから知識だけでは決められません。政治は知識よりも知恵や経験が何よりも重要。麻生さんたちの世代は様々な修羅場をくぐっていますから知恵があります」

鈴木は、今後政治家として何に取り組みたいのか。

「振り返ってみると、初入閣が早く、その後は党務を中心に担当していました。現在は重職を担っていますが、評論家的なことを言うのではなく、泥をかぶってでもやるべきことをきっちりやり、全力で岸田政権を支えていきます」

岸田政権の本質

岸田政権が発足すると、木原誠二《きはらせいじ》は官房副長官に就任した。

政権発足後、木原は、どんなことに苦心したのか。

「様々なテーマに取り組んでいる岸田政権ですが、特に『新しい資本主義』に力を入れています。

総裁選に臨むにあたり、若手みんなで議論した時もかなり議論を深めましたから」

木原は、これまでの日本経済の問題点を指摘する。

「これまでの三〇年間の日本経済は、コストカット経済、縮小経済でした。それを大胆に転換して、人に投資して、賃金を上げて、設備投資を促していくという構造転換をしないといけません。この部分に一番力を入れています」

木原をはじめ、宏池会には財務省出身の議員が比較的多い。そのためメディアは、岸田政権のことを「財務省政権」と見なして報じることも多い。

だが、それは違うと木原は指摘する。

「財務省政権だから緊縮だ、とよく批判されますが、実は、岸田政権は緊縮ではなく、むしろ財政出動を積極的におこない、国が民間の呼び水になるような取り組みをやっています。賃上げにおいても、保育士や看護師といった公的価格の上昇に取り組みたいと思っています」

木原は、財務省のこれまでとの変化についても語る。

「財務省も私が入省した一九九〇年代とはだいぶ変わってきました。結局、経済が成長しないと、いくら財政の重要さを言ってもダメだということがわかってきた。足元の税収が増えるということはインパクトが大きい。税収は成長でしか増えませんから、そこは変わってきていると思います」

木原は、そもそも岸田政権は増税路線ではないと語る。

「岸田総理は税金を上げることを目標にはしていません。やっぱり成長重視。子育てに力を入れるのも、まず成長をさせようということ。そして、経済基盤と財源の基盤を確固たるものにしようと。防衛力強化における税制措置も歳出改革や税外収入確保が大前提であり、また、令和九年までの五年間で経済成長をしっかりさせることを優先して取り組んでいきます。成長重視のそうした信念は揺らいでいません。総裁選の時も、令和版所得倍増を総裁選では掲げましたが、賃金も上げて、税収も伸びるようにしないといけない。経済重視は間違いありません」

岸田政権の賃上げ政策もあって、令和五年の春闘での賃上げ率は全体で三・五八％と、三〇年ぶりの高い水準となった。木原が語る。

「大手はそれ以上のところもありますが、平均で三〇年来の高水準となった。中小企業もけっこういい数字が今年は出てきていますから、とりあえず賃上げの第一段階はうまくいったかなと思います。これは我々の努力というよりも、もちろん民間の努力です。

今、リスキリングという言葉が言われていますが、学び直しを続けることでスキルが向上し、それが賃金に反映されるものになるといいと思っています」

木原は、リスキリングの重要性について語る。

「基本は学び直し。昔と比べて、身に着けたスキルがどんどん古くなる、陳腐化する、そういう時代になっていますので、リスキリングがとても重要です。その際、ＩＴやＤＸ、マーケティングやプレゼンテーションなどの実践的なスキルをつけてもらう。スキルをつけると外部に逃げられるという意見もありますが、逆に良い人が来てくれる可能性もある。諸外国を見ていると、流動性が高いと言いながら、人への投資を重視する企業には、総じて人材が残っていく傾向があります」

木原は、なぜ岸田総理が新しい資本主義を掲げたのかについて、語る。

「最大の理由は、日本が三〇年間、コストカットをし続けてきたこと。結果的に日本は一番安い国になったわけです。平成五年に当時の大蔵省に入省した私の最初の仕事は平岩外四《ひらいわがいし》さんのもとで規制改革研究会に携わることです。これは日米構造協議で問題となった内外価格差をどう是正するか、ということがテーマでそれが役人人生のスタートでした。

その時は、日本は価格の高い国だから価格をどう下げるかということを徹底してやったわけですが、気がついたら日本は安い国になった。賃金も世界でも低い方になってしまった。これまでの日本は女性や高齢者の労働参加を促すことでなんとか凌いできたけれど、これからは労働力不足が本格化する時代です。目指すところは世界との賃金格差をどう詰めていくか。そうしないと世界からも人材は入ってきません」

木原誠二

安倍《あべ》元総理が掲げたアベノミクスと岸田総理の新しい資本主義の共通点や、違いは何か。
「アベノミクスの土台の上に新しい資本主義はあります。アベノミクスの三本の矢は第一の矢が『大胆な金融政策』、第二の矢が『機動的な財政政策』、第三の矢が『民間投資を喚起する成長戦略』です。アベノミクスの凄いところは、財政と金融を一体として活用したこと。

民主党政権の最大の失敗は経済財政諮問会議を廃止したことですが、安倍政権になり復活させて、財政と金融を同じ政策的方向に進めるべく、アコードも結びました。これは歴史的なことで、岸田政権でもベースになっています。

そのうえで、安倍政権の三本目の矢である投資を誘発する成長戦略。ここを岸田政権はさらに深掘りしていきます。安倍政権と同様に民間投資の重要性を訴えるなかで、岸田政権では、そうした民間投資を誘引すべく積極的に財政支出をおこないます。半導体や蓄電池など、長期計画を立てることで民間が予見可能性を持てるようにしていきます。一番の典型例がＧＸです。百五〇兆円の投資のうち、二〇兆は国が支出します。それもＧＸ経済移行債という国債を活用します」

岸田政権は、異次元の少子化対策を目玉としている。

「六月一三日に総理が会見しましたが、一丁目一番地として言ったのは少子化対策と新しい資本主義を両輪でまわすということです。やはり少子化対策の一番大きなところは若者の賃金所得が上がらないこと。これでは結婚をしたいと思っても、また、子どもを持ちたいと思っても、思いを実現できない。

安倍政権では幼児教育の無償化に取り組んだり、菅政権では不妊治療に力を入れたりと、歴代内閣も少子化問題に取り組んできました。こうした基礎の上に、思い切って、一発でドンと子育て支援政策をやろうということです。総理の判断で三兆円半ばの支援を追加すると言っています。もちろん、それによっていきなりお子さんの数が増えるわけではありません。しかし、その本気度を見てもらわないといけません」

令和四年一二月、岸田総理は防衛費のＧＤＰ比二％を打ち出した。その背景には、どのような判断があるのか。

「ロシアがウクライナに侵略するなんてことはほぼ誰も想定していなかったと思います。局地的なテロや戦争はこれからもあると思っていましたが、常任理事国の一角が隣国に攻め込むなんてことは想定していなかった。

北朝鮮や中国など我が国周辺の安全保障環境も厳しさを増しています。

まさに、現実が変わっているということだと思います。ただ、防衛費の重要性を訴えつつも、岸田総理は非核三原則と専守防衛は堅持すると明言しています。そこは広島《ひろしま》県出身の宏池会としての最後のラインだと思います」

岸田内閣は、事務次官経験者を官邸に四人も揃えている。異例の体制だ。

経済産業省の事務次官だった嶋田隆《しまだたかし》政務秘書官（昭和五七年、旧通産省入省）、外務省の事務次官だった秋葉剛男《あきばたけお》国家安全保障局長（昭和五七年、外務省）、警察庁長官だった栗生俊一《くりゅうしゅんいち》官房副長官（昭和五六年、警察庁）、国土交通省の事務次官だった森昌文《もりまさふみ》首相補佐官の四人である。

元総務大臣で経済学者である竹中平蔵《たけなかへいぞう》はこんなことははじめてだと語る。

「省庁のトップが四人も入っているから、すべての政策がすごく粛々と霞ケ関《かすみがせき》でおこなわれています。これは岸田政権のスタイル。岸田総理は外交に関しては、ご自分のやり方をとりますが、国内政策は霞ケ関を活用している。原発再稼働や防衛費の増大など、これまで進まなかったことは霞ケ関の力でできる。しかし、それを超えた大きなことには政治主導が必要です」

岸田の将来を決めた出会い

自民党の衆議院議員の岩屋毅《いわやたけし》は、総理に就任した岸田文雄と早稲田大学時代からの仲間である。

昭和五一年（一九七六年）四月、早稲田大学政治経済学部政治学科に入学した。

多くのラ・サールの同級生たちと同様に東京大学も受験したものの合格はならず、とりあえず早稲田に入学しながら予備校に通って、翌年も東大を受験することにしたのだ。いわゆる仮面浪人であった。

しかし、翌年の受験でも東大には受からなかった。二度の不合格を経験した岩屋はあきらめて早稲田に通うことにしたという。

早稲田大学時代、岩屋は、総理大臣を務める岸田文雄と出会う。

法学部に通う岸田は、開成高校を卒業後、東京大学を目指して二浪していたため、岩屋と学年こそ違った。だが、同じ昭和三二年生まれであった。

しかも、岩屋は鹿児島《かごしま》の名門のラ・サール、岸田は私立御三家の一つである開成の出身と共通点も多かった。

当時の早稲田において岩屋や岸田ら有名進学校の出身者たちは軒並み「東大落ちた組」であり、自然と集まる機会が多く、仲良くなっていった。大学のある高田馬場《たかだのばば》や、新宿《しんじゅく》などをいっしょに飲み歩いたり、グループで旅行に行くこともあった。

岸田は口数の多いタイプではなかったが、酒は強かった。のちに政治家として、外交の場面で酒豪ぶりを発揮することになるが、その片鱗は学生時代からあったのかもしれない。

岩屋は岸田と親しくなるにつれて思った。

〈顔立ちも端正だが、人間も端正な男だな〉

岸田には、若者にありがちな独善性や自己中心的なところがほとん

岩屋毅

どなかった。

自己主張もあまりしないが、その代わりに友人たちの話をジッと辛抱強く聞いていた。岸田のその姿勢は酒を飲んでいる時でも徹底していた。

岩屋は、当時の友人たちと現在も親交を持っているが、彼らは、岸田政権の政策について批判的な意見を言うことはあるが、岸田の人柄を悪く言うことはなかった。それだけ慕われているのだ。

学生時代の岸田は「総理大臣を目指す」、「国会議員になる」と将来のことについて熱っぽく語る雄弁会の友人たちとは異なり、大言壮語をすることはなかった。

当時、岸田の父親の文武《ふみたけ》は、通産省を退官し、鳩山邦夫《はとやまくにお》が落選していた昭和五四年一〇月の衆院選で初当選し、衆議院議員となっていた。

そのため岩屋は、岸田に、将来父親の文武の後を継いで、政治の世界に入るつもりはあるのかを訊ねたこともあった。

「お前もいつか父親の後を継いで政治をやる運命なんだろう?」

しかし、当時の岸田はあまり意欲的ではなかった。

「いや、俺はちょっと……」

そう言って言葉を濁すことが多かった。

実際に岸田は大学を卒業すると、父親の秘書にはならずに日本長期信用銀行に入行している。

ちなみに岸田は、総理大臣に就任する一年前の令和二年九月、ポスト安倍を争う自民党総裁選に出馬した際に、自らの政策や半生についての著作「岸田ビジョン　分断から協調へ」を出版している。

そのなかで東京大学への進学をあきらめて入学した早稲田大学で『人との縁を感じる出会いがありました』として、岩屋との出会いについて次のように記している。

《岩屋と知り合ったことで将来の選択肢に「政治家」が現実味を帯びて加わった気がします。》

学生ながらも鳩山邦夫の秘書を務めて、エネルギッシュに行動していた岩屋の存在は岸田にとって大きな刺激となったのかもしれない。

さらに、岸田は自身の就職について考えた場面でも、岩屋のことに言及している。

《東大入学が叶わなかったことで、当時は人気だった官僚の道はあきらめていました。岩屋のようなバイタリティー溢れる生き方はできそうもないので、まずは世の中を経験しなくては、とサラリーマンの道を選ぶことにしました。》

岩屋が鳩山邦夫から紹介されたのが宏池会（当時、宮澤《みやざわ》派）の幹部の加藤紘一《かとうこういち》だった。大平正芳《おおひらまさよし》内閣で官房副長官を務め、中曽根康弘《なかそねやすひろ》内閣で防衛庁長官を務めるなど、加藤は将来の総理候補の一人として注目されつつあった。

結局、岩屋は、自民党の公認は貰えない無所属の候補者ながら、宏池会の支援を受けた保守系の新人候補者として衆院選に挑戦することになる。

平成二年（一九九〇年）二月一八日におこなわれた衆議院議員総選挙で、岩屋は、三二歳の若さで国会の赤絨毯を踏むことになる。

岸田文武

晴れて国会議員となった岩屋は、自民党に入党し、宮澤喜一が領袖を務める宏池会に入会した。岩屋にとって宏池会の居心地は悪くなかった。岩屋の政治信条も、宏池会と近い「保守リベラル」だったからである。

当時、岸田の父親で衆議院議員だった文武も宏池会に所属していた。文武はすでに五期目となり、経理局長などを務めていた。

一年生議員だった岩屋は文武にも可愛がってもらい、原宿にある岸田家にもたびたび足を運んだ。

日本長期信用銀行に務めていた岸田文雄も、昭和六二年三月に銀行を退職し、文武の秘書として政治の世界に入っていたため、旧交を温める機会も自然と増えていった。

文武は、平成四年八月四日に六五歳の若さで亡くなるが、政治家らしくない温厚で紳士的な人物であった。

平成五年（一九九三年）六月一八日、宮澤喜一内閣に対する不信任案が可決したことを契機に、派閥横断の勉強会「ユートピア政治研究会」に所属する武村正義《たけむらまさよし》や岩屋毅ら衆議院議員十人は自民党を離党し、新党さきがけを結成した。

だが、岩屋は、直後におこなわれた七月一八日に実施された衆院選で落選してしまう。

一方で、岩屋の大学時代の友人だった岸田文雄は、この衆院選に広島県一区から自民党公認で出馬し、初当選を飾った。

岸田は、一年前に亡くなった父親の文武の地盤を引き継ぎ、一二万七七二一票を獲得し、堂々のトップ当選を果たした。

岩屋が二期目の代議士として七年ぶりに国政復帰した時、すでに岸田は連続当選を重ねて三期目に入り、国会では先輩となっていた。さらに、岩屋が落選していた七年間のうちに岸田は「若手議員の登竜門」と呼ばれる青年局長や衆院本会議の議事進行係、建設政務次官などを歴任し、宏池会の次代を担う議員になっていた。

国政に復帰した岩屋に最初に声をかけてくれたのは麻生太郎だった。この時、麻生が所属している派閥は、河野洋平が会長を務める大勇会（河野グループ）だった。

河野も麻生も、元々は岩屋が一期目に所属していた宏池会にいた。

だが、平成一〇年一二月に宏池会の会長が加藤紘一となることに反発して志を同じくする議員たちと宏池会を脱退し、翌平成一一年一月に大勇会を旗揚げしていた。

麻生は、自民党をかつて離れていた岩屋の立場を気遣いながら、気さくに誘ってくれた。

「おまえは出戻りだから、知らないところへ行ったって肩身が狭いだろう。その点、うちの場合は親分の河野洋平自身が出戻りだ。だからうちに来たら、余計な気をつかわなくて済むぞ」

河野も、かつて自民党を飛び出して、新自由クラブを結成し、その後、自民党に復党していた経験があった。

いかにも麻生らしい誘い方だった。岩屋は「それはそうだ」と納得して、大勇会に参加することにした。

大勇会は、その後、平成一八年一二月に麻生が立ち上げた志公会（麻生派）に継承される。

さらに平成二九年七月には、番町《ばんちょう》政策研究所（山東派）や有隣会（谷垣グループ）を離脱した天元会と合流し、志公会が発足し、現在まで続いている。

岩屋と岸田の二人は、お互いが国会議員になって以降も親交が続いていた。議員としての活動は得意とする分野が異なることもあって、あまり重なることはなかったが、現在でも二人きりになれば「岩屋」、「岸田」と学生時代のように呼び合う関係である。

平成二四年一二月に岸田が衆議院議員を引退した古賀誠《まこと》の後を受けて、宏池会の会長になってから、岩屋は岸田に言った。

「将来、天下を目指さないとな」

自民党の名門派閥である宏池会を率い、第二次安倍政権の外務大臣となった岸田は十分に総裁選に名乗りを上げる資格を持っている。発破をかけられてもおかしくはなかった。

しかし、この時の岸田は岩屋の話を静かに聞いているだけだったという。

その後、岸田は令和二年九月の総裁選に初めて出馬し、菅義偉《すがよしひで》の前に敗れるが、一年後の総裁選でリベンジを果たすことに成功する。

令和三年九月二九日におこなわれた自民党総裁選で見事に勝利をおさめて、総理大臣に就任するのだ。宏池会出身の総理大臣としては宮澤喜一以来で約三〇年ぶりであった。

岩屋は宏池会ではなく、麻生太郎が会長を務める志公会（麻生派）に所属していたが、学生時代からの友人が総理大臣に就任したことは岩屋にとっても嬉しいことだった。

岸田が総理大臣に就任してから二カ月ほどが経過してから、岩屋は官邸に岸田を訊ねたことがあった。

その時、サシになったタイミングで、岸田が岩屋に言った。

「官邸には、情報が入るようで入らないんだ。何でも言ってくれよな」

総理大臣のもとにはあらゆる情報が入ってくるように思われるが、苦言や忠告などの耳障りの良くないアドバイスや、議員の本音が入ってくることはほとんどない。

昔から気心が知れていて、本音の付き合いができる岩屋の存在は岸田にとって貴重なのだろう。それ以来、岩屋は、折に触れて自らの考えや見解を岸田に届けるように心がけた。むろん、必ず岸田から返事がかえってくる訳ではない。

しかし、後々の岸田の行動を見ていると「自分のアドバイスを取り入れてくれたのかもしれない」と思わせるようなことも少なくなかった。

岩屋は、岸田が総理になったばかりのころに言った。

「総理大臣ほど大変な目にあう仕事はないから、山中鹿之助《やまなかしかのすけ》が『願わくば、我に七難八苦を与えたまえ』と言ったように、降りかかってくる困難を楽しもうとするくらいの気持ちで臨んだ方がいい」

戦国時代、主家である尼子《あまご》家の再興を志し、幾度となく毛利《もうり》家に戦いを挑み、山陰《さんいん》地方で活躍した山中鹿之助は、尼子家の再興を祈念して、三日月に向かって「願わくは、我に七難八苦を与えたまえ」と唱えたと言われている。

山中鹿之助は「尼子家を再興させるためならば自分はどんな困難にでも立ち向かう」という強い意思を込めてこの言葉を発したといわれているが、岩屋も岸田にはそのくらいの気迫で総理大臣という日本の命運を担う激務に立ち向かってほしいと思っていた。

生きて君に会おう

岸田政権発足後、遠藤利明《えんどうとしあき》は、党四役の一つである選挙対策委員長に就任した。

岸田は、総理就任直後に衆議院を解散。

令和三年一〇月三一日に投開票がおこなわれた衆院選では、自民党は、小選挙区で一八九、比例区で七二、合計二六一議席を獲得。選挙前よりは一五議席減らしたものの、事前の議席予測以上に伸び、絶対安定多数を単独で維持した。

さらに、令和四年七月一〇日におこなわれた参院選でも、自民党は、選挙区で四五議席、比例区で一八議席、合計六三議席を獲得し、圧勝した。

岸田は、総理就任から一年の間に衆参二つの国政選挙で勝利をおさめた。

選挙対策委員長として参院選で采配を振るった遠藤が語る。

「今回の参院選の一番のポイントは三二の一人区のうち、いくつ勝てるかということでした」

特に自民党が力を入れた選挙区が野党が強い新潟《にいがた》県と三重《みえ》県だった。

今回の参院選ではどちらも勝利することができ、結果、三二の一人区のうち、二八選挙区で自民党は勝利することができ、合計議席も改選議席を八議席も上回る過半数の六三議席であった。

遠藤は参院選を振り返って語る。

「戦略的には国民民主党を支える民間労組と連携できたことが参院選の最大の勝因でした」

しかし、自民党の得票率自体は、選挙区も比例区も三年前の参院選に比べて、いずれも一ポイントほど減少したという。

「得票率を伸ばしたわけではなく、選挙のテクニックで自民党は勝ったんです。勝因は野党が分裂したことだと思います」

節目節目で早稲田大学の後輩である岸田文雄総理にアドバイスを送っている森喜朗元総理は、自身がかつて会長を務めていた清和会をはじめ、今でも政界に多くの影響力を持っている。

自民党きっての文部科学行政通である遠藤利明も、森の薫陶を受ける議員のひとりだ。

遠藤は、参院選後、森に会いに行った。

森は言った。

「遠藤、お前のおかげで、俺は青木《あおき》さんに会わずにあの世に行かずに済むかもしれない。安倍が迎えに来たのかもしれないが、俺はこの前、救急車で運ばれたんだよ」

森は、安倍元総理が銃撃事件に倒れた直後の七月一〇日、自宅の風呂場で転倒し、救急車で運ばれていた。

実は、森と青木幹雄《みきお》は、岸田政権発足後、あることをきっかけに顔を合わせていなかった。原因は岸田の人事であった。衆院選で小選挙区で落選し、比例復活だった甘利明《あまりあきら》は幹事長を辞任したが、岸田は甘利の後任に茂木敏充《もてぎとしみつ》を指名していた。だが、青木は、茂木の幹事長就任に反対していた。

森はその人事以来、親しかった青木と顔を合わせることができず、気を揉んでいた。

そこで森と遠藤は、一計を案じた。参議院選挙に勝って安定政権になるはずが、安倍元総理が亡くなったため、清和会をはじめ、党内のバランスが不安定になることが予想された。そこで岸田が青木、森から政局の指南をもらうことと、二人からの引き続きの支援を確認するための会合をセットすることとなった。

遠藤は、さらに森や青木が目をかけている小渕優子《おぶちゆうこ》にも出席してもらうことにした。

「会には小渕にも来てもらおうと思います」

森も歓迎した。

「もちろんだ。それとお前も来るんだろうな」

メンバーが固まり、遠藤はすぐに岸田に話をした。岸田も乗り気だった。

「すぐにやろう」

最初は、七月二一日に予定をセットしたが、結局、内閣改造の前、八月三日に虎ノ門のホテル「Ｔｈｅ　Ｏｋｕｒａ　Ｔｏｋｙｏ」の日本料理店「山里」でおこなうことになった。

安倍亡き後

衆参二つの選挙に勝利をおさめた岸田政権だったが、安倍の銃撃事件以降、自民党と旧統一教会の密接な関係が明らかになり、政権はその対応に追われ、支持率は下がり続けた。亡くなった安倍元総理の国葬についても、決定の経緯や法的根拠の曖昧さが批判され、世論も開催自体を懐疑的に見る声が多く、世論調査で反対が賛成を上回り続けるなか、国葬は令和四年九月二七日に日本武道館で実施された。

岸田総理は、事件から日が浅い七月一四日に国葬の実施を決定した。遠藤がその裏側について語る。

「後になって話を訊きましたが、やっぱり政権が不安定になるという懸念があったようです。最大派閥である安倍派に配慮する必要性を感じたのでしょう」

参院選の直後、遠藤は岸田と今後の政権運営について話をしたという。

「参院選後に話したのは、安倍さんが亡くなって、分裂要素をはらんだ清和会とどう協力していくのか、ということでした」

遠藤は森とも話をしたという。

森は、松野《まつの》博一《ひろかず》、西村康稔《にしむらやすとし》、萩生田《はぎうだ》光一《こういち》、世耕《せこう》弘成《ひろしげ》、高木毅《たかぎつよし》の五人を中心にした集団指導体制を念頭に言った。

「遠藤、当分、五頭立ての体制でいくしかないぞ」

遠藤は国葬について語る。

「やはり安倍さんに報いるような形を考えないといけないと思ったのでしょう。岸田総理と清和会では政治的に考え方が合わない部分もあるけれど、その人たちにも理解してもらわないといけなかった。ただ、わたしは、人数や規模にこだわらず、長い時間を置かずに早めにやっても良かったと思いましたね」

令和四年七月二一日には、安倍派は、自民党本部で安倍の死去後初の総会を開いた。

当面安倍に代わる新会長は置かず、現在の執行部による集団指導体制とすることを最終確認した。下村博文《しもむらはくぶん》と塩谷立《しおのやりゅう》の二人が会長代理を務めていて、今後はこの二人を中心に、幹部の意見を踏まえて派閥の運営をおこなうことになった。

総会には安倍の妻の昭恵《あきえ》も出席し、あいさつした。

「遺志をしっかり派閥で引き継いでほしい」

これを受けて、一致結束して安倍の遺志を引き継ぐことと、派閥の呼称をこれまでどおりの「安倍派」のままとすることが決まった。

安倍の四九日となる八月二五日の総会では、経済産業大臣に就任した西村の後任の事務総長として高木毅国会対策委員長が就任することが決まった。

かつて自民党が野党に転落した直後の平成二一年九月の総裁選に出馬した経験のある西村は、安倍がかつて後継の候補として名前をあげた議員のうちの一人でもある。

西村が清和政策研究会について語る。

「まず幹部で話しているのは、とにかく安倍元総理の遺志を継いで一致結束して運営していこうということ。我々の先輩方は安倍晋太郎《しんたろう》先生が亡くなられたあとの三六戦争を見ていますし、わたしたちの世代も、中川秀直《なかがわひでなお》先生や町村信孝《まちむらのぶたか》先生が対立されていたころを見ていますから、意思疎通を図っていくことの大切さは身に染みて知っています」

清和会の歴史は、分裂の歴史ともいえた。安倍晋太郎が平成三年五月一五日に亡くなると、後継会長の座を巡り、幹部の三塚博《みつづかひろし》と加藤六月《かとうむつき》が対立した。結局、森喜朗や塩川正十郎《しおかわまさじゅうろう》の支持を受けた三塚が会長の座を継いだが、加藤たちは、その後、派を除名され、加藤グループ（政眞会）を結成した。その後も、森喜朗と亀井静香《かめいしずか》が対立し、平成一〇年九月に、亀井が中川昭一《なかがわしょういち》や河村《かわむら》建夫《たけお》ら自身に近い議員たちとともに派を去っている。

平成一八年一〇月には、派閥の会長を務めていた森喜朗が会長を退任し、町村信孝が後任の会長に就任し、町村派となった。が、平成二〇年九月の福田康夫《ふくだやすお》が総理総裁を辞任した直後の自民党総裁選で、森、安倍、町村らが麻生太郎を支持するなか、派閥幹部の中川秀直が小池百合子《こいけゆりこ》を擁立したため、派内の分裂が表面化した。
岸田政権は、統一教会との関係や、国葬についての批判などから、支持率が低下しつつある。

安倍が陰で支えた岸田政権

安倍元総理の存在は、岸田総理が政権を運営していくうえでも、非常に重要なものだったと萩生田光一は語る。

「安倍さんと岸田総理は平成五年の当選同期ですから、とても仲が良かった。実は二人はなんでも相談できる間柄なんです。わたしが官房副長官の時、岸田さんが安倍さんに『安倍さんには萩生田さんみたいな弟分がいていいなあ。自分にはそういう胸襟を開いて相談できる後輩がいないんだ』とこぼしたことがあったみたいで、ある時、安倍さんから『岸田さんとあんまり縁がないと思うから、ちょっと付き合ってやってくれないか』と言われて、それ以来、半年に一度くらいのペースで岸田さんと二人で食事をするようになったんです。安倍さんにもそのたびに報告して、岸田さんも、何かあった時は、安倍さんに伝わるようにわたしに話をしてくれました」

萩生田光一

令和三年九月に岸田内閣が発足した際には、萩生田が官房長官に起用されるという話が流れ、報じたマスコミもあった。その背景には、岸田と萩生田の長年の良好な関係があったからだという。

「わたしが官房長官と書かれたのも、的外れなものではなく、それまでの付き合いがあったからなんです。もしかしたら、岸田さんも検討したのかもしれません」

岸田政権が発足したのちも、安倍元総理は、積極的に発言し、存在感を示していた。

令和四年三月には、安倍は、「アメリカの核兵器を同盟国で共有する「核共有」の可能性について議論するべき」と発言し、さらに、六月には「防衛費をGDP（国内総生産）の二％に増額する方針を『骨太の方針』に明記すべき」と発言している。こうした発言を通じて、安倍が岸田総理に圧力をかけているという報道も多かった。が、萩生田の見立ては少し異なるという。

「岸田さんと安倍さんは二人で話ができる関係ですから、安倍さんが多少批判的なことを言ったりするのは、あくまで外向けの話なんです。防衛費の増額も、本当に思っていたら、直接岸田さんに言うことはできるわけです。でも、それを外に向かって言うことで、岸田さんが防衛費を増額しやすくなるようにサポートする面もあったり、ガス抜きにもなっているわけです。嫌がらせやプレッシャーという見方もありましたが、どちらかといえば、ある種の役割分担だったと思います」

安倍ほどの人物はいない

令和五年七月二〇日、甘利明は、自身の国会リポートの四三九号のなかで安倍派の今後について次のように言及した。

「最大派閥の安倍派は『当面』というより『当分』集団指導制をとらざるを得ません。塩谷、下村両会長代行に加え、西村事務総長と世耕参議院幹事長、閣内には要の官房長官たる松野さんと萩生田経産大臣が主要メンバーと言われますが、誰一人現状では安倍元総理に代わって全体を仕切れるだけの力もカリスマ性の保有者はなく、今後どう『化けて行く』のかが待たれます。」

この甘利のレポートは、マスコミによって大きく報じられ、翌日の二一日におこなわれた安倍派の総会で、問題視した一部の議員がリポートのコピーを配るほどであった。

だが、甘利自身は、安倍派の議員たちを貶めるような意図は一切なく、安倍という政治家がそれだけ大きい存在であったことを率直に述べただけであった。

「安倍さんが亡くなられた状況において、安倍さんに匹敵するような人はいないと率直に書いただけです。しかも、今後彼らがどう化けるか注目しようとも書いているわけですから、貶めようとする意図などあるわけがない。実際、問題視して文句を言ってくるような議員はほとんどいませんでした。次の日の総会ではコピーが配られたりしたみたいですが、『甘利さん、気にしないでください』と電話をしてくる安倍派の議員もいたくらいです」

甘利は、安倍派の後継問題のゆくえをどのように見ているのか。

「今は無理に派閥の会長を決めようとすればするほど、遠心力が働いてバラバラになる場合もあるので、時間をかけて、衆目の一致する人物におさまるのを待てばいいんじゃないでしょうか」

令和五年八月一七日、安倍派の総会で、会長代理を務める塩谷立元文部科学大臣を代表に位置付ける新体制が決定した。塩谷が率いる「常任幹事会」を新たに設置して、重要事項を決定する集団指導体制とする。派閥トップの「会長」の選任は当面先送りし、常任幹事会の構成や代表職の名称は、塩谷に一任することになった。

安倍派は、会長代行を務める塩谷立を会長に推す動きが一部にはあったが、派内にはそれに反発する動きもあり、結局、一〇月一三日の派閥総会で、塩谷が「当面は決めない」と表明。当面は、安倍派のままで現行の体制を維持することになった。

おそるべき旧統一教会の侵食

安倍元総理の銃撃事件後、自民党の多くの議員が旧統一教会からの選挙支援を受けるなど、深い関係にあったことが明るみになった。批判にさらされたこともあり、秋の臨時国会では、岸田政権は旧統一教会の被害者対策の新法を制定させている。

遠藤利明がその背景について語る。

「わたしはよく覚悟して新法を出したなと思いました」

遠藤によると、当初、問題の把握に自民党執行部は時間がかかってしまったという。

「旧統一教会との関係は、各議員によって濃淡が非常にあった。岸田も麻生さんも茂木さんもわたしも、付き合いがないから、旧統一教会にどれだけ侵食されているかがわかっていなかった。これほど大きな問題になるという危機意識がなかったんです」

しかし、時間が経つにつれて、安倍が会長を務めていた安倍派の議員や、選挙に弱い議員などを中心に様々な関係が明らかになっていった。

遠藤は語る。

「隠していたわけではなく、本当にわからなかった。だから一度公表しようという話になったわけです」

結局、自民党は、衆参両院の議長を除く党所属の国会議員三七九人にヒアリングをおこない、九月八日に茂木敏充幹事長がその結果を公表した。それによると全体の半数近くにあたる一七九人が何らかの接点があったことを認め、そのうちの一二一人は、選挙で支援を受けるなど、教団と一定以上の関係だったことが明らかになった。

批判的な世論の高まりを受けて、岸田政権は、被害者救済の新法制定と旧統一教会に対する解散請求のための調査に踏み込んでいった。

泣いて馬謖を斬る

岸田政権は、旧統一教会問題だけでなく、閣僚や政務官の相次ぐ辞任にも悩まされた。

一〇月二四日には、山際大志郎《やまぎわだいしろう》経済再生担当大臣が旧統一教会との関係が相次いで問題化した責任を取る形で辞任。一一月一一日には、葉梨康弘《はなしやすひろ》法務大臣が失言問題で辞任する。さらに一一月二〇日には、寺田稔《てらだみのる》総務大臣が「政治とカネ」を巡る問題で辞任。

寺田稔

一二月二七日には、秋葉賢也《あきばけんや》復興大臣も「政治とカネ」を巡る問題で辞任し、杉田水脈《すぎたみお》総務大臣政務官も、性的少数者などへの不適切な言動を理由に辞任した。

特に去就が注目されたのは、たびたび政治資金問題を報じられた寺田稔元総務大臣だった。池《いけ》田行彦《だゆきひこ》元外務大臣の選挙区を引き継いだ寺田は、岸田と同じ広島県選出の宏池会の議員で側近のひとりだった。

遠藤は語る。

「寺田さんももう少し早く頭を下げていたら違ったかもしれない。ただ岸田総理は、寺田さんの辞任を了承したあとから強くなったような感じがしました。わたしも『ズルズルしたらダメだよ』という話はしていましたが、党内では寺田さんの辞任に反対する声も強かったから、あの時はよく決断しました」

遠藤はアドバイスしたという。

「キッシー、これでもし辞任を認めないと、何にも決められない総理になる。ここは泣いて馬謖《ばしょく》を斬るしかない。ましてや自分の派閥の議員を守ったと思われるのは良くないから、少しでも早く決断した方がいい」

遠藤たちのアドバイスの直後、岸田は寺田の更迭を決めた。実際に寺田の更迭以降、旧統一教会の被害者救済新法の成立については、岸田のペースで動いていくようになった。

防衛費をGDP比二％に

岸田総理は、臨時国会で、防衛費の増額についても決断した。令和五年一一月二八日には、防衛費を令和九年度にGDP比二％に増額するように関係閣僚に指示した。

岸田の決断は、唐突であるかのように報じられた。だが、遠藤によると、岸田は以前から意識していた節があったという。

「唐突だと言われましたが、実はかなり前から準備していた話だと思います。わたしが驚いたのは参院選直後、選挙結果と人事で二度ほど岸田総理と話をしたときです」

遠藤はその席で岸田に言った。

「岸田さん、秋の陣は、財政再建派と積極財政派のせめぎあいになる。これをベースにして人事を考える方がいいんじゃないですか」

すると、岸田が言った。

「いや、遠藤さん、それは違うよ。秋は防衛がテーマになるよ」

参院選から日の浅い七月一五日だった。

岸田は令和四年五月にアメリカのバイデン大統領と会談して以来、防衛問題が焦点になると思い、準備していたようだった。

亡くなった安倍元総理は「防衛費を対ＧＤＰ比二％にするべき」という持論があった。岸田には安倍への思いもあったのだろうか。

「安倍さんへの思いもあっただろうけれど、岸田さんも外務大臣を長くやっていたから、もともと考えていたのでしょう。アメリカの要望はもちろん、中国と台湾をめぐる問題についても早くから認識していた。財政再建か積極財政かというよりも、まず防衛をどうするかという思いが人一倍強かったのでしょう」

総理になりたいので参議院をやめます

令和三年一〇月の衆院選で甘利明幹事長が選挙区で落選し、比例復活当選となったことを理由に衆院選後に幹事長を辞職。後任の幹事長には外務大臣だった茂木敏充が就任した。

この玉突き人事の影響を受けて、林芳正《はやしよしまさ》は、令和三年一一月一〇日に、茂木の後任の外務大臣に就任することになった。

平成七年の初当選以来、参議院議員として五期連続で当選を果たした林芳正は、令和三年七月に衆議院議員への鞍替えを表明し、八月一六日に参議院議員を辞職。この年一〇月三〇日投開票の第四九回衆議院議員総選挙に山口《やまぐち》県三区から自民党公認で出馬し、当選した。

林が衆議院議員への鞍替えを志すようになったのは、地元の支持者たちの要望もあったが、参議院議員のままで総理大臣を目指すことの難しさを感じたからでもあるという。参議院議員が総理大臣となることは憲法で禁止されているわけではないが、これまでに参議院議員から総理大臣になった者は一人もいない。

平成二四年九月二六日におこなわれた自民党総裁選に林は出馬している。

この総裁選には、林のほかに、安倍晋三《あべしんぞう》、石破茂《いしばしげる》、石原伸晃《いしはらのぶてる》、町村信孝が出馬して、最終的には石破との決選投票の末に復権を目指した安倍が総裁の座に返り咲いた。この総裁選で、林は、議員票二四票、党員票三票の合計二七票で最下位の五位で敗れた。

林は、この時、参議院議員の立場から総理総裁を目指すことの難しさを感じたという。

「普段の付き合いの深さから自分を応援してくれるだろうと思った衆議院議員から応援されなか

ったこともありました。直接言われたわけではありませんが、やっぱり、衆議院議員から見ると、解散がない参議院議員が総理になり解散権を持つことに抵抗を感じるようなんです。それと院が違うと普段の付き合いの濃さが違う。衆議院と参議院では議員の数が倍近く違うので、やはり人数の多い衆議院議員との付き合いを深めることの重要さも実感しました」

林が鞍替え出馬を表明した山口県三区には、官房長官や文部科学大臣などを歴任し、一〇期の当選を重ねた現職の河村建夫《かわむらたけお》がいた。

さらに、当時はまだ菅義偉《すがよしひで》政権で二階俊博《にかいとしひろ》が幹事長を務めていた。河村が志帥会（二階派）の幹部だったこともあって、林の出馬は、宏池会（岸田派）と志帥会（二階派）の争いとして大きく報じられた。しかし、林が衆議院議員への出馬を模索しはじめたのは、ここ数年の話ではなく、実は平成二四年ごろからだったという。

林は経緯を語る。

「総裁選に出た直後の平成二四年一二月の衆院選の時にも鞍替えの話がありました。自民党の山口県連が調整してくれて、河村建夫先生が衆議院の比例区に転出し、わたしが山口県三区に出馬。わたしの後任の参議院山口県選挙区に河村先生のご子息の建一《けんいち》さんが出馬するという話があったんです。

ただ、わたしは良い案だと思いましたが、河村先生は受けませんでした。結局、次回の衆院選で検討するという話だったのですが、その次の平成二六年の衆院選の時にもまとまらず、県連としては河村先生に約束を違えられたという意識があったようなんです。

その三年後の平成二九年の衆院選でも地元の支持者たちからは鞍替えするように言われましたが、当時は文部科学大臣に就任した直後で加計《かけ》学園問題への対応もあって、職を投げ出すわけにはいきませんでした」

林の鞍替え出馬により、山口県三区は保守分裂選挙になるかと思われた。

だが、林が参議院議員を辞職した直後、わずか数日で政界の流れは大きく変わった。

菅義偉総理が総裁選への不出馬を突如表明し、林が座長を務める宏池会会長の岸田文雄が総理総裁に就任したのだ。結局、新しく幹事長となった甘利明の裁定によって、山口県三区の公認は林になり、河村建夫は不出馬と政界引退を表明。河村の息子の建一が自民党の比例の北関東ブロックから出馬することになった。

林芳正

だが、河村建一は、比例順位が三二区と下位だったこともあって次点で落選した。
いっぽう、山口県三区で出馬した林は、九万六九八三票を獲得し、立憲民主党公認で二万九〇七三票を獲得した坂本史子《さかもとふみこ》を相手に大勝した。

ゼレンスキー

ゼレンスキーの心労

林の外務大臣在任中には、ロシアによるウクライナへの軍事侵攻も発生した。

当初ロシア側は短期間での制圧を目指していたようだが、ウクライナ側の反撃もあって、現在も戦争は膠着状態が続き、終結の様相を見せていない。

林は語る。

「一時は、東部とクリミア半島の扱いを保留とする形での和平が合意しそうな時もありましたが、ロシアによるブチャでの大虐殺が判明したこともあり、合意は難しくなっています。ロシアもウクライナも開戦当時以上に、和平に合意するための条件は上がっているので、当面は難しいでしょう」

令和五年九月九日、林は、訪問先のポーランドから列車で入国するかたちでウクライナを訪問した。安全確保のため事前に旅程は公表されず、入国後に外務省が発表する極秘での訪問で、日本の閣僚のウクライナ訪問は、三月の岸田文雄総理以来だった。

この訪問には、楽天の三木《みき》谷浩史《たにひろし》会長や、遠隔医療支援のスタートアップ企業「アルム」の坂《さか》野《の》哲平《てっぺい》社長、経団連の会員企業数社も同行した。林たちは、ゼレンスキー大統領や、シュミハリ首相と復興支援をめぐり意見交換し、G７の議長国として全力で支援に取り組むと表明した。さらに、外務省内に「ウクライナ経済復興推進室」を新設することなど、令和六年の年初に東京で開催される予定の「日ウクライナ経済復興推進会議」に向けて、緊密に連携することも確認した。

林がその時のことについて語る。

「ゼレンスキー大統領の第一印象は、とても小柄な人でしたが、相当な心労を感じました。三木谷さんや坂野さんたち、日本企業五社の代表者と会ったのですが、五社それぞれに大統領自らが直接質問をしていて、自分で対応する能力の高い人なんだな、と思いました。日本はがれきや地雷の除去など様々な分野でのノウハウがありますから、今後もウクライナに対して多くの技術提供をおこない協力していきたいと思っています」

令和五年九月一三日、岸田文雄総理は内閣改造をおこない、林芳正は一年一〇カ月ほど務めた外務大臣の職を退任した。林の後任の外務大臣には、幹事長代理を務めていた同じ宏池会の上川《かみかわ》陽子《ようこ》が就任した。

大国を治むるは小鮮を煮るがごとし

参議院議員として初当選した直後から宏池会に所属する林芳正は、岸田文雄総理との付き合いは長い。林が当選する二年前の平成五年の衆院選で初当選を果たした岸田とはすでに二八年もの親交がある。

林は岸田の人柄について語る。

「岸田総理は、真面目でものすごく気遣いをされる人。漏れるとダメになるという仕事が一緒にできる人は限られますが、そういう面では、わたしにとっては、もっとも安心していろんなことを共有できる人です」

令和五年九月一四日、山梨《やまなし》県富士吉田《ふじよしだ》市で開いた宏池会（岸田派）の研修会で、厚生労働大臣を務めた田村憲久《たむらのりひさ》の入会が発表された。岸田総理は、田村の入会を歓迎し語った。

「自民党きっての政策通として高い評価の田村さんの参加で、より一層政策の宏池会をアピールできる」

宏池会は、現在、清和政策研究会（安倍派）、志公会（麻生派）、平成研究会（茂木派）に続き、党内第四派閥だ。外務大臣を退任した林は、今後、宏池会の座長として派閥のためにも積極的に活動していくという。

「岸田総理からも閥務をお願いしたいと言われています。具体的にはおっしゃらない人ですが、当然、いろんな選挙や党での活動を通じて仲間を増やしていきたいと思っています」

岸田が会長を務め、林が座長を務める宏池会（岸田派）は、池田勇人が創設した保守本流の派閥として、自民党のなかでも長い歴史を持っている。これまでに池田をはじめ、大平正芳、鈴木善幸、宮沢喜一、岸田文雄と五人の総理総裁を輩出してきた。

林自身、宏池会の歴史を意識することもあるという。

「池田先生や大平先生から直接の指導は受けていませんから、書物などから学ぶことになりましたが、辻井喬《つじいたかし》さん（西武流通グループ代表の堤清二《つつみせいじ》のペンネーム）が大平さんについて著した『茜色の空』などからは特に影響を受けました」

かつて、池田勇人は、「忍耐と寛容、そして低姿勢」という政治姿勢を示し続けた。

大平正芳は、国や社会は中心が一つの円でなく、二つの焦点を持つ楕円のような在り方の方が安定するとし、保守と革新、タカとハトなど、対立する思想が牽制しつつ共存することで、全体の調和がもたらされるという楕円の哲学を提唱するなど、知性派の宰相として知られた。

林は大平についてさらに語る。

「楕円の哲学もそうですが、大平さんは、総理在任時に、田園都市構想や、現在のAPEC（アジア太平洋経済協力）につながる環太平洋連帯構想を訴えるなど、中長期的なビジョンを掲げる構想力の持ち主でした。池田さんの所得倍増計画や、岸田総理の新しい資本主義もそうですが、具体的な将来像を掲げて、国民に訴えていく姿勢こそ宏池会らしさなのではないでしょうか」

林は、大平正芳がよく言っていた「大国を治むるは小鮮《しょうせん》を煮るがごとし」という言葉を好んでいるという。

出典は老子《ろうし》の「道徳経」で、「小魚を煮る際に引っかき廻したら頭も尾も皆とれてしまうので、国も形をくずさぬように自然に治めるほうがよい」と意味であり、「できるだけ政府による上からの介入を避けて民間の活力に任せること。為政者は、大所高所に立って、黙ってにらみをきかせていればそれでよい」という政治哲学である。やはり、丁寧に慎重におこなうことが肝要である。

父親の林義郎は、「遠慮と任怨《にんえん》」という言葉が好きだった。「遠慮」とは、遠きを慮る、先々のことを考えるという意味である。今だけ良ければいいという政治は、やはり慎まねばならない。「任怨」は、人に怨まれるのを恐れず、非難はあえてわが身で引き受けて、道理に合うならば全体のために実行するという意味で、今風に言うと、泥をかぶる、ということである。

なお、林は、令和五年一二月、キックバック問題に関連して辞任した松野《まつの》博一《ひろかず》の後任として、内閣官房長官に就任した。

天の時、地の利、人の和

岸田文雄の前任の宏池会会長にあたり、会長退任後は令和二年九月まで宏池会の名誉会長を務めた古賀誠は、ポスト岸田の一人として林芳正のことをたびたび挙げている。

古賀は、令和五年三月九日に、ＴＢＳのＣＳ番組の収録で「林外務大臣はポスト岸田の有力候補か」との質問に対して、「そうだ」と応じ、宏池会について次のように語った。

「人材が豊富だし、若い人たちもどんどん伸びてきている。宏池会のリーダー、先頭は林さんに託すべきだろうなと思っている」

林は、この時宏池会の座長を務め、派閥のナンバー2の地位にある。古賀のように、今後ポスト岸田に名乗りを上げてほしい、と期待する声も高まってくるだろう。

総理大臣を目指すことを林本人はどのように捉えているのか。

「閣僚を経験することは、自分の努力で期を積み重ねて……というところがありますが、総理大臣になれるかどうかは、天の時、地の利、人の和の巡り合わせが一致するかどうか。わたしは、そのなかでも一番作らないといけないのは人の和だと思っています」

林は自分の政治家としての今後の課題についても語った。

「仲間を増やしていくのは当然だと思いますが、岸田総理が掲げた『新しい資本主義』のような日本の中長期的なビジョンを作りたいと思っています。外務大臣として日本の外交や安全保障政策の重要さを痛感しましたが、これからは俯瞰的な視点から日本の将来のビジョンを策定したいと思っています。

それと若い方と話していると、お金に換算できないモノ、環境や時間の使い方への意識が高いのを実感します。経済成長はもちろん重要ですが、ＧＤＰが増えることだけではなく、幸福を感じることができるかどうか。日本はそういう統計になると悲観的なバイアスがかかりますが、数字に表れない豊かさにも心配りができる政治を目指したいと思っています」

なお、林は令和六年九月の自民党総裁選に立候補した。

安倍はプーチンの危険性を見抜いていた

衆議院議員で岸田派（宏池会）であった小野寺《おのでら》五典《いつのり》は、自民党の安全保障調査会会長を務めるなど、岸田文雄内閣が推進している防衛力強化のキーマンのひとりだった。

小野寺が初めて防衛大臣になったのは、第二次安倍政権が発足した平成二四年一二月。そこから平成二六年九月の内閣改造まで二年近く、防衛大臣の任にあった。

さらに、平成二九年八月の内閣改造では再び防衛大臣として入閣する。この時は、「日報隠蔽問題」で稲田《いなだ》朋美《ともみ》防衛大臣が辞任に追い込まれるなど、渦中にあった防衛省を立て直すために小野寺の大臣経験者としての手腕を買われての再入閣であった。

小野寺は、平成三〇年一〇月の内閣改造により大臣を退任するまで、防衛省の立て直しに手腕を発揮する。その後は、自民党内で防衛大綱を議論するワーキングチームの座長を務めた。

第二次安倍内閣で合計で三年近く防衛大臣を務めた小野寺は、総理大臣だった安倍晋三と安全保障政策について、たびたび意見交換する機会があった。

小野寺はその時の印象について、振り返って語る。

「安倍さんは極めて現実的かつ戦略的に進めていました。例えば、安倍さんは、ロシアのプーチン大統領と良好な関係を築いて、日露の関係を強化したという印象がありますが、それには安倍さんなりの深謀遠慮を感じました」

小野寺は、当初は、安倍がロシアとの関係強化に熱心だった背景には、北方領土問題解決への強い意欲や、プーチン大統領との個人的な友好な関係があると見ていた。

小野寺五典

プーチン

しかし、令和四年二月に始まったロシアによるウクライナへの武力侵攻などを見て、その認識を改めたという。
「今思うと、安倍さんがロシアとの関係に気を配っていたのは、個人的な思いだけではなく、何をするかわからない危険性を持つロシアを、いかにして日本に引きつけるのか、という視点からだったことがわかります」
安倍には、ロシアが中国と連携し、日本の脅威となることへの警戒があった。そのため、中国への牽制として、意識的にロシアとの関係強化に力を入れていたのだ。
小野寺は安倍の戦略眼に舌を巻いた。

実際に、ロシアによるウクライナへの侵攻が始まって以降、アメリカや日本、ＥＵ諸国などの西側各国とロシアの関係は急速に悪化した。

その一方で、ロシアは、中国への依存をこれまで以上に強めつつある。

安倍の国防への熱意

令和四年七月八日に凶弾に倒れた安倍晋三元総理だが、令和二年九月に総理大臣を退任した後も、安全保障を中心に積極的に政策提言をおこなっていた。

岸田内閣の令和四年三月には、アメリカの核兵器を同盟国で共有する「核共有」の可能性について議論するべき、と発言。さらに、六月には「防衛費をＧＤＰ（国内総生産）の二％に増額する方針を『骨太の方針』に明記すべき」と発言した。

第二次安倍政権に防衛大臣として二度入閣した小野寺五典によると、安倍の日本の国防についての思いは終始一貫する視点があったという。

「安倍元総理は日本の安全保障について様々な発言をしていましたが、それらは一貫してつながっていると思います」

平成二四年一二月に第二次安倍政権が発足した直後、防衛大臣として初入閣した小野寺は、安倍総理から今後の日本の安全保障環境について、その長期的な構想を訊かせてもらった。第二次安倍政権の発足時は、前任の民主党政権下で同盟国のアメリカとの関係が不安定化しただけでなく、南シナ海への進出を図るなど、積極的に対外進出を目論む中国との関係も尖閣《せんかく》諸島国有化などをめぐって、緊迫化していた。

日本を取り巻く安全保障環境は危機的なものがあった。安倍は、小野寺に対して、その後、第二次安倍政権が取り組んでいくことになる特定秘密保護法や、集団的自衛権の一部容認、平和安全法制などの必要性について熱心に語った。

「同盟国から様々な情報を得るには、秘密の保全が必要だから、まず特定秘密保護法に取り組もう。そして、その次は、平時の際に、日本を守るアメリカ軍に万が一の攻撃があった場合、同盟国である日本がすぐに対応できないのはおかしい。それに対応するための環境を作ろう。そのためには、集団的自衛権の容認と平和安全法制の制定が必要だ」

安倍と同様に、中国の大国化という日本にとっての新たな脅威に対応できる安全保障体制を作る必要性を痛感していた小野寺もその思いを共有したという。

小野寺が振り返って語る。

「第二次安倍政権で取り組んだことの延長線上に現在の岸田政権の方針があると思います」

第二次安倍政権で取り組んだ防衛力の整備は、メディアや野党からは、軍拡と見なされて、激しい批判を受けた。例えば、特定秘密保護法の制定時には、「記者がメールで情報を集めただけで逮捕される可能性がある」など、非現実的な話も飛び交った。

小野寺が語る。

「決して間違ったことをしているわけではないので、時間が経てば、国民の理解は得られると確信していました。実際に法律が制定されてから、一般の方や、ジャーナリストの方が不当な逮捕をされたり、警察に何か嫌がらせを受けたとか、当時言われていたようなことは起きていません。一〇年先、二〇年先を見据えて安倍さんは取り組んでいたと思います」

特定秘密保護法が制定される前と後では、各国から日本に入ってくる情報の量が格段に違ったという。

「やはり、秘密を守れる体制ができると海外からも様々な情報の提供がありました。情報力が一段と高まったのを実感しました」

平和安全法制の制定も、国会での審議中は連日周辺が学生団体「ＳＥＡＬＤｓ」のデモで囲まれるなど、大変な騒ぎであった。

だが、その後の日本の防衛力強化に非常に役に立っているという。

北朝鮮がミサイルを撃った時には、日本として一定のメッセージを出す必要がある。最近では映像で、アメリカの戦略爆撃機と日本の戦闘機が訓練をする映像が流れているが、こうした連携しての訓練も非常にしやすくなったという。

台湾有事に備えて

令和四年一二月一六日、岸田政権は、外交や防衛の指針である「国家安全保障戦略」、防衛の目標や達成する方法を示した「国家防衛戦略」（現・防衛計画の大綱）、自衛隊の体制や五年間の防衛費の総額などをまとめた「防衛力整備計画」（現・中期防衛力整備計画）の安保関連三文書を閣議決定した。

「国家安全保障戦略」では、ロシアによるウクライナ侵略について国際秩序を形作るルールの根幹を簡単に破ったと批判。同様の事態が、インド太平洋地域や東アジアで発生する可能性についても言及している。

中国の動向についても、「中国の対外的な姿勢や軍事動向は我が国と国際社会の深刻な懸念事項で、これまでにない最大の戦略的挑戦。我が国の総合的な国力と同盟国・同志国との連携により対応すべきものだ」と警鐘を鳴らしている。

また、「国家防衛戦略」では、「中国は、今後五年が目指す社会主義現代国家の肝心な時期と位置づけ、台湾周辺における威圧的な軍事活動を活発化させるなどしている。その軍事動向は我が国と国際社会の深刻な懸念事項である」としている。

台湾に対する中国の軍事侵攻の可能性は、果たしてどのくらいあるのか。

小野寺は十分に警戒すべき問題だと語る。

「わたしは可能性は決して低いものではないと思います。中国の狙いを考えないといけません。中国は、台湾が経済的に発展しているから統一したいわけではない。政治的に台湾を統一することが大事なんです。

習近平

ですから、例えば、軍事侵攻によって、台湾の半導体工場への影響などは考慮せずに、なによりも統一を最優先で行動するでしょう。習近平《しゅうきんぺい》国家主席はたびたび台湾統一について、『武力をもってしても実現する』と意欲的に発言しているし、すでに日本の防衛費の五倍以上をかけて着々と軍隊を整備している。それはなぜかと言えば、やはり、台湾を取るため。中国は航空母艦を三隻整備しようとしていますが、これは以前、台湾を武力で取ろうとしたときにアメリカ艦隊の前にすごすごと引きあげた失敗があるからです。その時の経験から、自分たちも空母を保有し、今度はアメリカ艦隊を近寄らせないようにと躍起になったわけです」

日本もその場合に備えて、様々なシミュレーションをしておく必要性を小野寺は訴える。

「台湾で問題が起きた時は、日本周辺も戦域になる。その場合は、自国の防衛はもちろん、台湾やアメリカから支援を要請された時に、どのような対応ができるのかを考えないといけません。直接、戦闘に参加することはなくとも、なんらかの支援をすることはあるでしょう。

また、それにともなって、日本と中国との関係が破綻した場合に、中国で活動する日系企業や、中国で生活する日本人にどのような影響があるかも考えないといけません。シミュレーションはしていますが、有事の際の被害は甚大です。

やはり、中国に武力による現状変更をやらせないことが一番。そのためには、事を起こした場合に被る損害が相当なものであることを中国に認識させて、実現を躊躇うだけの抑止力を働かせないといけません。そのためにはアメリカやＮＡＴＯ各国などとの連携を密にしていく必要があります」

「国家安全保障戦略」では、サイバー空間・海洋・宇宙空間・電磁波領域におけるリスクの深刻化について言及し、我が国を全方位でシームレスに守る取り組みとして、「サイバー安全保障」や、「海洋安全保障」、「宇宙安全保障」を強化すると謳っている。

二〇二七年度を目途に、自衛隊サイバー防衛隊等のサイバー関連部隊を約四〇〇〇人に拡充する計画も、「防衛力整備計画」には盛り込まれた。

小野寺がサイバー安全保障に取り組む重要性について語る。

「現在、世界中で情報がどのように抜き取られているのかというと、サイバー空間からがほとんどです」

実は、北朝鮮はたびたび弾道ミサイルを発射しているが、その資金源もサイバー空間での活動がもとだという。

「北朝鮮のサイバー部隊が暗号資産の抜き取りなどで、相当な金額を稼ぎ、それが資金源になっていると言われています。ロシアによるウクライナへの侵略も、ミサイルや戦車による物理的な攻撃だけでなく、サイバー空間への攻撃によって、重要インフラを危害を加えたりという戦いが起きている。この能力を高めることは、今後の日本の防衛力整備の大きなテーマとなります」

ロシアや中国とどう向き合うか

「国家安全保障戦略」では、防衛費の増額について、国家安全保障の最終的な担保である防衛力の抜本的強化の一つとして、「二〇二七年度に防衛関連予算水準が現在のGDPの二％に達するよう所要の措置をとる」と明記。

「防衛力整備計画」でも、「二〇二三年度から二〇二七年度の五年間における本計画の実施に必要な防衛力整備の水準に係る金額は、四三兆円程度」として、財源の確保については、歳出改革、決算剰余金の活用、税外収入を活用した防衛力強化資金の創設、税制措置等、歳出・歳入両面において所要の措置を講ずる、とした。

「防衛費のGDP比二％」は、安倍元総理の持論でもあったが、衆院選で自民党の公約にはじめて明記されたのは、岸田が総理大臣になった直後におこなった令和三年一〇月の衆院選である。

小野寺はこの点について語る。

「安倍元総理とも話していたのは、中国やロシアなど力による現状変更を目論む国にどう対抗するか、という視点。日本もNATO各国もアメリカもその部分の思いは共有できる。だから、その視点からチームを組んで対応していく必要がある。例えば、ロシアに対しては、NATOが一丸となり、日本もG7の一員として経済制裁などをおこないました。

また、中国が進める南シナ海への進出に対しても、アメリカも日本もオーストラリアもNATOの国の一部も、直接、日本の周辺に来て、訓練をしています。これは中国に対しての『そういうことをしてはいけない』という強いメッセージなんです。

GDP比二％も、それぞれの国での努力目標。日本とNATOで算出の基準は違いますが、意識しながら防衛力を伸ばしていこうということなんです」

実は、防衛費の増額の議論は令和三年一二月から、小野寺五典が会長を務める自民党の安全保障調査会で検討してきた課題であった。しかし、国民に注目されるようになったのは、令和四年二月二四日に起きたロシアによるウクライナ侵攻だ。

小野寺は世論の変化もあったと語る。

「ある面では、国民のみなさんが安全保障の必要性、大事さを痛感したのだと思います。一般国民のみなさんがウクライナの映像を見て、安全保障は自分たちに降りかかる問題なんだなと思ってもらえた部分はあるでしょう」

力のない外交は絵に描いた餅

令和四年一二月一六日に閣議決定された安保関連三文書では、これまで憲法上、「自衛の範囲」としつつも、政策判断として能力を保有してこなかった「敵基地攻撃能力」についても、「反撃能力」として保有していくことを明記した。

岸田総理は、この日の記者会見で語った。

「相手に攻撃を思いとどまらせる抑止力となる反撃能力は、今後不可欠となる能力だ」

「国家防衛戦略」では、「反撃能力」について次のように定義した。

〈我が国に対する武力攻撃が発生し、その手段として弾道ミサイル等による攻撃が行われた場合、武力の行使の三要件に基づき、そのような攻撃を防ぐのにやむを得ない必要最低限度の自衛の措置として相手の領域において我が国が有効な反撃を加えることを可能とする自衛隊の能力をいう。有効な反撃を加える能力を持つことにより、武力攻撃そのものを抑止する。その上で、万一、相手からミサイルが発射される際にも、ミサイル防衛網により飛来するミサイルを防ぎつつ、反撃能力により相手からの更なる武力攻撃を防ぎ、国民の命と平和な暮らしを守っていく〉

これまでも「敵基地攻撃能力」について、政府は保有可能という立場をとり続けてきた。昭和三一年に、当時の鳩山一郎《はとやまいちろう》内閣が「自衛の範囲内」と答弁し、それ以来、歴代内閣はこの見解を引き継ぎつつも、政策判断として保有することは見送ってきた。理由としては巨額の費用がかかることや、周辺国を刺激するという判断があった。

だが、第二次安倍政権では、安倍晋三総理がミサイル防衛に疑問を投げかける談話を発表するなど、敵基地攻撃能力の保有にも意欲的であった。

小野寺が「反撃能力」の保有について語る。

「これまでは敵基地攻撃能力という呼び方でしたが、反撃能力の対象は基地だけに限りません。例えば、ミサイルそのものを攻撃することも手段の一つですし、ミサイルの貯蔵庫を攻撃することや、それを運ぶための車両を攻撃することも手段の一つ。また、撃つためには、通信網や指揮系統が欠かせませんから、それらを壊すのも手段の一つ。ですから、基地だけを攻撃するとは限らないし、敵基地攻撃能力よりも反撃能力という言葉の方がわかりやすい」

「反撃能力」という言葉は、小野寺が考えた言葉だという。

「先制攻撃ではないという意味を明確にしたかった。英語のcounterstrike capability（カウンターストライク・ケイパビリティー）に由来します。この英語が周辺国からどのように受け止められるかを外務省に確認して、それから日本語にしました。なぜかといえば、日本が国防上の新たな試みをおこなうと、必ず国際社会で、日本を悪く言う国がある。そういう国を強く意識し、何か言わせないために、英語から考えて反撃能力と命名したのが今回の名称です。どの国もこの反撃能力を持っていますが、日本が何かを持つと、必ず国際社会に反論を提起してくる国がある。でも今回、この提言を出して、正面から批判してきたのは北朝鮮くらいでした」

岸田政権では、「反撃能力」を行使するための装備として敵の射程圏外から攻撃できる「スタンド・オフ・ミサイル」の研究開発や量産を前倒しして、令和九年（二〇二七年）度までの早期の装備化を推進し、一〇年後までに十分な数量を保有するとしている。

具体的には、射程を大幅に伸ばした陸上自衛隊の「十二式地対艦誘導弾」の改良型と、島しょ防衛に使う「高速滑空弾」の開発を進め、配備については令和八年度から順次始め、音速の五倍以上の速さで飛行する「極超音速誘導弾」などの開発も進めるという。

また、アメリカの巡航ミサイル「トマホーク」をはじめとする外国製のミサイルの導入も進めていく。岸田文雄総理は、令和五年二月二七日の衆議院予算委員会で、トマホークの購入について、「四〇〇発を予定している」と明らかにした。

「トマホーク」の配備は、令和八年度から予定し、艦艇への配備を検討している。そのための経費としては二一一三億円を計上するという。

このほかでは、潜水艦に搭載可能な垂直型のミサイル発射システムの開発や、「スタンド・オフ・ミサイル」を保管するための火薬庫の増設を進めていく。

また、防衛装備移転三原則や運用指針をはじめとする制度の見直しについても検討し、官民一体となった防衛装備移転の推進のため、基金を創設して企業支援をおこなっていく。

小野寺は語る。

「本来、弾薬は自前で作るべきでした。なぜなら、相手国から攻撃を受けて反撃をしている際に、弾がなくなったと言っても、島国の日本では発注してすぐにどこかから持ってくることはできません。だから弾薬などは、自前で自給できるような環境にしなくてはいけないんです」

専守防衛を掲げる日本では、これまでたびたび国会答弁で歴代の総理大臣が「相手の領土を攻撃するようなものは持ちません」と発言してきた。そのため、長射程の武器の保有や、開発はできなかった。しかし、反撃能力を保有するとなれば、長射程の武器は必要だ。岸田政権はその決断をした。当面は、アメリカからの購入がメインとなるが、今後、自国での生産も可能なものにしていかなくてはいけない。

果たして、それは可能なのだろうか。

「今まで持つことを想定していなかったので、能力はなかった。ですが、日本は宇宙に人工衛星を打ち上げる能力がある国ですから、必ず可能だと思います」

小野寺は、安全保障関連三文書改定の実務作業を担う与党協議の検討チームの座長を務めた。

防衛力整備の必要性について、小野寺は語る。

「やはり戦争をしないためには外交が重要ですが、力のない外交は絵に描いた餅。だから、外交のためにも力を持つべきで、経済力も防衛力も必要です。さらに実際に周りの国から敬意を持たれて、周りの国がとても攻められないぞ、と思えるような日本にしないと抑止力は高まりません。今回の決定は日本の安全保障について、戦後の大きな転換点になったと思います」

岸田総理は、閣議決定した一二月一六日の記者会見で次のように語った。

「専守防衛の堅持は今後とも不変だ」

だが、小野寺は専守防衛にも問題点があると指摘する。

小野寺は、ロシアによるウクライナ侵攻後、様々な場面で次のように訊かれるという。

「どちらが勝ちますか？　それと、この戦争はいつ終わりますか？」

その時に小野寺は次のように回答した。

「ウクライナが降参するか、もしくは、ロシアが戦争に飽きるか。そのどちらかしかありません。ロシアが負けることはないんです」

これが専守防衛に徹しているウクライナの厳しい現実だという。

ウクライナに対して、ＮＡＴＯ各国からの支援はある。だが、ＮＡＴＯ各国はロシアの首都であるモスクワを攻撃するような長射程の武器は一切、提供していない。

小野寺は語る。

「リアルな専守防衛を貫くとは、そういうことなんです。結局、攻撃を受けて、街が燃えているのはウクライナの街、殺されている一般人はウクライナ市民。軍と軍との戦いで、ロシア軍に被害を与えていても、あくまでも被害を受けるのはウクライナ領内に進出してきたロシア兵。ウクライナの市街地や軍需工場は壊されているが、モスクワでは若者が普通にディスコに行ったりして生活をしている。結局、ロシア国民のほとんどは何の痛みもともなっていません。これではロシア国内で停戦しようという気運は起こりません」

いっぽうで、ウクライナは相変わらず街が壊され続けている。

しかし、もしウクライナに一定の反撃能力があり、ウクライナの首都のキーウが攻撃されるのと同時に、モスクワを攻撃することができれば事態は変わってくるだろう。

連日連夜防空壕に籠もるようになれば、ロシア国民にも厭戦気分が芽生えてくるはずで、停戦の気運も高まってくるだろう。

小野寺は語る。

「今回のウクライナの立場は、専守防衛の国がどれだけ、国民が大きな被害を受けるのかということをリアルに伝える姿ではないでしょうか」

小野寺は、憲法改正を考えるうえで、専守防衛の考え方も現在の安全保障環境を踏まえたものにしないと真の意味での抑止力にならないと警鐘を鳴らす。

「最終的に憲法の条文をどのようなものにするのか、という議論はもちろん必要ですが、少なくとも、国会で専守防衛という言葉を使わなくてもいいような憲法にはするべきだと思います。普通の国のように、自衛権の範囲で、適正な武力を行使できるものにしなければ抑止力にはならない。どの国も自衛権はあり、そのうえで、むしろ自衛権を縛るような内容が日本の憲法には書き加えられているのですから、それが普通のものになれば、対応できることになるのではないでしょうか」

小野寺自身、現在の日本の憲法でおかしいと思うのは時代に即していない点だという。

「もともと、日本の憲法は、国連憲章を強く意識しています」

国連憲章は、国連に世界の各国が加盟することで、集団安全保障になるため、どの国も加盟国には戦争を仕掛けられなくなり、世界から戦争がなくなるという考え方に基づいている。そして、世界から戦争がなくなれば、武力を持たなくて良い世界になるというものだ。理想論としては素晴らしいが、現実の世界はそのような理念のもとで動いてはいない。

「国連憲章で掲げる理念を受けて、日本の憲法ができたとすれば、当然、国連が保障した社会が前提となる。これからは戦争がなくなり、武器もいらなくなる世界を国連が作るからこそ、それを受けて日本国憲法では、戦力の不保持や、交戦権の否定などを掲げているわけです。しかし、今のウクライナの状況を見ても、国連が機能するとは思えないし、平和をもたらすとも思えない。となれば、国連憲章を前提にできた憲法も、残念ながら見直さないといけないとわたしは思います」

核の傘

安倍元総理は、亡くなる前に核シェアリングについても検討する必要があると発言していた。

小野寺が背景について語る。

「安倍元総理が核シェアリングについて発言されたのは、核の議論を避けてはいけない、という思いがあったからだと思います。わたしも、核シェアリングを含む核の議論はするべきだと思います。それはなぜかというと、今まで日本の核の議論は、アメリカの核の傘のもとにあるということしか考えていなかったからです」

だが、その核の傘が、いざという時に日本をどれだけ守ってくれるのかはわからない。

小野寺は、定期的に核の傘が機能するのかをアメリカに確認していかないといけないと語る。

かつて、日本では核の保有について議論をするだけで、野党やマスコミから批判され、場合によっては閣僚の首が飛ぶようなこともあった。しかし、現在、ロシアは、ウクライナに対して戦術核の使用をほのめかすような状況だ。

小野寺は、正面から議論しなければいけない問題だと思っている。

「様々な安全保障の議論のなかの一つとして、核の傘がどのように機能するのかということは考えるべきだと思います」

もちろん日本独自で核を開発し、保有することはない。現在、日本は核不拡散条約に加盟し、それを順守する立場だからだ。

だが、ドイツのように、シェアリングならば可能性はあるという。

「ドイツは実はレンタル。アメリカのものを不拡散にあたらないという判断で保有している。きわめて巧妙というか、核保有国にはならないけれども、核を置いている国にはなるという文脈で保有している。いざという時にアメリカの了解を得れば、ドイツの爆撃機に積んで使用ができるという形なんです」

核シェアリングは、ある面では核の拡散を防ぎつつも、核による抑止力が働く体制なのだ。日本では、アメリカの核の傘が機能していると政府が言っているため、核シェアリングの議論はおこなわれていいない。

第三章　波乱

辛抱づよい岸田政権

岸田《きしだ》文雄《ふみお》が会長を務め、小野寺五典《おのでらいつのり》が事務総長代行を務める宏池会は、吉田茂《よしだしげる》が率いた自由党の流れを汲む保守本流の派閥だ。

吉田茂の直系の弟子である池田勇人《いけだはやと》によって昭和三二年に創立されて以来、池田、大平正芳《おおひらまさよし》、鈴木善幸《すずきぜんこう》、宮澤喜一《みやざわきいち》、岸田文雄と五人の総理大臣を輩出してきた。

宏池会は、派閥の創始者であり、総理大臣在任中、所得倍増計画を掲げた池田勇人のイメージもあって、伝統的に軽武装経済重視の印象がある。岸田総理は、そのような宏池会の従来の印象とは異なり、防衛力の強化に積極的に取り組んでいる。しかし、小野寺五典によると、そのことは宏池会の印象を覆そうとしているわけではない、という。

「宏池会は、リアリストというか、現実に即した政策を打ち出す政策集団なんです。例えば、池田勇人総理の時代は、一番大切なのはやはり経済。だから、一番重要な政策として所得倍増を掲げた。その流れで、宏池会に経済重視や軽武装の印象を持つ人が多いけれど、池田勇人の時代のリアリズムがそれだった。

池田勇人

しかし、今は、日本の周辺に厳しい安全保障環境があるわけですから、リアリズムとしてそれに対応しなければいけません。岸田総理は、防衛力の整備だけでなく、異次元の少子化対策や、エネルギー問題に取り組むと掲げていますが、これも、日本にとって一番喫緊の課題に取り組むという宏池会のリアリズムです」

政権発足後から高い支持率を保ち続け、衆院選と参院選の二つの国政選挙を乗り切るなど順調に見えた岸田文雄政権。

だが、安倍晋三《あべしんぞう》元総理への銃撃事件を発端に、自民党と旧統一教会との関係が明るみに出たこともあって、支持率は下降したまま、再浮上する気配は感じられない。

小野寺は岸田政権をどう見ているのか。

「辛抱強く仕事をしていると思います。政策面では、防衛力整備や原子力発電所の再稼働など、難しい問題に正面から向き合って取り組んでいるので、支持率の低下はある程度折り込み済みと思っています。ただし、総理本人の問題での支持率低下ではないから、時間とともに少しずつ理解されていくのではないでしょうか。もちろん長続きしてほしいし、与党の一員として長続きさせたいと思っています」

新たな民生技術が防衛産業から生まれる

今回、岸田政権が決定した防衛三文書のうちの一つ、「国家防衛戦略」では、「防衛産業や非防衛産業の技術を早期装備化につなげる取り組みを積極的に推進する。我が国主導の国際共同開発、民生先端技術を積極活用するための枠組みを構築する」と謳っているが、小野寺は、防衛産業から民生の先端技術が生まれる可能性に着目し、その部分に力を入れていきたいという。

「実は、日本が戦後経済復興を成し遂げた陰には、戦前戦中に培った軍事技術の民生への転用があるんです。例えば、日本は胃カメラ（上部消化管内視鏡）の分野でトップクラスの技術がありますが、あの技術は、零戦のプロペラと機銃掃射などを研究していたオリンパス光学の研究者が開発したものなんです。また、新幹線の開発も、零戦の技術者による振動の研究が生かされているんです」

戦後の日本は、軍事に関する研究に否定的で、大学などで積極的におこなわれることはなかった。しかし、小野寺は、今こそ取り組むべきだと語る。

「岸田政権の今回の決定によって、日本経済を支える新たな産業や技術が生まれる可能性が広がりました。日本の航空自衛隊が保有する戦闘機「F―2」が搭載するレーダーシステムが使用する技術が、高速道路で利用されているETC（電子料金収受システム）へと発展したように、今後、正面からできるようになれば、次の新しい技術が日本から生まれる可能性は大いにある。わたしは、今回の防衛予算でも研究開発費を確保し、日本の新たな食い扶持へとつながるようなものを生み出すことができれば、と思っています」

日本の国防意識は甘い

自民党の参議院国会対策委員長代行兼国会対策副委員長を務めている佐藤正久《さとうまさひさ》は、陸上自衛官時代、初代のイラク先遣隊長兼イラク復興業務支援隊長だったこともあり「ヒゲの隊長」との愛称で知られている。

第二次安倍内閣で防衛政務官や外務副大臣を務めた佐藤は、参議院外交防衛委員長や自民党の外交部会長も歴任した自民党きっての外交通、防衛通だ。BSフジの「プライムニュース」をはじめ、メディアに論客として出演する機会も多い。

令和四年七月八日に凶弾に倒れた安倍晋三元総理だが、令和二年九月に総理大臣を退任した後も、安全保障を中心に積極的に政策提言をおこなっていた。

令和四年三月には、アメリカの核兵器を同盟国で共有する「核共有」の可能性について議論するべき、と発言。さらに、六月には「防衛費をＧＤＰ（国内総生産）の二％に増額する方針を『骨太の方針』に明記すべき」と発言した。

令和四年一二月一六日、岸田政権は、外交や防衛の指針である「国家安全保障戦略」、防衛の目標や達成する方法を示した「国家防衛戦略」（現・防衛計画の大綱）、自衛隊の体制や五年間の防衛費の総額などをまとめた「防衛力整備計画」（現・中期防衛力整備計画）の安保関連三文書を閣議決定した。

「国家安全保障戦略」では、防衛費の増額について、国家安全保障の最終的な担保である防衛力の抜本的強化の一つとして、「二〇二七年度に防衛関連予算水準が現在のＧＤＰの二％に達するよう所要の措置をとる」と明記された。

佐藤が防衛費のＧＤＰ比二％増額について語る。

佐藤正久

「安倍元総理が提唱されていたＧＤＰ比二％は国家の意思としての指標のようなもので、二％になれば国の防衛にとって十分というものではありません。ＮＡＴＯ（北大西洋条約機構）の加盟各国も経済規模はバラバラにもかかわらず、ＧＤＰ比二％を目標に防衛費を整備しましょうというのが基準。

NATOには三一の加盟国があり、一つの国がロシアに攻められた時には残りの三〇の国が助けましょうという合意のなかで、それぞれ二%で頑張りましょうというのがある。日本も一つの指標として二%を安倍さんが提唱しましたが、二%になれば日本の防衛が十分に満たされるかどうかは別の議論です」

しかし、その一方で、国としてNATO加盟各国と同水準の防衛費を掲げること自体にも意義があるという。

「日本を取り巻く安全保障環境が厳しくなりつつあるなか、これまでの倍の数字を出したこと自体が画期的なこと。『天は自ら助くるものを助く』という言葉がありますが、自らで国防に必死に取り組まない国を他国が支援してくれますかという話です。まず『自分たちで必死に取り組まないとダメだ』というのが安倍さんの考えだったと思います」

現在の日本の防衛力において、もっとも欠けている部分は何なのか。佐藤によると「モノ」ではなく、「ヒト」の不足が深刻なのだという。

「人の不足には二種類あり、常備自衛官と予備自衛官、どちらも不足しています」

現在、日本の自衛隊の総兵力は約二四万人(うち男性が二二万七七〇〇人、女性一万二三〇〇人)と、対人口比にすると、他の主要国と比較して人員はけっして多くない。

さらに、自衛隊が予備要員として任用している非常勤で、ふだんは会社員や自営業、学生などそれぞれの本業を持ちながら、有事などの際には自衛官として任務に就く予備自衛官も少ない。陸上自衛隊が約四万人、海上自衛隊が一〇〇〇人、航空自衛隊が八〇〇人だ。

佐藤は語る。

「いくら装備や予算があっても、そもそも人がいないとどうしようもない。日本の国土は東西南北に広がるため、相当大きい。陸地の面積は約三八万平方キロですが、領海の面積は約四六五万平方キロと世界六位。この広大な面積を二四万人で守れるかといえばなかなか難しい。何かあった場合、予備自衛官以外の方がどれだけ応募してくれるのかといえば、相当難しいでしょう」

佐藤は日本人の国防意識の低さも問題だと訴える。

世界の七七カ国を対象に令和二年に実施された世界価値観調査における「戦争になったら自国のために戦うか」という質問において、日本で「はい」と回答した人はわずか一三・七％。「はい」と回答した人の比率は七七カ国中、最下位であった。七六位のスペインですら「はい」と回答した人は三四・〇％で、他国とは相当な開きがあった。

ちなみに一位のベトナムは「はい」と回答した人が九六・四％である。

佐藤が危機感を語る。

「日本はこの調査でいつも最下位。この状況は深刻で、他国から見れば、日本は自ら戦うための兵力が不足しているだけでなく、国民に国防への関心や意欲がない国だと思われてしまう。ロシアの侵攻と対峙するウクライナが多くの国から支援を得ることができたのも、ウクライナ自らがゼレンスキー大統領を中心に、ロシア相手に必死に戦っているからなんです。自分の国を守るために戦おうとしない国を、他国はわざわざ支援しません。今の日本では、現役の自衛隊員も予備自衛官も少なく、さらに国民も国防の意識が弱い。教育と政治が危機感を持って、この問題に取り組まないといけません」

安倍晋三元総理は、日米豪印戦略対話（Ｑｕａｄ）や、自由で開かれたインド太平洋戦略など、対中国を意識した外交戦略を推進していた。このことは日本の防衛力を深化させるうえで非常に重要だったという。

「継続性がないと強い外交はできませんから、平和安全法制の制定や、集団的自衛権の容認なども含めて、安倍さんが長期政権のなかで果たした役割は非常に大きいと思います。安倍さんは、自分でこういう政策がやりたいとなれば、なんとしても推進していく意志がありました。役人というのは、総理が強い意志を示すと動きやすくなりますから」

混沌とする世界

ロシアによるウクライナへの侵攻や、イスラエルとパレスチナの紛争の激化など、現在、世界情勢は混沌としつつある。

アメリカがかつてのような世界の警察という立場を弱めつつあることもあり、アメリカの同盟国である日本を取り巻く安全保障環境は決して芳しいものではない。

佐藤は語る。

「わたしが懸念しているのは、アメリカが今後どうなるか。リーマンショック以降、アメリカは、どんどん内向きになってきて、国防予算の減少もあり、海外への派兵が縮小傾向にある。令和四年一〇月に発表されたアメリカの国家防衛戦略でも、日本や韓国、オーストラリアなどの同盟国、同志国にもっと働いてもらおうというものになっています」

バイデン政権はアフガニスタンやイラクからの撤退を進めるなど、対中国を重視したシフトを推進している。だが、このシフトも裏目に出てしまっているという。

「バイデン政権が進めた外交は、結局、中国だけでなく、ウクライナとイスラエル、さらに北朝鮮と四正面のものになってしまっている。バイデン政権発足後、インドネシア大使のソン・キムが北朝鮮担当の特別代表を務めているが、何もやっていない。しかも、今、北朝鮮はロシアによる軍需景気に沸いて、ロシアとの関係を強化しつつある。この二国の緊密化は、日本にとっては非常に大きな懸念になっています」

バイデン

佐藤は、日本の置かれている立場の難しさについて語る。

「日本は地政学的に見ても非常に危ないところにいます。NATO各国とロシアの関係は三一対一ですが、日本の場合、同盟国はアメリカだけ。日米二カ国で、中国、北朝鮮、ロシアの三カ国と対峙しないといけない。しかも、三カ国とも、核ミサイルを保有しており、政治的には独裁者がリーダーを務める国。アメリカがどんどん地盤沈下していくなか、今後さらに厳しい状況になっていくのは間違いない。しかも、北朝鮮の金正恩《キム・ジョンウン》は四〇歳とまだ若く、習近平《しゅうきんぺい》もプーチンもさらなる長期政権となる可能性が高いため、三カ国の連携は当面変わらない。今から手を打たないと、一〇年後、東アジアは深刻になる可能性が高い。日本も、自国の防衛力を高めるのはもちろん、同志国との連携を増やしていかないといけません」

金正恩

ロシアによるウクライナ侵攻だが、ウクライナの反転攻勢が膠着状態になりつつあることもあり、ウクライナを支援する欧州各国の間では厭戦ムードが高まりつつある。

佐藤が今回の戦争の難しさについて語る。

「ロシアは全国各地から動員をかけて、兵力をどんどん増強している。動員力のことを人的縦心力といいますが、国家の規模が違うので、ウクライナはこの点で相当厳しい。さらに、ロシアは弾薬などの兵站の部分も、まだまだ枯渇しそうにない。北朝鮮やイランからもどんどん武器を購入していますから。現在はロシアが占領地を守り、ウクライナが奪回しようと攻めている状態。攻める側は三倍の兵力を必要としますから、このまま他国からの武器支援が先細ってくると、ロシアが持久戦で持ちこたえてしまう可能性がある」

パレスチナのガザ地区を実効支配するハマスによる奇襲攻撃をきっかけに起こった今回の紛争だが、イスラエルは反転攻勢を強め、ガザ地区への空爆を繰り返している。

今後は、どのような見通しになるのか。

佐藤が語る。

「イスラエルの攻勢により、ハマスの軍事力は壊滅する可能性が高い。しかし、イスラエルがそのあとパレスチナをどう管理していくのかといえば、その部分の具体的な構想はないと思う。本当は戦い始める前から戦後の設計を考えるべきだけれど、今回は条件反射的にやり返しているだけ。イスラエルがこの後、ガザ地区で占領政策をおこなうのはアメリカも日本も反対。力による現状変更を認めたら、ロシアがウクライナにやっていることを批判できなくなってしまいますから」

バイデン政権はハマスによる攻撃の直後からイスラエルへの支援を訴えたが、イスラエルによるガザ地区への空爆が激しいこともあり、アメリカ世論の風向きは変わりつつある。

「バイデン政権が見誤ったのは、イスラエルへの風当たりが強くなりつつあること。アメリカ国内の世論の変化もあり、徐々に軌道修正を図っている。イスラエルが所有する防空用のアイアンドームの迎撃ミサイルはアメリカからのものなので、アメリカの支援は欠かせない。日本も、イスラエルとパレスチナについては、法の支配による二国間解決を謳っていますが、実際に実現するのは相当難しいでしょう」

トランプ

現在、中国は台湾に対して領土的な野心を示し続けている。実際に台湾を侵攻する可能性はどのくらいあるのか。

「この問題もアメリカがどこまで関与するかどうかが重要。アメリカの議会は台湾支援ですが、もしトランプが再び大統領になった場合、どこまで守ろうとするか。トランプは経済的な損失を問題視するし、台湾のためにアメリカの若者の命をなぜ失わなければいけないのか、と言い出す可能性がある。現在の中国には台湾侵攻を確実に成功させるだけの力はないが、アメリカの支援がないとわかれば行動する可能性はある」

岸田の独自性はいずこ

麻生との関係強化を果たした岸田は、令和三年九月の総裁選に勝利し、総理大臣となる。だが、総理就任後は、防衛費のＧＤＰ比二％増など、安倍晋三元総理が推進したタカ派の政策に傾倒しつつあった。かつて宏池会の名誉会長であった古賀誠《こがまこと》はそのことに懸念を示す。

「せっかく宏池会という保守本流の政策集団で勉強した仲間ですから、総理になったら、保守本流の宏池会の哲学や理念、わかりやすくいえば、宏池会イズムを国民のみなさんに発信する期待がありました。清和会政権とは違ったかたちの政治をやってくれるのでは、と思っていました」

宏池会と清和会の違いとは何か。古賀がさらに語る。

「宏池会は結論ありきの前にその結論の内容とそこに持っていくための議論や積み上げを大事にしてきましたが、清和会は結論ありきのなかであとを詰めていく。僕はそういう違いだと思っています」

しかし、岸田は、独自性を打ち出しているように見えないと、古賀は懸念を示す。

「宏池会政権の実現で、国民のみなさんに『岸田さんになって変わったね』と思ってもらえることに期待していましたから、そのためならば、何があっても飲み込もうという気持ちでいました。ですが、違った方向になっているので、正直言って、不安、心配があります」

実際、岸田政権の支持率は低迷しつつある。古賀は、さらに懸念を語る。

「三〇年ぶりの宏池会政権です。政治は言葉で動くといわれております。言葉と知性を大切にする誠実な国民目線の政治を心がけたいものです」

なお、宏池会には、将来の総理候補として名の上がっている人材もいるという。

「宏池会には、林芳正《はやしよしまさ》官房長官や、上川陽子《かみかわようこ》外務大臣をはじめ前途有能な若手の先生方の人材が豊かです。宏池会がこれから保守本流の歴史と伝統を誇りに輝くことを祈念します」

なお令和六年九月の総裁選に林も上川も出馬する。

十増十減

総裁選では河野太郎《こうのたろう》を支援した森山裕《もりやまひろし》だが、令和四年八月からは党四役の一つである選挙対策委員長に就任した。

令和四年一一月一八日には、衆議院の小選挙区の数を是正する「十増十減」を反映した改正公職選挙法が参院本会議で与党などの賛成多数で可決し、成立した。

これにより小選挙区間の「一票の格差」は二倍未満となった。

今回の改正では、令和二年の国勢調査の結果をもとに、人口比を反映しやすいとされる議席配分方法「アダムズ方式」で各都道府県の小選挙区の数を算出した。

新たな区割りでは、東京都《とうきょう》で五、神奈川県《かながわ》で二、埼玉県《さいたま》、千葉県《ちば》、愛知県《あいち》で一ずつ増える一方で、宮城県《みやぎ》、福島県《ふくしま》、新潟県《にいがた》、滋賀県《しが》、和歌山県《わかやま》、岡山県《おかやま》、広島県《ひろしま》、山口県《やまぐち》、愛媛県《えひめ》、長崎県《ながさき》の各県は小選挙区が一ずつ少なくなる。

比例代表ブロックでは定数が「三増三減」となり、東京ブロックで二、南関東《みなみかんとう》ブロックで一増える。東北《とうほく》ブロック、北陸信越《ほくりくしんえつ》ブロック、中国《ちゅうごく》ブロックで一ずつ減る。

森山は、選対委員長として、衆議院の小選挙区で十増十減が決まり、多くの議員が新しい選挙区での活動を強いられるなか、選挙区調整を担うことになった。

森山が就任当時のことについて語る。

「当時は、十増十減の法案がそのまま成立するのかどうか危うかった。この法案は、与野党で長い間議論を重ねてきたことですから、決してフラフラしてはいけないという思いがありました。だから、わたしが選対委員長に就任して最初にしたことは、わたしと茂木《もてぎ》敏充《としみつ》幹事長と岸田総理と萩生《はぎう》田《だ》光一《こういち》政調会長で法案を絶対に通しましょうと確認したことでした」

今回の法改正では、十増十減のほかに、二五都道府県の計一四〇小選挙区で区割りが見直された。これにより、一自治体に複数の小選挙区がまたがっている問題がだいぶ解決された。

森山裕

森山は、法改正に合わせて、各選挙区の調整に追われたという。

「一三四選挙区の支部長が変わりましたから大変でしたが、だいぶ調整が進んできて、残りはもうわずかになってきました」

各選挙区ごとに事情が異なるため、森山は、その選挙区に合わせて慎重に対応したという。

「なかには非常に気の毒な人もいました。愛知県七区の鈴木淳司《すずきじゅんじ》さんは瀬戸《せと》市の出身で市議経験者だったのですが、今回の改正で瀬戸市だけが愛知県七区から外れて、愛知県六区に移行することになってしまった。長年鈴木さんを応援されてきた瀬戸市の支持者にしてみたら複雑な話ですから、わたしも出かけて直接みなさんにお話しをさせてもらってきました」

十増十減にともなう調整も難しい。十減となった宮城県、福島県、新潟県、滋賀県、和歌山県、岡山県、広島県、山口県、愛媛県、長崎県は、いずれも自民党の現職ばかりだ。選挙区減に合わせて、各県で誰か一人に比例区にまわってもらうほかにない。

森山はその調整にも非常に気をつかったという。

「もし、わたしが大きい派閥に所属していたら、自派を優先して調整していると批判を受けたかもしれませんが、幸いなことに、わたしが所属する政策集団（派閥）の議員の数は八人と少ない。だから、変な目で見られることはありませんでした。やはり、こういう話は派利派略だと思われたら、まとまる話もまとまりません。正直に誠実に対応していくしかありません。それでも選挙区の区割りでは、申し訳ないと思うことはありました」

波乱の補欠選挙

令和五年四月二三日におこなわれた衆参の補欠選挙で、自民党は四勝一敗というまずまずの結果であった。この補欠選挙は、衆議院の千葉県五区、和歌山県一区、山口県二区、山口県四区、参議院の大分県《おおいた》選挙区でおこなわれたが、自民党の公認候補が敗れたのは和歌山県一区のみであった。

森山が補欠選挙を振り返って語る。

「正直なところ、三勝二敗かなと思っている時期もありましたが、なんとしても一議席増やす努力をしないといけないと思っていました。結果的に四勝一敗になったことは良かったですね」

森山によると、当初は、和歌山県一区と山口県二区、山口県四区の三選挙区で勝利することを考えていて、自民党の現職の薗浦健太郎《そのうらけんたろう》が政治資金収支報告書への不記載問題で議員辞職をしたことで補欠選挙となった千葉県五区と、令和元年の参院選で野党統一候補として勝利した安達澄《あだちきよし》が大分県知事選への出馬を理由に辞職したことで補欠選挙となった大分県選挙区では苦戦を予想していたという。

しかし、森山の事前の予測とは異なる結果となった。

苦戦が予想されていた参議院の大分県選挙区では、自民党の新人の大分県竹田《たけた》市出身で、早稲田大学在学中に日本橋の老舗クラブで女子大生ママとなり、現在は「クラブ稲葉」のオーナーママである白坂亜紀《しらさかあき》が立憲民主党の前職の吉田忠智《よしだただとも》を大激戦の末にやぶった。

白坂は一九万六一二二票、吉田は一九万五七八一票。その差はわずか三四一票差だった。森山が語る。

「大分県は野党が強く毎回厳しい選挙になるので、接戦になると思っていました。だから、やれることは全部やろうと、岸田総理の声によるオートコールを全県的に実施し、総理本人にも現地入りしてもらいました。大分の選挙は毎回激戦で、平成二八年の参院選でも一〇九〇票差でしたから」

自民党の現職議員の辞職によって、補欠選挙となった千葉県五区も苦戦が予想されていた。だが、蓋を開けてみると、自民党公認で、日本銀行退職後、国連事務次長補付特別補佐官を歴任した英利《えり》アルフィヤが五万〇五七八票を獲得し、次点の立憲民主党公認で四万五六三五票だった矢《や》崎堅太郎《ざきけんたろう》をやぶって勝利した。

この選挙区では、野党側の足並みが乱れたことも功を奏した。

国民民主党公認の岡野純子《おかのじゅんこ》が二万四八四二票、日本維新の会公認の岸野智康《きしのともやす》が二万二九五二票、共産党公認の斉藤和子《さいとうかずこ》が一万二三六〇票と矢崎以外にも候補者が乱立し、結果的に自民党側をアシストすることになったからだ。自民党の現職の議員辞職によって生じた補欠選挙だったため、森山は、難しい戦いを強いられたと語る。

「なぜ補欠選挙になったのかを思い起こす選挙になるとまずいと思い、結果的に若い女性の候補者が擁立されました。候補者選考のやり方も、自民党本部と地元の千葉県連で同じ数の候補者をお互い推薦して選考したのですが、これも新しい試みで良かったです。地元の意見も、党本部の意見も選考時から入ったわけですから」

勝ったとはいえ、予想以上に苦戦を強いられたのが、岸信夫《きしのぶお》前防衛大臣の議員辞職を理由におこなわれた山口県二区の補欠選挙だった。

自民党の公認は、岸信夫の長男で、安倍晋三元総理の甥にもあたる岸信千世《のぶちよ》だった。

岸信千世は、六万一三六九票を獲得し当選したが、無所属で出馬した野党系の元職の平岡秀夫《ひらおかひでお》が五万五六〇一票を獲得し、肉薄されていた。

平岡は、民主党政権で法務大臣を務めるなど、リベラル派の弁護士としても知られていたが、父親が地元の農協の組合長をしているなど、保守系の有権者にも浸透できる強い候補者であった。今回の選挙でも自身の出身である大票田の岩国《いわくに》市では、岸信千世をわずかながら上回っていた。

いっぽうの山口県四区では、亡くなった安倍晋三元総理の後継候補として出馬した下関《しものせき》市議の吉田信次《よしだしんじ》が五万一九六一票を獲得し、立憲民主党公認で出馬し、二万五五九五票を獲得した元参議院議員の有田芳生《ありたよしふ》をやぶっている。

森山が両選挙区について語る。

「山口県二区も、相手の候補者のことを考えると難しい選挙になると思っていました。四区は安倍昭恵《あきえ》さんが全面的にバックアップしてくれたことが大きかった。昭恵さんは、二区にも応援に入ってくれて、本当に助かりました」

自民党の公認候補が唯一敗れたのが和歌山県一区だった。

元職の門博文《かどひろふみ》が国政復帰を目指し、五万五六五七票を獲得したが、六万一七二〇票を獲得した日本維新の会公認の元和歌山市議の林佑美《はやしゅみ》の前に敗れた。

森山が振り返って語る。

「もし、鶴保庸介《つるほようすけ》参議院議員が公認に選ばれればおそらく勝っていたでしょう。鶴保さんは大阪《おおさか》万博議連の事務局長をしていますから、鶴保さんが公認の場合は、日本維新の会も気兼ねして候補者を擁立しなかったでしょうから。わたしは最初、維新の候補者はそこまで強くないと思っていました。出陣式にも馬場伸幸《ばばのぶゆき》代表が来ていましたが、集まっていたのはわずか二〇人前後。門さんは、最後の二日ほどは本当に真剣に土下座をするくらいの気持ちでやっていましたが、あの姿勢で、もうちょっと早くからできていたら良かったんでしょうね」

和歌山県一区では、元々、鶴保庸介が出馬するという話もあった。だが、鶴保と同じ参議院議員の世耕弘成《せこうひろしげ》が鶴保の出馬に難色を示し、門を推し、最終的には門に決まった。

森山がその経緯について語る。

「候補を決めるときには党が調査をおこない、有力な順番に出馬の意欲があるかを訊いていった。それが県連の希望でしたから。

調査で一番支持率が高かったのが世耕さん。でも、世耕さんに『衆議院議員になるならチャンスでは』と訊くと『出馬はしない』と。次に、石田《いしだ》真敏《まさとし》元総務大臣に訊いたら、石田さんも『出ない』という。その次の鶴保さんは『出てもいい』と言ってくれて、鶴保さんが出馬するという話になったら、結局、門さんでどうか、という話になってきて。二階《にかい》元幹事長にしてみたら、二人とも自分の派閥の人間ですから、どちらがいいかは明言できないわけです」

維新の会のこれから

和歌山県一区での補欠選挙の勝利のほかに、奈良《なら》県知事選挙で推薦した候補が当選するなど、日本維新の会は、各地の選挙で順調に議席を伸ばしつつあった。

自民党の選挙対策委員長を務める森山裕は維新の勢いをどのように見ていたのか。

「今は勢いがありますね。マスコミの取り上げ方もプラスになっている。特に、関西圏のテレビは、吉村洋文《よしむらひろふみ》知事を積極的に取り上げていますから」

吉村洋文

森山は、日本維新の会の公認候補の特徴を指摘する。

「彼らはどの候補者も看板政策である『身を切る改革』ばかりしか訴えない。マニュアル通りで、そこが自民党の選挙とは違うところ。変なことも言わないけれど、身を切る改革しか言わない」

森山は、そのことに疑義を呈する。

「しかし、身を切る改革で、大阪市政や大阪府政が果たして良かったのか。それを考えないといけません。なぜ新型コロナで大阪府でたくさんの死者が出たのかといえば、橋下《はしもと》府政で公立病院や保健所の統廃合を実施し、公的な医療機関の力を弱めてしまったから。

橋下徹

橋下さん自身も、『改革をした際に緊急時にどうするかという対策をしていなかったのはまずかった』と反省しています。それだけでなく経済もなかなか伸びていない。耳障りの良い話だけでなく、中身も見ないといけません」

森山自身は、日本維新の会の伸長に対して、それほど意識はしていないという。

「都市部はともかく、地方の選挙結果を見ると、それほど浸透していません。それと、維新は『野党第一党を目指す』とは言いますが、『政権を目指す』とは言わない。本当に政権を目指すのならば、衆議院の過半数の選挙区に候補者を立候補させないと理屈に合いませんから」

いっぽう、日本維新の会の本拠地である大阪府では、自民党の勢力が退潮しているため、今後は自民党本部が梃子入れをはかっていくという。

「自民党の大阪府連から、党本部でやってほしいという話があり、力を入れることになりました。今後は党本部から職員を派遣していきます。やはり、大阪を中心に維新の波が関西各方面に浸透しつつありますから、それには注意しないといけません」

森山は大阪の自民党の問題点も指摘する。

「実は、維新の会の中心メンバーはもともと、自民党。馬場代表も中山太郎《なかやまたろう》元外務大臣の秘書出身ですし、遠藤敬《えんどうたかし》国対委員長も、かつては自民党の青年部長でした。自民党をよく知っているんです。実は、大阪で自民党が弱いのは昔からで、中選挙区時代には、定数三や定数四で一人しか擁立していないことも多かった。府議選でも同様でした。だから、戦わない自民党大阪府連になってしまい、若い人も出てこない。その部分を戦う自民党大阪府連に変えていかないといけません」

燃え盛る炎と落選

森山裕は、選挙対策委員長として、各地に応援に行くたびに、選挙の厳しさを各候補者や支持者たちに伝えるようにしている。森山の胸ポケットには、過去の国政選挙で僅差だったケースを紹介するための事例をピックアップしたメモがいつも入っている。

「今回の補欠選挙では、大分は三四一票差というわずかな差で決まりましたが、過去の選挙を見ると、もっと僅差で勝敗が決まっているケースはたくさんある。中選挙区時代には、わずか二票で当落が分かれたものもある。二票というのは、誰か一人が頑張れば巻き返せるわけですから、本当に選挙は最後まで力を尽くさないといけないものだという教訓です。選対委員長として各地で話をする際には、この話を必ずしています」

実際に昭和二七年の衆院選の群馬県一区では、最下位当選の金子《かねこ》与《よ》重郎《じゅうろう》が三万二一七九票、次点の藤枝泉介《ふじえだせんすけ》が三万二一七七票でわずか二票差で当落が決まっている。

山中貞則

森山裕が選挙区を引き継いだ山中貞則《やまなかさだのり》も、平成二年の衆院選で二八票差で落選した。消費税導入後、初めての衆院選で、自民党の税調会長として消費税の必要性を訴えていた山中は、思わぬ落選を喫することになる。大ベテランである山中の落選は、地元の支持者たちにも大きな衝撃を与えたという。

森山は、その落選時の山中の態度に感服したことがあったという。山中が落選した衆院選の投票日当日、選挙区のとある集落で火事があった。その集落は山中の支持者が多い地域だったという。火事が起きたため、住民たちは一日中、消火活動に追われて、投票所に足を運ぶことができなかったという。当時は、現在のように不在者投票の制度も簡単に利用はできなかった。

後日、山中の落選を申し訳なく思ったその集落の支持者たちは、山中のもとに向かい、詫びた。

「火事でわたしたちが投票に行けず、先生が落選することになってしまい、本当に申し訳ありません」

だが山中は、彼らのことを気づかい、励ましたという。

「村八分という話があるけれど、葬式と火事はどんなことがあっても協力しないといけない。大事な火事のことで対応していたんだから、君たちは正しいことをしたんだ。俺に謝ることもないし、何も気にすることはない」

山中の実直な人柄を感じさせるエピソードである。

森山裕、涙の誓い

令和五年四月二七日、衆議院の本会議で、森山選対委員長は、永年在職二五年で表彰を受けた。森山はこの時、あいさつで語った。なお、このあいさつは、インターネット上でも大々的に話題となり、拡散され、大変評判となった。

「このたび、院議をもって永年在職議員表彰をたまわり、心よりあつく御礼を申し上げます。とりわけ地方議員時代から数えて四八年間、苦しいときも応援していただいた地元のみなさん。ほとんど家庭を顧みなかったわたしの議員活動を支えてくれた家族に感謝を伝えたいと思います」

森山は自らの生い立ちから振り返った。

「戦局が厳しさを増す昭和二〇年四月八日、鹿児島《かごしま》が大空襲を受けた日に、鹿児島県鹿屋《かのや》市の防空壕のなかで生まれました。実家は農業と新聞販売店を営んでおり、小中学生のころは朝六時から眠い目をこすり、錦江湾《きんこう》に浮かぶ桜島《さくらじま》に一礼をし、自転車で新聞配達をする毎日でした。

中学校卒業後、つらい農業はやりたくないと思い、鹿児島市の会社に就職しました。会社の理解があったおかげで、働きながら夜間課程に通うことができました。三〇歳で鹿児島市議会議員に初当選をし、参議院議員として初めて国会議員のバッジをいただいたのは五三歳。この選挙では地方分権、地域主権を掲げました。二三年間の地方議員生活で、日本を支えているのは地方であり、第一次産業であると実感をしたからです。

平成二七年、TPPが政府間交渉で大筋、合意に達した二日後、農家の方々からは不安の声が上がるなかで、農林水産大臣を拝命しました。大臣室の椅子に座り目に浮かんだのは、郷里の先輩や後輩たちの姿でした。今日も汗水を流して田畑を耕し家畜を育て、国を支えている。農業から逃げたわたしは政治家としてその奮闘に答えなければならない。現場主義を自ら誓い、積極的に現場をまわりながらTPPの説明を尽くし、安全安心な日本の農業水産業は強いこと、若者が誇りをもって働ける産業に育てることを訴えました」

森山は、さらに郷土の英雄の西郷隆盛《さいごうたかもり》の言葉を紹介した。

「政《まつりごと》の大体《だいたい》は、文を興し、武を振るい、農を励ますの三つにあり。教育、国の守り、そして農業を大事にすることが政治の根幹であるという、郷里の偉人・西郷南洲翁《なんしゅう》（隆盛）の言葉を胸に刻んでいます。

食料安全保障の重要性がいまほど高まっている時代はなく、今後もしっかり取り組んでまいります。これまでを振り返り、ひとつだけ誇れることがあるとすれば、政治活動に誠実に取り組んできたことです。多くの同僚に支えられ、自民党の国会対策委員長を、歴代最長の一五三四日間、務めさせていただきましたが、法案審議ではゆずれない一線を守りつつ、野党のみなさんの意見にもできるかぎり耳を傾け、合意形成をはかってきたつもりです。

小中学校のころ、新聞配達中に『がんばっているね』『学校に遅れないようにね』と優しく声をかけてくれた地域のみなさん。夜間課程に通わせてくださり、学ぶことができる幸せを教えてくださった勤務先の方々、農業を守り続ける郷里の仲間。政治活動の原点である市議会の先輩方。みなさんを思い出すたびに、これからもまっすぐに前へという気持ちに立ち返るのであります。今後も国民と国会のため引き続き誠実にまい進することをお誓いを申し上げ、御礼のごあいさつといたします。このたびは、まことにありがとうございました」

声を震わせつつ、涙を拭いながらの森山の演説は六分ほど続いた。演説が終わると、議場では与野党の垣根を超え、多くの議員たちが拍手で森山の演説を称えた。

森山は国会での二五年をあらためて振り返って語る。

「わたしは、国会で二五年も務め続けられたことはある意味で奇跡的なことだと思っています。

鹿児島の貧農の長男で、夜間高校卒業というわたしでも農水大臣や国対委員長、選対委員長と様々な役職を務めさせてもらっている。

自民党は素晴らしい政党で、このことは本当にわたしを支持してくれた有権者のおかげだと思っています。わたし自身、政治はその人の生きざまを反映するものだと思っています。国民のなかには、様々な立場の方がいますから、特定の層のことだけを考えるのはけっして良いことではありません。常にいろんな立場の人々がいることを考えないといけませんし、そういう考えができることが自民党が長年、国民政党だといわれている所以だと思っています」

地に落ちた自公の信頼関係

長年、国対委員長を務めた森山は与党だけでなく野党にも幅広い人脈を持つ。

森山はどのようなことを考え、国会の運営を心掛けてきたのか。

「与党も野党も間違いなく主権者である国民から民主的に選ばれているわけですから、そこを基本に据えるということを大事にしてきました。できるだけ合意を目指すことが大事です。その点、日本の国会は共同で修正したり、付帯決議を前回一致でつけるなど、良い国会運営がおこなわれてきていると思っています。自民党の後輩たちも野党の意見をよく訊いて、よくやっています」

森山は、今後どのようなテーマに力を入れていくのか。

森山は、永年在職二五年のあいさつでも言及した食料安全保障の重要性について語った。

「やはり、食料安全保障をしっかりやりたいです。ロシアによるウクライナ侵攻により、ウクライナが世界の生産量の三割を占める小麦に影響が出ています。現在は、食料を武器として捉える思想がありますから、日本も同盟国や友好国と連携しつつ、食料安全保障により力を入れないといけません」

森山は、日本の農業の発展にも力を入れたいと語る。

「日本の農業はＩＴ化や機械化が世界でも一番進んでいますが、家族経営が主で経営者と従業員という関係で運営されてはいません。事業化を進めていくことも重要ですが、中山間地もありますから新自由主義的なやり方が難しいところもあります。岸田総理の語る新しい資本主義のように、日本に適したかたちで発展させていかないといけないと思っています」

森山裕は、選挙対策委員長として、自民党内の候補者調整だけでなく、連立与党である公明党との候補者調整も担当している。

現在、長年続いた自民党と公明党との選挙協力の関係は、大きく揺れつつある。

十増十減により、都市部での選挙区が新設されることもあって、公明党が新しい選挙区で公認候補を擁立することを求めているからだ。現在、公明党は、埼玉県一四区で石井啓一《いしいけいいち》幹事長、愛知県一六区で伊藤渉《いとうわたる》政調会長代理の擁立を進めている。

さらに新しく五つの小選挙区が誕生した東京都でも、動きが起きつつある。

公明党は、前回の衆院選で東京一二区から出馬し当選した岡本三成《おかもとみつなり》を東京二九区（荒川《あらかわ》区全域、足立《あだち》区の一部）から出馬させることと、さらに、新設区である東京二八区（練馬《ねりま》区東部）からの公認候補の出馬を求めたのだ。だが、この要望に対して、自民党は、五月二三日に、東京二八区での公明党の候補擁立は「地元の了解が得られない」などとして、容認できないと伝え、その一方で、代替案として東京一二区（北《きた》区、板橋《いたばし》区の一部）か、東京一五区（江東《こうとう》区）での擁立を提案した。これに反発した公明党側は、五月二五日午前の常任役員会で、東京二八区での候補者擁立を断念し、それだけでなく、東京都内の自民党の全候補に推薦を出さない方針を正式決定した。

自民党との会合後、報道陣に対応した公明党の石井幹事長は、明言した。

「これまでの自民党との東京での自公の信頼関係は地に落ちた。自公間の協力関係は解消する」

五月三〇日には、公明党が東京都内の衆院小選挙区で自民党候補を推薦しないと決めたことを巡って、自民党の茂木敏充幹事長と公明の石井幹事長の再度の会談が予定されている。

森山は五月二七日、宮崎《みやざき》市の会合で語った。

「連立の枠組みが揺らぐことはない。互いに力を出し合い、与党の議席を一つでも増やす努力が大事だ」

いっぽうで、公明党の石井幹事長も、埼玉県三郷《みさと》市で語った。

「自公の協力解消は東京に限定した話だ。埼玉県をはじめ他の四六道府県には影響させないつもりだ」

最近の公明党は、国政選挙では六〇〇万票から七〇〇万票前後の集票力を持つ。衆院選の一小選挙区あたりで考えると、二万票前後となり、当落をじゅうぶんに左右する。

東京での自公の協力解消が全国に波及するのか、石井の発言はそれを否定したものだが、今後の関係が注目されている。

森山は、自民党と公明党との関係についてどう思っているのか。

「公明党と自民党の連立の枠組みは大事です。二〇年以上の関係がありますから、この関係を続けていくためには、お互いに理解を深めていかないといけません」


令和六年九月から公明党の代表を務める石井啓一は、第二次安倍内閣時代の平成二七年一〇月から令和元年九月まで国土交通大臣を務め、令和二年九月二七日、第一三回党大会で公明党の幹事長に就任した。

石井は、次の衆院選から新たに実施される十増十減を巡って、自民党との交渉をおこなってきた。特に調整が困難視されていたのが二五選挙区から新たに五つの選挙区が増えて三〇選挙区となる東京だった。公明党は、現職の岡本三成の東京都二九区からの出馬と、新設される東京都二八区からの候補者の擁立を要望していた。

石井が語る。

「二九区と二八区の問題はまったく別の問題。元々、公明党は北区と足立区の一部を中心とする東京都一二区で、太田昭宏《おおたあきひろ》さんとその議席を引き継いだ岡本さんが活動していました。ですが今回の十増十減で東京都一二区は北区と板橋区の一部に変更になり、足立区の一部と荒川区全域で構成される東京都二九区ができた。自民党の現職議員もそうですが、元々活動していた小選挙区が分かれた場合、どちらか一つを選択するわけです。それで岡本さんは、公明党の地盤が比較的強い東京都二九区からの出馬を選択しました。なので、こちらの話は自民党と角を突き合わせて喧嘩をするような問題にはならないと思っていました」

いっぽう、東京都二八区での候補者擁立については、公明党の党内に以前から東京で二人目の候補者を擁立したいという要望があり、その流れで進められたことだったという。石井がさらに語る。

「東京の二五の選挙区のうち、公明党が一選挙区だけというのは少なすぎるのでは、という意見は以前からありました。ただ自民党さんの現職がいる選挙区に割り込むわけにはいきません。それで五つ新設されるならば一つはお願いしたいということで自民党さんと協議をしていたんです。

最初は三多摩《さんたま》地域で新たに一選挙区という話でしたが、わたしたちが希望した選挙区は現職がいて余地がないということだったので、練馬区の東半分の東京都二八区について協議していました」

協議を進めている最中の令和五年四月二三日には衆参の補選がおこなわれ、自民党は四勝一敗とまずまずの戦績だった。

石井が語る。

「今回の十増十減で、千葉県も一選挙区が増えるため、公明党から候補者を出させてほしいという話をしていたんです。ですが補欠選挙に絡み『自民党が結束するために千葉の新設区も自民党から候補者を出したい。その代わり、東京都二八区のことは善処しますから』という話があったんです」

石井啓一

公明党サイドとしては、岸田政権の命運を握る衆参補選ということもあり、千葉では譲る代わりに東京で二つ目の選挙区を希望しようということで落ち着いていたという。

しかし、衆参補選の後、自民党の対応は芳しいものではなかった。

「やはり東京で二つ目の選挙区は難しい」

結局、自民党は東京都二八区を譲ることはなかった。自民党が態度を硬化させたこともあり、公明党も方針を転換せざるをえなかった。

令和五年五月九日、公明党の石井啓一幹事長は、国会内での二幹二国の会談後、自民党の茂木敏充幹事長を呼び止めて、宣言した。

「ちょっといいですか。五月中に自民党が決断しない場合、公明党として東京で二人擁立して、比例と重複立候補にします。自民党の推薦はいりません」

石井は、東京都二九区から出馬する現職の岡本と、東京都二八区から出馬する候補者が比例区との重複立候補で出馬することを告げた。

驚く茂木に対して、石井はさらに続けた。

「かわりに東京の自民党の候補者二八人は推薦できません」

調整は不調に終わり、公明党は東京での自民党との選挙協力の解消を表明する。

石井ははっきりと口にした。

「東京の自公の信頼関係は地に落ちた」

しかし、その後、両党の間で話し合いを重ね、最終的には次の次の衆院選で公明党の候補者が東京で二つ目の選挙区から出馬するということを条件に折り合うことになった。

九月四日、自民党と公明党は、国会内で党首会談を開き、次期衆院選に向けて、いったん解消していた東京での選挙協力の復活に正式合意した。岸田文雄総理と山口那津男《やまぐちなつお》公明党代表が会談し、合意文書に署名。茂木敏充、石井啓一の両幹事長も同席し、署名した。

東京ではこの合意をもとに選挙協力に向けた話し合いがすすめられているという。

いじめに打ち勝った平沢勝栄

旧二階派で元復興大臣の平沢勝栄《ひらさわかつえい》は、自民党のなかでは珍しく、公明党の推薦を受けずに選挙を勝ち抜いてきた数少ない議員のひとりだ。それには平沢のこれまでの代議士としての歩みが関係していた。きっかけは平成一二年六月の衆院選にさかのぼる。一期目の若手議員だった平沢は、この選挙でも再選を狙って、初当選した時に引き続き、東京都一七区から出馬する予定だった。

だが、当時の政治状況が平沢の行動に待ったをかけた。

この当時は、小渕恵三《おぶちけいぞう》総理が病に倒れたため、急きょ発足した森喜朗《もりよしろう》総理を首班とする自公保連立政権だった。

その後、現在に至るまで続く長期的な友好関係を築く自民党と公明党だが、当時はまだ連立政権発足から日は浅く、大型国政選挙もこの衆院選が初めてであった。

連立与党として選挙を戦ううえで、問題となったのは与党三党間での候補者調整だ。

特に、自民党と公明党の候補者がバッティングするケースがいくつかあり、平沢が出馬を予定していた東京都一七区はまさにその一つだった。

平沢勝栄

野中広務

平沢のほかに、公明党からは現在、党代表を務める山口那津男が出馬の準備を進めていた。山口は、平沢が初当選を飾った平成八年の衆院選にも当時の新進党から出馬し、七万三七二六票を獲得した平沢に一万票ほど及ばず落選していた。

この選挙で、自公保連立政権の候補者調整を主導していたのは、野《の》中広務《なかひろむ》幹事長だった。小渕内閣で官房長官として自自公連立政権を築いた野中にとってこの時期は権力の絶頂期でもあった。野中は選挙実務を取り仕切る幹事長として、各選挙区の候補者調整に辣腕を振るった。

野中は、首都である東京では、森田《もりた》健作《けんさく》が現職の東京都三区と、平沢の東京都一七区の二つの選挙区を公明党の候補者に譲り、二人を比例単独で出馬させるかたちで、公明党との選挙協力を進めるつもりであった。だが、当事者の平沢も森田も、この方針に反発した。森田は自民党を離党し、無所属での出馬を表明。いっぽう、平沢は離党せずにあくまで自民党の公認候補として選挙区からの出馬を目指した。

しかし、野中も強硬であった。ギリギリまで比例にまわるように平沢に圧力をかけてきた。平沢への圧力は続き、結局、衆院選の公示日前日に自民党の候補者として一番最後に公認されるほどだった。選挙戦がはじまると、平沢はさらに多くの圧力を受けた。選挙中に応援に来た自民党の議員は、元東京大学学長の有馬《ありま》朗人《あきと》、東京都選挙区で活動する小野《おの》清子《きよこ》と保坂《ほさか》三蔵《さんぞう》の参議院議員三人だけだった。他には誰も応援に来てくれなかった。公明党に配慮した野中から平沢のところに応援に行かないように通達が出ていたからである。

だが平沢は、逆境にありながら、選挙戦での勝利を確信していたという。なぜかといえば、自民党執行部からいじめともいえる仕打ちを受けている平沢に対して、判官びいきで応援してくれる有権者の熱を感じたからだ。平沢は街頭で自らの逆境を訴えた。

「誰も応援には来てくれないけれど、だからこそ、わたしはこの選挙に勝たなければいけません」

聴衆からは拍手で迎えられ、選挙スタッフも自然と勢いづいた。

その結果、平沢は、初当選の時より、二万二〇〇〇票も増やし、九万五六〇六票を獲得。いっぽう、公明党公認で出馬した山口那津男は七万四六三三票で平沢の前に再び敗れた。

ちなみに、平沢の前に二度落選した山口は、翌年の平成一三年の参院選に東京都選挙区から出馬し、当選。その後、平成二一年九月には公明党代表に就任して現在に至っている。

山口那津男

いっぽう、平沢は、以降も連続当選を重ねて選挙区を盤石なものにしていく。多くの自民党の候補者たちが落選した平成二一年八月の衆院選でも、平沢は選挙区で勝利をおさめた。結局、平沢は一度も公明党からの推薦を受けずに今に至っている。

公明党には頼らない男

平沢勝栄は現在の自公の選挙協力の問題をどのように見ているのか。実は前回の令和三年九月の衆院選の際には水面下で、平沢のもとに公明党から推薦の打診が初めてあったという。

平沢が語る。

「公明党から『ご希望であれば推薦する』という申し出があったので、わたしの支持者や、地元の都議、区議の皆さんに公明党と話をしてもらう機会がありました」

平沢の支持者には、多くの自民党の候補者が公明党からの推薦を貰っているなか、推薦を貰わずに孤軍奮闘で選挙を戦う平沢に意気を感じて応援してくれる人も多かった。

そのため、平沢は支持者たちの意見も訊いて、決めようと思ったという。

「結局、支持者の方たちが『応援を貰うとなると話が違ってくるので、我々が頑張りますから、今まで通りでやりましょう』と言ってくれたこともあって、推薦はお断りすることにしました」

自民党内には、公明党からの支援がなければ選挙が戦えない議員も多い。

だが、平沢は、公明党の支援を受けると、候補者本人の地力が結果的に失われることになる、と指摘する。

「公明党から応援を貰うと衆院の小選挙区では一選挙区あたり二万票前後の得票になる。そんなに得票を持っている団体はありませんから、候補者にとってみれば、喉から手が出るほど欲しい。しかし、それに頼りすぎると、本人の活動や地力は落ちてしまいます」

平沢は、そもそも別の政党である自民党と公明党が一緒に選挙を戦うことに違和感を持っている。

「考えてみれば非常におかしな話で、自民党と公明党は別々の党。それが一緒に選挙をやるのは国民から見てもおかしい。有権者には、世襲の二世議員や三世議員に抵抗を持つ人も多いですが、それは公平であるべき選挙が世襲議員にとって有利になっていると感じているからと思うわけです。

ですが、わたしは、世襲はけしからんといわれることよりも、公明党からの支援の方がおかしいと思っています。選挙は本来、苦しさを乗り越えていくものですが、公明党からパッと二万票が来るというのは普通はありえないこと。わたしも多くの団体の応援を貰っていますが、その応援を貰うためにはそれこそ血が出る苦労をしていますが、一団体あたりは何百票の単位です」

小選挙区制では、約二万票の力がある公明党の支援は、勝敗を左右するほど大きく思える。だが、平沢はメリットだけでなく、デメリットも大きいと指摘する。

「自民党のなかには、公明党の支援をプラスと考えている議員も多いけれど、実際には両面あり、マイナスもある。例としては、ほかの宗教団体の支持が離れること。立正佼成会《りっしょうこうせいかい》などは立憲民主党を応援していますから」

実際に、令和四年の参院選で岡山県選挙区から出馬した現職の小野田紀美《おのだきみ》は、公明党からの推薦を受けなかったが、三九万二五五三票を獲得し、次点で二一万一四一九票を獲得した黒田晋《くろだすすむ》に大きく差をつけて、得票率五四・七四％で圧勝。再選を果たしている。

平沢が語る。

「小野田さんは推薦を断ったけれど、そのことがニュースにもなり注目を集めて、圧勝している。だから計算の仕方にもよるけれど、単純に公明党の応援を受けなかったから得票が減るかどうかはわからない。わたしは、今の自民党は、公明党に嫌われてはいけないと過度に気をつかいすぎだと思っています。『選挙区は自民党で、比例区は公明党』と多くの候補者が呼びかけますが、これも有権者からすると、非常に複雑でわかりにくいと思います」

自民党内には、公明党からの応援がなくなることに不安を隠せない議員も多い。

しかし、平沢は本人の選挙への取り組みが弱いからだと喝破する。

「本人がたいして活動していないのに勝とうとするからです。例えば、世論調査で見ると、公明党を支持する人のなかには、わたしに投票してくれる人も二割から三割はいる。推薦を受けないからといって、野党に全部公明党の支持者の票が行くわけではない。選挙を心配する人は努力をしていないと思う。普段から、もっと強靱な体質を作らないといけないのに、公明党を頼りにしすぎなんですよ」

今後、自民党と公明党の関係はどうなるか。平沢は、実際には公明党は自民党を応援すると見ているという。

「地域によっては違うかもしれないけれど、わたしのところ以外では自民党を応援すると思います。公明党にも自民党と組むメリットがあるわけで、最後はそうなるはず」

平沢は将来的に、連立が解消する可能性もあると語る。

「有権者が公明党の顔色ばかり窺う自民党に厳しい目を向けた時でしょう。ただ、わたしは公明党の方から自民党を切れないと思う。なぜかといえば、自民党と連立することによるプラスが多い。国土交通大臣のポストへの執着もすごい。ただ自民党からすれば、良いポストを取られたり、政策で荒らされることもあるので、どこかでメリットがなくなれば自民党から解消をいうことはあると思う」

経済安全保障の目的

令和六年九月の自民党総裁選に立候補した衆議院議員で、当時、志帥会（二《に》階《かい》派）の小林鷹之《こばやしたかゆき》は、令和三年一〇月四日に発足した岸田文雄内閣で、新設された経済安全保障担当大臣として初入閣を果たした。

実は小林は、すでに自民党における経済安全保障の第一人者であった。

小林は、早くからこの分野の重要性に気づき、甘利明《あまりあきら》前幹事長や、山際大志郎《やまぎわだいしろう》前経済再生担当大臣らとともに、自民党内で地道にこの分野の政策を磨き続けてきた。

甘利が平成二九年四月に立ち上げた「ルール形成戦略議員連盟」は、日本が経済分野で国際ルールに従う「ルールテーカー」ではなく「ルールメーカー」になるとの方針を掲げた。国際社会でデジタル化が急速に進むなか、国際規格やルール作りを日本が主導していくことを狙いに設立され、会長を甘利が務め、事務局長は中山展宏《なかやまのりひろ》が務めた。

ハイテク分野をめぐってアメリカと中国の競争が激化することを懸念し、アメリカの国家経済会議（ＮＥＣ）を参考にした組織の新設を提言したことにより、令和二年四月には政府の国家安全保障局（ＮＳＳ）に経済班が設置されるようにもなった。

議連のメンバーであった小林は、エネルギーや先端技術等と同様に通貨政策についても経済安全保障の視点が必要との思いがあり、事務局として「デジタル人民元への対応について～通貨安全保障の視点から」と題した提言をまとめ、中央銀行デジタル通貨（ＣＢＤＣ）のあり方、特に「デジタル円」の準備を進めることを政府に求めた。令和二年二月のことだ。これに遡り、議連が設立された同時期に、小林が甘利に技術流出等に関しての懸念とそれを議論する場が党内にないことについて相談し、甘利をヘッドに少人数でしかもクローズドの会議を党内に立ち上げ、経済安全保障について本格的に議論を始めた。

小林が当時を振り返って語る。

「日本が世界に誇る最先端の技術が海外に流出していく状況をこのまま放置していたら、ものづくり立国としての日本の地位がさらに低下していくのではないかと強い危機感を抱いていました。海外への流出を防ぐためには、どのような対策が必要なのか。さらに技術流出に対抗するための防衛策はもちろん、同時に日本の強みとなる新技術の育成をどう促していくのか。

経済安全保障は、サプライチェーンや、サイバーセキュリティ、データ、通貨など分野が多岐にわたるものであり、日本の経済成長を喚起するためにも欠かせないテーマですから、政治家が力を入れて取り組むべき課題だと強く認識していました」

小林鷹之

具体的には、甘利が会長を務めていた知的財産戦略調査会の下に「技術的優越の確保に関する小委員会」を設置し、機微な内容でもあった為少人数の議員と政府のみで約二年間議論を進めた。令和二年五月に①研究開発成果の公開・非公開のあり方、②特許出願等のあり方、③外国政府からの研究資金の受入のあり方、④技術流出防止のための留学生・外国人研究者の受入のあり方、⑤重要な技術情報に係る資格付与（いわゆるセキュリティ・クリアランス）のあり方、⑥実効性の確保、といった六項目から成る提言を提出した。

さらに、自民党内で経済安全保障の議論が加速していくきっかけになるのは、コロナ禍の令和二年六月に、自民党内に岸田文雄政調会長のもとで、甘利を座長とする「新国際秩序創造戦略本部」が立ち上がったことであった。

令和二年三月ごろから蔓延しはじめた新型コロナウイルスにより、日本経済は著しくダメージを受けた。マスク不足や医療用のガウンの不足などが発生し、喫緊の課題としてサプライチェーンの問題が浮上した。この時、岸田政調会長は甘利に要請した。

「ポストコロナの社会を見据えた会議体を立ち上げてくれないか」

甘利や山際、小林が中心となって話し合った結果、最終的にはポストコロナではなく、経済安全保障をテーマにした会議体を立ち上げるということになり、自民党内の政調に会議体が設置された。国際秩序に関わる話だからということで、名称は「新国際秩序創造戦略本部」に決まった。

ちなみに、新国際秩序創造戦略本部は、岸田政権発足後の令和三年一〇月に経済安全保障対策本部に名称を変更し、現在も活動している。

小林は、座長の甘利のもとで、事務局長に就任し、提言案の作成・取りまとめなどにあたっていく。

小林は振り返って語る。

「令和二年六月に、当時、政調会長だった岸田総理が本部長となり、甘利議員が座長、私が事務局長として、新国際秩序創造戦略本部を立ち上げました。そこから自民党の様々な部会の協力を得てオール自民党で、経済安全保障についての党内議論を進めることができました。半年後の令和二年の年末に、経済安全保障についての法律の制定の必要性などを指摘する提言を提出しました」

令和二年の年末に、「『経済安全保障戦略』策定に向けて」と題した提言では、経済安全保障を「わが国の生存・独立および繁栄を経済面から確保すること」と定義し、その基本的概念を「戦略的自律性」、「戦略的不可欠性」と整理している。

この提言について、さらに小林が語る。

「簡単にいうと、自律性は、脆弱性を解消すること。不可欠性は、現時点あるいは将来的な強みを把握し、強化することです。強みを磨くことにより、他国に対する優位性や、国際社会に欠かせない存在となるという意味での不可欠性を獲得していく。我が国の強みと弱みを綿密に分析し、対策を講じることで、他国の動向に右往左往することなく、日本が主体的に政策を決定することができれば、本当の意味で自立した国になれます。

だから、我が国としての基本的方針を決めたうえで、アメリカや中国の動向も注視しつつ、他国と連携することが重要だと思っています。したがって、まずは日本自身の基軸となる考え方を打ち出さなくてはならないという強い思いから、我が国の経済安保戦略の策定と法律の制定を目指すべきだと提言しました」

新国際秩序創造戦略本部では、その後、令和三年の夏までに約半年ほど、さらに議論を重ねていった。自律性の確保、すなわち脆弱性の洗い出しと対策については、戦略的基盤産業である「エネルギー」「情報通信」「交通・海上物流」「金融」「医療」の五分野において、各テーマを所管する省庁とともに幅広いリスクシナリオを作成し、検討を進めていった。

課題を洗い出していくなかで、「基幹インフラの安全性、信頼性の確保」、「サプライチェーン強靭化」など具体的な法整備につながるテーマが確定していった。

経済安全保障というと、法案にフォーカスが当たり、規制色が強く、民間の自由な経済活動を縛るものだという主旨の報道がされがちである。しかし、小林は、その見解は異なると指摘する。

「経済がグローバル化し、国境や企業の枠を超えてさまざまな価値観があるなかで、新たな発見、発明やイノベーションが起きていることを基本認識としています。経済活動、イノベーションの主役は政府ではなく民間やアカデミアですし経済活動は自由です。

その一方で、技術流出や基幹インフラへのサイバー攻撃などによって国家安全保障への悪影響など副作用も起きていることから、イノベーションと安全保障のバランスをどのように取っていくのかという観点から、喫緊の課題に対処するために、一定の規制をする部分ももちろんあります。しかし、先ほど申し上げたように基本的には経済活動や研究は自由ですし、何よりも経済安全保障の最大の目的は我が国の経済成長であって、そのための規制であることもご理解いただきたいと思います。」

小林鷹之、弱冠三回生で大臣就任

自民党内で経済安全保障の重要性を訴え続けていた小林鷹之だが、自らが直接的に政府の一員として、その問題に関わる機会が突然訪れることになる。令和三年一〇月四日に発足した岸田文雄内閣で、新設された経済安全保障担当大臣として初入閣を果たしたのだ。当時まだ三回生だった小林の入閣は、同じ三回生でデジタル担当大臣となった牧島《まきしま》かれんや、ワクチン接種担当大臣となった堀内詔子《ほりうちのりこ》らとともに、サプライズとして話題にもなった。

小林によると、組閣前日の一〇月三日の夕方に、岸田総理から直接の電話があったという。小林が電話に出るなり、岸田は単刀直入に言った。

「明日の組閣で、経済安全保障の担当大臣を新設するので、小林さんにはそれをやってほしい」

岸田は、九月の総裁選で、戦略技術や、物資の特定と技術流出の防止に向けた経済安全保障推進法の策定や、「ＤＦＦＴ（自由で信頼あるデータ流通）」の推進などを公約とし、担当大臣の設置についても言及していた。

小林自身は、自分が当選三回ということもあり、今回の内閣改造で入閣要請があるとはまったく考えてもいなかった。

しかし、経済安全保障は、小林本人が政治家として長年取り組んできた重要なテーマである。小林にも、幹事長となった甘利明や、経済再生担当大臣となった山際大志郎らとともに、自民党内で経済安全保障の議論をリードしてきたという自負があった。

小林が大臣就任時の思いを語った。

「わたしは、経済安全保障について中心となって議論を進めてきた議員のひとり。最初の大臣に就任するとは思ってもみませんでしたが、自分が党で提言してきたことや、必要性を訴えていた法律の制定を実現する側の立場になるわけですから、『絶対に形にしなければいけない』という強い思いで引き受けました」

令和三年一〇月八日には、岸田総理が所信表明演説で経済安全保障について言及した。

「新たに設けた担当大臣のもと、戦略物資の確保や技術流出の防止に向けた取り組みを進め、自律的な経済構造を実現します。強靭なサプライチェーンを構築し、わが国の経済安全保障を推進するための法案を策定します」

この直後におこなわれた衆院選でも、自民党の公約に経済安全保障推進法の策定が盛り込まれた。一〇月三一日投開票の衆院選では、自民党は、小選挙区で一八九、比例区で七二、合計二六一議席を獲得。選挙前より一五議席減らしたものの、事前の議席予測以上に伸び、絶対安定多数を単独で維持することに成功した。

経済安全保障についての法律案の策定に向けた動きも、進んでいく。

最初に小林が岸田総理から受けた指示は、経済安全保障推進法の策定であった。

法案策定の中心となったのは、令和二年四月に新設された国家安全保障局の経済班だった。各省庁から若手有望株が集められた。役職としては、係長や課長補佐クラスの二〇代後半から四〇代のスタッフたちが中心となって作業に当たったという。

令和三年一一月には、岸田総理を議長とする閣僚級会議である経済安全保障推進会議の第一回が開催され、内閣官房に経済安全保障法制準備室が設置された。

さらに、この月から令和四年二月にかけて、「経済安全保障法制に関する有識者会議」が開催され、分野別検討会合を含めて、合わせて一六回の会合で議論が重ねられた。

それに合わせて、自民党でも、政府の動きと連動する形で、「新国際秩序創造戦略本部」を

「経済安全保障対策本部」へと改組し、一二月から六回にわたる会合をおこない、法律案の策定に向けて精力的に議論を積み重ねていった。

小林が語る。

「最初に経済安全保障法制準備室を立ち上げて、その仲間たちと一年間ずっと法案策定に向けて走ってきました。各省庁との連携をスムーズにするために、横ぐしを刺せる仕組みを作る必要性がありました。総理をヘッドとして、わたしがサポート役、その下に各省の大臣が集まる経済安全保障閣僚会議も設置されました。重要なことについては総理から各省の大臣に指示を出してもらい、わたしが取りまとめるようなかたちになったので、各省庁との連携や協力もスムーズになりました」

議論を重ねた結果、令和四年二月二五日に「経済施策を一体的に講ずることによる安全保障の確保の推進に関する法律案」（以下「経済安全保障推進法案」）は閣議決定され、国会に提出された。

その後、衆参合わせて五〇時間以上の審議を経たうえで、五月一一日に成立した。

政府は、この法律を経済安全保障強化に向けた法整備の「第一歩」として位置づけた。法案は、「半導体などを安定的に確保するサプライチェーンの強化」、「サイバー攻撃に備えた基幹インフラの事前審査」、「先端技術の官民協力」、「原子力や高度な武器に関する技術の特許非公開」の四本柱で構成され、中には違反には最大で懲役二年の罰則や、一〇〇万円以下の罰金が科されるものも含まれる。

アメリカと中国による覇権競争を意識し、国民生活や社会経済活動に大きな影響のある「特定重要物資」の安定供給を目指すとともに、サイバー攻撃への備えや先端技術の流出を防止することなどが狙いだ。

小林は経済安全保障推進法案について語る。

「実は欧米各国でも、経済安全保障という切り口の法律はないし、そもそも経済安全保障大臣という閣僚もいません。したがって、在京の各国大使をはじめ外国政府関係者が、法律の内容や日本の今後の経済安全保障の方向性を聞くために、大臣室に来てくださいました。今年五月におこなわれた広島サミットでは、公式文書に『経済安全保障』、この言葉がはじめて使われていて、感慨深いものがありました。ある意味では、日本がこの分野で世界をリードすることができたんじゃないかと思っています」

小林は、令和四年八月の内閣改造により、大臣を退任したが、令和五年の五月に嬉しい経験をしたという。令和五年五月一日から六日にかけて、小林は、アメリカの首都ワシントンを訪れ、多くのアメリカ政府の関係者と会談する機会を得た。その際に、彼らは、小林の経済安全保障担当大臣を務めていたキャリアにとても注目してくれたという。

「連邦議会を訪れた際に、アメリカの政府関係者と会って、まず最初にいわれたのが『経済安全保障推進法、成立一周年おめでとう』という言葉でした。ちょうど一年前に成立したからですが、アメリカの政府関係者からもそのように注目されているということがわかったのは嬉しかったですね」

日本の経済を強くする

令和四年一二月には、政府は、臨時閣議で「国家安全保障戦略」などの三文書を決定した。第二次安倍政権の発足時に制定された国家安全保障戦略の改定は九年ぶりのことだったが、そのなかに経済安全保障に関する視点が取り入れられたことは小林にとっても、非常に意義深いことだったという。

「国家安全保障戦略に経済安全保障についての項目が入りましたが、閣僚として参加した国家安全保障会議（NSC）はやりがいがありましたね。そして大臣就任中からずっと考えていた「経済安全保障の全体像」について、退任後の一〇月に経済安全保障推進本部として提言を提出したのですが、その内容がかなり盛り込まれたのは非常に良かったと思っています」

実際に改定された新しい「国家安全保障戦略」では、経済安全保障の文言が一〇カ所も登場し、「自主的な経済的繁栄を実現するための経済安全保障政策の促進」という項目まで設けられた。

経済安全保障政策を進めるための体制の強化のために政府一体となって必要な取り組みをおこなうことが明言され、「経済安全保障推進法」の着実な実施や、サプライチェーン強靭化やセキュリティ・クリアランスを含む情報保全の強化などについても謳われている。

小林が担当した経済安全保障は、メディアも、民間のビジネスを規制することを目的としたものとして語りがちだ。

だが、小林はそれは本来の経済安全保障の意図とは異なっていると指摘する。

「たしかに規制を求めることもありますが、国際情勢の変化にどう対応するかということに主眼を置かなければいけません。そもそも経済活動や研究活動は原則自由に行うものです。しかし、自由であることと無防備であることは違う。何も考えずに無防備でやっていると、思わぬところにリスクがあって、それが日本経済を揺るがしかねない場合も想定されますので、それを考えて対応していこうというのが経済安全保障なのです」

小林は、経済安全保障の意義について、さらに語る。

「そもそもの目的は、日本の経済を強くすることです。よく二階俊博《としひろ》元幹事長は強靭化という表現を使われますが、経済を強靭化させることが経済安全保障の目的です。わたしはこれを常に言っています」

かつて日本が得意分野として多くのシェアを持っていた半導体産業の復活に力を入れることも、

それが念頭にあるという。

「この先一〇年間の日本の半導体産業をどうしていくのかについても新国際秩序戦略本部で検討を進め「わが国の半導体産業復活の基本戦略」という三ステップから成る構想を描きました。第一ステップは、ＩｏＴ用半導体生産基盤強化として、台湾積体電路製造（ＴＳＭＣ）が熊本《くまもと》県菊陽《きくよう》町でロジック半導体の生産準備を進めています。

第二ステップは、次世代半導体の研究開発と量産製造を目指して、ラピダスが設立され、北海道《ほっかいどう》の千歳《ちとせ》市で工場建設を進めています。

第三ステップは、二〇三〇年を目途に先端光電融合技術の開発を目指しています。

ただ、次世代や次々世代の半導体の技術を有しても、それをどうビジネスとして展開するのかという視点がないと意味がありません。日本企業がどういうビジネスを展開できるのか、市場をどうやって作るのか、そこにも力を入れていきたいと思っています」

さらに小林は、中国との関係についても語る。

「中国との関係も取り沙汰されていますが、わたしは前から完全なデカップリング（分離）は現実的ではないと考えています。経済関係は相互依存関係ですから、中国は日本にとって戦略的に大切な国でもあります。しかし、日本が先端の技術を持っていても、いったんその技術が輸出（流出）されてしまうと、キャッチアップが非常に早い国なので、すぐに追いつかれてしまう。

その点は留意しないといけません。

安全保障だけでなく、産業政策上も、技術の適切な管理をしなければいけません。例えば、日本はアメリカと組んで、次世代の半導体をやろうとしていますが、その部分の技術管理も各国と連携しなければなりませんし、わが国独自の技術が含まれる、材料や製造装置なども、技術を守りつつ経済活動を進めるのかも、個々の企業任せではなく国として真剣に考えていかなくてはいけません」

同盟国関係であっても経済的な競争は存在する。

「例えば、日本とアメリカは同盟国ですが、ライバルでもある。同盟国や同志国であったとしても、協調と競争の領域をどううまくバランスをとっていくのか。自分たちの弱みをできるだけ減らしていくとともに、一方で、日本の強みとなる技術について、他国から頼りにされるような形にできれば競争力が高まるとともに日本の存在感や交渉力は高まります。強みをどう伸ばしていくかということも非常に重要だと思います」

小林は、サイバーセキュリティの重要性も指摘する。

「サイバーセキュリティの分野は、日本は、人材の数と能力について課題がありますし、国としての体制整備や法整備も遅れています。この分野は、平時と有事がボーダレスな分野なので、平時から常に備えておく必要があります。現行法で対応できることできないことを明確にしたうえで、どのような法整備が必要なのか早急に考えていかないといけません」

小林は、経済インテリジェンス部門の強化についても訴える。

「経済安全保障に関する様々な情報を政府や民間企業、学術機関などで共有する必要があると思っています。例えば、先端技術の国内外の開発動向、企業の設備投資やM＆Aの動向などの情報をいち早く取得し、関係者間で共有し、分析できる体制を作っていく必要があります」

科学技術と宇宙

小林は、経済安全保障大臣だけでなく、内閣府の科学技術政策と宇宙政策の担当大臣も務めた。宇宙政策については、令和四年の一二月に改定された国家安全保障戦略に「宇宙の安全保障に関する総合的な取り組みの強化」という項目が設けられることになった。

「これも従来にない取り組みで、今年の夏を目途に取りまとめが進んでいます」

小林は、中・低軌道に打ち上げた多数の小型非静止衛星を連携させて一体的に運用する衛星コンステレーションの構築の重要性についても主張し続けてきた。

令和三年六月には、民間企業が宇宙空間で採取した資源について、国として所有権を認めることを定めた宇宙資源法（宇宙資源の探査及び開発に関する事業活動の促進に関する法律）の制定にも関わっている。

「宇宙開発という取り組みは、民間企業だけで進めるのはかなりリスクを伴いますが、ではアメリカにすべてを頼るべきかといえば、それも違うと考えます。

現実に、宇宙を事業の場として取り組んでいる企業もいるので、国として支援していく必要があると考えています。日本として宇宙開発のビジョンを示し、産業育成に取り組む。

もちろん資金の提供に加えて必要な法整備や外交努力もするべきだと考えています。当然、経済成長や、技術力向上、人材育成につながります。わたしは大野敬太郎《おおのけいたろう》衆議院議員らとともに、議員立法で宇宙資源法を成立させましたが、誰もやっていないから法律を作らない、いわゆる立法事実がないから法整備しないのではなく、法律を作り国家の意志を示すことで、やる気のある人や企業が参入できる枠組みを整えておく必要があると考えています。

従来の発想とは逆ですが、『こんな世界になるのではないか』、『こんなことができたらいいのではないか』といった未来を想像して、そのために必要な立法準備をする、そういった国会議員でもありたいと思いますし、国会もそういった法律を積極的に議論できる場にしたいと考えています」

小林は、科学技術政策担当大臣としては、先端技術や量子、ＡＩなど様々なテーマを担当した。自らの在任期間中に、これまで軍事研究を禁止するという声明を出し続けていた日本学術会議との問題で一つの成果が出せたことも大きかった。

これまで日本学術会議は、軍事研究について否定的だった。そのため日本の大学では、軍事研究に限らず、デュアルユースやマルチユースといわれる民生にも軍事にも使える技術の研究すら消極的であった。現場の研究者たちは、自分の研究が問題視されることを恐れて、萎縮していたという。

小林は、この問題について以前から懸念を抱き、現場が萎縮せずに研究に力を入れられるように改善したかった。そのため、小林は、日本学術会議の梶田《かじた》隆章《たかあき》会長とたびたび膝を突き合わせて、直談判に及んだ。議論を重ねることで、歩み寄りを実現させることができたのだ。最終的には、令和四年七月二七日に、日本学術会議が小林の問いかけに対する回答という形で「従来のようにデュアルユースとそうでないものとに単純に二分することはもはや困難だ」という見解を出すことになった。

これは「デュアルユースやマルチユースの技術の研究開発の禁止はしていないから大学の現場で自由にやってください」という主旨のもので、大きな変化であった。

小林は振り返って語る。

「お互いの信頼関係を築きながら腹を割って日本学術会議の幹部の方たちと徹底的に話し合うことができたのはとても良かった。新たな見解を発表して以降、大学の現場も少しずつ変わってきています」

現在は軍事技術の民生技術への転用は、当たり前のことになっている。インターネットやGPS、携帯電話など、人々の日常生活と不可分なものとなっている技術も多い。

小林が語る。

「もしかしたら、軍事に使われてしまうかもしれないという理由だけで研究をしないとなると、ほとんどの研究ができなくなるのが実態ですし、そもそも自身の研究がどういうことに使われるのかをすべてわかってから始める研究など少ないと思います。

各国とも、半導体、量子、バイオ、ＡＩに国家戦略として多額の資金を投資して研究を進めています。そういう意味では、科学技術担当の大臣として一つの成果を出せたことは良かったと思っています」

コバホーク、世界をリードする日本へ

政治家としての小林の目標は何なのか。

「日本を『世界をリードする国』にしたい。自分が政治家になったきっかけもそうですし、現在の日本は、人口減少や経済力低下など暗い話が多いのですが、わたしは、世界をリードする日本にしたいという強い思いを持って、政治家をやっています」

そのためには何が必要なのか。

「わたしは、国力を高めることだと思っています。経済と安全保障が車の両輪で、その二つを底で支えているのがイノベーション。さらに、そのイノベーションを根底で支えているのが人づくりの教育。これらの要素をバランスよく力強く高めていくことが日本を強くしていくと考えています」

小林は、財務省を退職し、自民党の候補者に内定した時から志帥会に所属した。会長の二階俊博からは、これまでに政治家として多くのことを学んできたという。

「わたしが今この立場でいるのは、二階先生のご指導のおかげだと思っています。政治手腕や人脈、先を読む力など、足元にも及びません。二階先生のおっしゃることはシンプルですが、どれも政治家として、人として重要なことだと思っています。特に『仲間を大切にしろ』と『選挙に強くなれ』と顔を会わすたびによく声をかけていただきました。

わたしも浪人時代から『選挙区をひたすら歩け』といわれ、議員になったらなったで『とにかく次の選挙を頑張れ』、『たくさん仕事をして、有権者に恩返ししろ』と、たびたびおっしゃっていただいた。振り返ってみて今では自らの血肉となっています。とても大きな存在です」

こどもが幸せになる国

岸田文雄総理は、令和五年一月の年頭の記者会見で「異次元の少子化対策」を掲げるなど、少子化対策についてこれまでにない意欲を見せている。

旧志帥会（二階派）に所属し、衆院議員四回生だった小倉将信《おぐらまさのぶ》大臣は、令和四年八月、少子化対策の内閣府特命担当大臣として初入閣した。

小倉大臣は、少子化の原因をどのように分析しているのか。

「出生数を見ると、令和三年が約八四万人で、令和四年に初めて八〇万人を切って、約七九万人。コロナ禍が拍車をかけたこともあって、人口の中位推計よりも、八年早いペースで少子化は進んでいます。現在、働きながらこどもを育てて、日本を支えている人たちがこのままでは支えきれなくなってしまうのではないかという問題がありますから。全世代型社会保障のなかで議論をしてきましたが、さらに手厚い支援をしないと、この国の根幹が揺らいでしまうという危機感のもとで、岸田総理は動いていています」

令和五年一月一九日には、岸田総理が打ち出した「異次元の少子化対策」を議論する関係府省会議の初会合が開かれ、小倉は座長を務めている。

この会議では、児童手当などの経済支援、学童や病児保育を含めた幼児・保育サービスの拡充、育児休業強化や働き方改革の三つの論点について検討していくことになった。

三月三一日には、「異次元の少子化対策」のたたき台が公表された。

小倉は、記者会見で公表した「たたき台」について、二〇三〇年代に入るまでの六～七年を少子化傾向を反転させる「ラストチャンス」と位置づけている。

経済的支援では、児童手当は高校生を対象に加えて、所得制限の撤廃を明記した。さらに、多子世帯への加算を念頭に金額も見直していく。出産費用の保険適用は導入を含めて検討するとしたが、学校給食費の無償化は「課題の整理を行う」との表現になった。

小倉将信

高等教育費については、低所得世帯向けの給付型奨学金の対象を、現在の世帯年収三八〇万円未満から、多子世帯や理工農系については同約六〇〇万円まで拡大することなどを盛り込んだ。また、多子世帯の住宅ローン支援も充実させる。

子育て家庭へのサービス拡充では、保育士配置基準を改善し、一人あたりが見るこどもの数を、一歳児は六人から五人、四～五歳児は三〇人から二五人に減らしていく。

小倉が今回のたたき台について語る。

「最近、たたき台をまとめましたが、それぞれのテーマにおいて、従来以上に踏み込んだ大胆な提案を取りまとめました。こども家庭庁については、我が国の歴史上、こどもという名前がついたはじめての省庁です。設立の大きな目的は、こども政策を真ん中に据えて、こども政策を実現するために縦割りをなくし、こどもや若者の意見を取り入れていく。こどもは有権者ではなくても、この国の主体的な権利者ですから、こどもたちの意見を聞き、こどもたちのための政策を作っていくという大きな役割を課せられたと思っています」

令和五年四月一日には、こども家庭庁が発足した。こども家庭庁は、厚生労働省と内閣府が取り組んできた分野を引き継ぎ、二府省から切り出した部局を統合する形で誕生した。子育て中の親の支援や、こどもへの性犯罪防止に向けた仕組みづくり（日本版ＤＢＳの創設）などの新しいテーマにも取り組む。

こども家庭庁の組織は大きく三つに分かれる。「成育局」では、すべてのこどもの育ちを応援していく。妊娠・出産の支援から、保育園や認定こども園も担当。岸田政権が拡充方針を打ち出した子育て家庭に支給する「児童手当」も担う。

性被害も含むこどもの安全も守備範囲となる。「支援局」では、困難を抱えるこどもと親をサポートする。児童虐待やヤングケアラー支援、こどもの貧困対策などを受け持つ。「長官官房」は、こども家庭庁全体の調整役を担い、少子化対策もカバーする。

小倉のもと、事務方トップの「長官」以下、四三〇人体制で政策遂行にあたっていく。小倉は、こども家庭庁発足にあたり、その意気込みを語る。

「まずは多くのこどもや若者の意見に耳を傾けていきたい。対面や電話もいいですが、今の若者のコミュニケーションツールはやはりSNSですから、それにもチャレンジします。彼らにとっては使いやすいというか、今の子供たちはスマホを持っていても電話をしない。だから、SNSを使って、様々なアプローチを試みたいと思っています」

小倉大臣は、こどもや若者たちへの質問についても、工夫を凝らしていきたいという。

「質問も、大人が勝手に決めるわけではなく、どういうテーマについて意見を集めたいのかということも含めて、こどもや若者に考えてもらいたい。もちろん、聞きっぱなしではなく、聞いた中身を政策に反映させたいし、反映できなかったものも、フィードバックするシステムをこども家庭庁として確立させていきたいですね。

どうしても、自分たちがこどもの時どうだったかという考えをしてしまうとズレてしまうので、現在の子供の価値観にしっかり合わせていくことも、こども家庭庁の役割ですね」

小倉は、具体例を挙げて語る。

「例えば、現在のこどもは、すごくジェンダー意識が高まっています。学校の健康診断でも、男性の医師が対応することについて、ノーと昔の女の子が言えたかといえば、やっぱり言いにくかった。でも、今のこどもは、ちゃんと言う。そういうジェンダー意識は、非常に高くなっています。

それと、もう一つ印象深かったのは、養護施設に行った時に子たちから、眼鏡の使用だけでなく、コンタクトレンズも認めてほしい、といわれたことです。早速、調整を行い、これまでの養護施設の制度では視力矯正は眼鏡になっていたのですが、今年度からコンタクトレンズも使えるようにしました」

こども家庭庁の特徴の一つは、他省庁の取り組みが不十分だったときに、改善を求める「勧告権」を有することだ。

教育分野は引き続いて文部科学省が担う。いじめ問題をはじめ、学校をめぐるこどもの課題は多い。そのため、こども家庭庁は従来の縦割りの弊害を打破しながら連携していけるかが問われる。

小倉は、こども家庭庁として、これまで文部科学省が担当してきた学校でのいじめ問題や、不登校についてもできるだけのことに取り組んでいきたいと語る。

「いじめの問題は、どうしても学校で解決しないと思われがちですが、加害者も被害者もその学校にいるから、学校が中立的客観的な立場から、解決するのは難しい場合がある。そういう時に、こども家庭庁がいじめ問題を解決するにあたり、第三者性を確保するようなアドバイザーを派遣することができるようにします。

また、文部科学省の所管する学校現場だけでなく、地域全体で問題を解決する仕組みも考えていきたい。不登校も、学校に行きづらいこどもに行ってくれと言っても限界があるので、学校に行きづらくても、どの子にも学びを保障するための居場所を提供していきたい」

文部科学省とこども家庭庁の権限をどのように分けていくのか。

「こども政策について、必ずしもこどものためになってはいないようなことがあると、こども家庭庁が最終的に勧告権を行使することも考えていきたい」

小倉は、こども家庭庁を担当する大臣として、特に何に力を入れて取り組みたいのか。

「こどもが、幸せを実感できるような日本にしたいと思っています。日本の若者は、非常に自己肯定感が低い。中国やアメリカの若者は、自分に自信があって、社会を自分が変えられると思っているのに対して、日本の若者は将来が暗いと悲観しがちです。そこを変えるにはどうしたら良いかを考えていきたい。

こども家庭庁では、こどもや若者の意見を丁寧に拾って、その意見から制度を変えたり、政策を作っていきます。だから、こどもや若者たちから、自分たちが声をあげれば、話を訊いてくれるんだと思ってもらえるようなことをしていきたい。聞く耳を持たないと、あきらめられてしまいますから。

ただ、わたし自身は、日本のこどもや若者は純粋だと思っています。大臣になってから多くの若者に接してきた印象では、主権者として話を訊くと、しっかりした意見が出てくるし、すごく晴れやかな顔をしていますから、その変化を大切にしたいですね。これまで言う機会がなかっただけで、若者がその機会に恵まれると、すごく良い表情をするというのは間違いありません。この部分は、こども家庭庁の主要な取り組みにしたい、と思っています」

令和四年九月五日に起きた静岡《しずおか》県牧之原《まきのはら》市の認定こども園のバスに置き去りにされた三歳の女児が亡くなった事件を受けて、小倉大臣は、素早く対応に動いている。

「この時は、間髪置かずに岸田総理から指示があり、送迎バス事故防止のための関係府省会議を開き、一カ月でヒューマンエラーを防ぐための安全装置の導入の義務化の方針を決定しました。一年間の経過措置がありますが、どんどん導入が始まっています。

全額補助は出ますので、施設側は維持費はかかるけれど、製品と取付費用の負担はありません。一カ月で方針を決めて、昨年の補正予算に安全装置の補助費用が入り、スピード感をもって進めています。

この義務化の方針を出せたのも、総理の指示のもとにわたしが単独で関係府省を束ねる会議を開催し、話を進めることができたからです。やはり、総理のリーダーシップのもとで、こども家庭庁の担当大臣を中心として政策を実現してくれ、となれば、監督権を行使しなくても上手くいくと思っています。

通例では、文部科学省と厚生労働省と内閣府の三大臣共同座長の会議となりますが、岸田政権では、わたしが座長を務めました。もちろん、加藤勝信《かとうかつのぶ》厚生労働大臣も、永岡桂子《ながおかけいこ》文部科学大臣も、非常に支えてくれて、ありがたかったですね」

孤独・孤立対策

小倉は、孤独・孤立担当大臣も務めていた。国立社会保障・人口問題研究所の推計（平成三〇年）によると、単身世帯は二〇四〇年には三九・三％に達し、世帯主が六五歳以上の高齢者世帯の約四割は単身が占めると見込まれている。コロナ禍の令和二年には自殺者数が一一年ぶりに増加。政府は「孤独・孤立の問題も要因の一つと考えられる」として、令和三年二月から孤独問題にあたる対策室を立ち上げた。

小倉がこの問題について語る。

「昔ほど地域のつながりがなくなっているなかで、自治会や町内会の加入率も減っています。強い孤独を感じている人は一、二割。若い人だけでなく、男性の中高年も多い。様々な人から話を訊くと、男性が会社を退職したのち、会社以外の居場所がなく、なかなかコミュニケーションができないというケースも多い。会社の人間関係がすべてで、会社を退職すると、それ以外の人間関係が作りづらくなることが多いみたいです。イギリスでは、孤独・孤立が原因で精神的な病になることが多く、医療費の増加を抑えるために、社会的処方といって、薬を処方するのではなく、人間関係を作るための社会活動をすすめています。そうすることにより、外来に行く患者も減り、医療費もおさえられます」

政府はどのような対策に取り組んでいくのか。

「まずは誰でも気軽に助けを求められるようにすることが重要です。なぜかといえば、孤独・孤立の問題は、自分から言いづらい。なので、まず相談できる窓口を作っていこうと思っています。これは国が直接取り組むよりも、自治体の問題ですから。国は官民連携のプラットフォームを作って、孤独・孤立に苛まれている人を見つけて支援につなげていきたい」

第四章　野望

戦後最悪の日韓関係

当時、旧二階《にかい》派（志帥会）の事務総長で、衆院議員七回生であった武田良太《たけだりょうた》元総務大臣は、日韓議員連盟の幹事長を務めていた。

現在、岸田文雄《きしだふみお》政権では、ここ数年冷えきっていた韓国との関係改善を進めていた。韓国とパイプを持つ武田は、日本側のキーマンの一人ともいえる存在だ。武田が日韓議員連盟の幹事長に就任したのは、令和三年一一月のことだった。それまで日韓議員連盟の幹事長を務めていた河村建夫《かわむらたけお》元官房長官が令和三年一〇月三一日投開票の衆院選に出馬せず、衆議院議員を引退した。その河村の後任として武田に白羽の矢が立ったのだ。

武田は語る。

「河村先生や額賀《ぬかが》福志郎《ふくしろう》会長、かつて会長を務めていた森喜朗《もりよしろう》元総理などが話し合いをされて、わたしのところに幹事長就任の話がありました。元々、日韓議員連盟の一員として活動していましたし、日本にとって韓国は重要な隣国。自分が少しでも両国の関係改善の役に立てるのならば、という気持ちから引き受けました」

もともと、武田が日韓議員連盟の一員として活動するようになったきっかけも、河村や森元総理との縁だったという。

武田良太

文在寅

防衛政策に精通し、これまでに防衛政務官や防衛副大臣、衆議院安全保障委員長などを歴任してきた武田は、日韓議員連盟内でも外交安保委員会の委員長を務めていた。

そのため、平成二八年に日本と韓国が締結した日韓秘密軍事情報保護協定（ＧＳＯＭＩＡ）を韓国側が令和元年八月二二日に破棄した時や、平成三〇年一二月二〇日に、能登《のと》半島沖の日本海で韓国海軍の駆逐艦が海上自衛隊の哨戒機に対して火器管制レーダーを照射した事件が起きた際などには、韓国に対して厳重な抗議をおこなっている。

日本と韓国の関係は、平成二九年五月に文寅在《ムン・ジェイン》政権が発足して以降、「戦後最悪」といわれるほどまでに悪化していた。特に平成三〇年の後半以降、歴史認識や、防衛問題、貿易問題などを巡って両国の対立は激化した。

平成三〇年一〇月には、日本統治時代の朝鮮人徴用工の賠償請求の問題について、韓国の大法院が日本企業に賠償を命ずる判決を下したことに対して、日本は日韓請求権協定を一方的に反故にされたとして、強く反発。日本は日韓請求権協定に基づく仲裁委員会の設置を求めたが、韓国はこれを無視した。

平成三〇年一一月には、文政権の前任の朴槿恵《パク・クネ》政権下の平成二七年一二月二八日に当時の岸田文雄外務大臣が尹炳世《ユン・ビョンセ》外交部長官と結んだ日韓合意に基づいて設立された「和解・癒し財団」の解散を日本と協議せずに発表している。

また、平成三〇年一二月二〇日には、能登半島沖の日本海で韓国海軍の駆逐艦が海上自衛隊の哨戒機に対して火器管制レーダーを照射した事件が発生。

続いて、翌平成三一年二月には、文喜相《ムン・ヒサン》韓国国会議長がアメリカの通信社ブルームバーグのインタビューに答えるかたちで、天皇（当時）に対して謝罪を要求するという事件も起きた。令和元年七月には、日本が安全保障上の理由をあげて韓国向けの半導体素材の輸出管理を強化し、輸出管理上のカテゴリーにおいて韓国をホワイト国から除外することを予告すると、韓国側も反発。八月には、韓国政府が韓国の「ホワイト国」から日本を除外する方針を発表し、日韓秘密軍事情報保護協定（ＧＳＯＭＩＡ）の破棄を決定した。

文在寅大統領は、日本ではなく、北朝鮮との関係改善に力を入れていた。平成三〇年四月二七日には、板門店《パンムンジュム》で北朝鮮の金正恩《キム・ジョンウン》と南北首脳会談をおこない、板門店宣言と題する共同宣言を発表している。

現在、日韓議員連盟の幹事長を務める武田良太は、文大統領にも会ったことがある。

その時の印象について語る。

「もちろん、会ったときは友好的に接していましたが、何か具体的な話をすることはなかった。当時、文大統領は北朝鮮との関係に力を入れていましたから。現在の尹錫悦《ユン・ソンニュル》大統領のように、日本との関係に力を入れようという雰囲気はまったく感じませんでした」

日韓関係の雪解け

冷え切っていた日韓関係に変化が起き始めたのは、文在寅大統領の後任を決める令和四年三月九日におこなわれた大統領選挙で尹錫悦が当選したことだった。検事時代に文在寅大統領と対立し左遷された尹は、辞職後、文政権時代の保守系最大野党「国民の力」に入党し、大統領を目指して活動した。この大統領選では、文政権で与党だった革新系の「共に民主党」の大統領候補の李在明《イ・ジェミョン》を大激戦の末にやぶって、当選を果たしていた。

少年時代、一橋大学で研究していた父親に会うために訪日した経験を持つ尹は、大統領候補の

尹錫悦

ころから「外交を国内政治に利用しない」と公言するなど、文政権時代に悪化した日韓関係の改善を訴えていた。

日韓議員連盟の幹事長を務める武田良太元総務大臣が風向きの変化を感じたのは、尹錫悦が大統領に当選した翌月の令和四年四月二二日から二八日にかけて、尹政権の外交方針などを伝える「政策協議代表団」が来日する時だった。

この代表団は七人で構成され、団長は国会の副議長で尹大統領が所属する「国民の力」の鄭鎮碩《チョン・ジンソク》が務め、副団長の金碩基《キム・ソッキ》や、尹徳敏《ユン・ドンミン》前国立外交院長、朴喆熙《パク・チョルヒ》ソウル大国際大学院教授、張虎鎮《チャン・ホジン》元駐カンボジア大使、李相徳《イ・サンドク》元駐シンガポール大使らが参加した。

代表団の来日が迫るなかで、彼らが岸田文雄総理と会談できるかどうかが焦点となっていた。日韓の関係改善の地ならしになると確信していた武田は、令和四年四月一九日の午前九時四〇分に、河村建夫元官房長官とともに、官邸で岸田総理と面会した。

この時、武田と河村は、岸田総理に代表団と面会することを提案した。だが、岸田総理は、自身が第二次安倍政権で外務大臣を務めている時に成立した日韓合意をその後、韓国政府に反故にされるという苦い経験を持っていたこともあって、迷っているようだった。

その日の夜、武田のもとに、岸田総理から電話があった。岸田は言った。

「代表団との面会の件、君はどう思うか」

武田は率直に自分の考えを伝えた。

「相手側が来日している時に会うということは総理にとってアドバンテージとなります。韓国との関係改善は日本の国益にも適いますから、絶好のチャンスです。会うべきだとは思いますが、最終的には総理のご判断にお任せします」

午後十一時ごろ、再び武田の携帯電話に総理サイドから連絡があった。

「代表団と会うことにしたよ」

武田は岸田総理の判断にホッと胸を撫でおろした。


四月二四日、訪日した「政策協議代表団」の鄭鎮碩団長は、成田空港で語った。

「新しい韓日関係への期待や、日本側の肯定的な呼応への期待が込められている」

四月二六日午前一〇時四〇分、岸田総理は、官邸で代表団の鄭鎮碩団長らと面会した。

鄭団長は、尹大統領から託された親書を岸田総理に渡したという。

武田は、この時、代表団と会うことを決断した岸田総理の判断がのちに功を奏したと振り返って語る。

「韓国側は岸田総理が会ってくれたことを大変喜んだようで、その時の好印象を韓国に持ち帰って尹大統領に伝えてくれた。そこから関係改善の雰囲気がさらに進展していったようです」

五月一〇日、ソウルで尹錫悦の大統領就任式がおこなわれた。日本からは林芳正《はやしよしまさ》外務大臣のほかに、武田良太をはじめ、日韓議員連盟に所属する国会議員たちが招かれた。

武田は、就任式の翌日の五月一一日、日韓議員連盟の額賀福志郎会長らとともに、尹大統領と会談した。

尹大統領は会談で語った。

「韓日両国は最も近い隣国で、自由民主的価値や市場経済を共有する重要な協力パートナーだ。停滞した韓日関係を早期に修復することが両国の共通の利益になる」

さらに、両国間の歴史問題についても、「国内政治に使うことには反対」と語った。

日本側は、岸田総理から託された「日韓基本条約や日韓請求権協定が、日韓関係の友好協力の基盤となっており、守っていくことが大事」というメッセージを伝えた。

武田がこの時の会談の印象について語る。

「尹大統領からは、四月に代表団が岸田総理に面会してもらったことについて、お礼を言われました。当初、会談は二〇分ほどの予定でしたが、三〇分も延長し、有意義なものになった。日韓関係が最も良好だった一九九八年の日韓共同宣言のころに戻すべきだという共通認識を確認することができ、前政権時代の反省を生かしたかたちで、関係改善に取り組んでくれるのでは、と期待できる印象を受けました」

会談後、尹政権は、関係改善に向けた取り組みの一つとして、羽田《はねだ》空港と韓国の金浦《キンポ》空港を結ぶ国際線の再開に向けて動きだした。実際に韓国政府の迅速な対応もあって、六月二九日にはこの路線が二年三カ月ぶりに再開した。

武田は、大統領就任式以降も、たびたび訪韓し、韓国の議員たちと関係改善について、意見交換を重ねた。令和四年一一月三日には、武田は、ソウルで開かれた日韓議員連盟と韓日議員連盟の設立五〇周年の合同総会に出席した。

この合同総会では、日韓関係の改善のため、懸案となっている徴用工問題などの解決に向けて、岸田総理と尹大統領に早期に会談するように求める共同声明を採択した。

武田は、総会後の記者会見で語った。

「隣国の首脳が様々な場面で話し合い、友好関係を深めていくことは大変に意義がある」

武田は、自身も韓国側とやりとりする際に、たびたびメッセージを送ったという。

「韓国側には、反故にされた日韓合意をしっかりと履行するように伝えました。徴用工問題についても『日韓請求権協定に反するような妥協はできない』ということを伝えています。日本政府として絶対に譲れない立場を伝えるだけでなく、関係正常化によって両国にもたらされるメリットの重要さも伝えました」

武田は、尹政権の日韓関係改善に向けた積極的な姿勢をたびたび感じたという。

「尹大統領本人はもちろん、朴振《パク・チン》外交部長官も積極的でした。外交官出身の朴長官は、国際法に精通しているらしく、日韓両国間の問題についての認識がしっかりしています」

尹政権内部には、文政権時代の韓国政府の対応を批判的に捉える意見も多かったという。

「文政権の対日政策に疑問を持っている韓国の高官も多かった。なぜかといえば、韓国には、サムソン、ＳＫ、ＬＧなど高い技術力を持ち、世界中を席巻している大企業があります。韓国の国際的な信用を失墜させることは結果的に国益にはならないわけです。

日韓間における国際的な約束を反故にすることは、日本からの信用だけでなく、世界各国の信用を長期的に失いかねないわけですから、そのことに危機感を持つ人も多かった。裏を返せば、それだけ韓国が経済的に発展し、成熟してきたということなのでしょう」

若者に反韓・反日感情を植え付けるな

日韓両国の間に横たわっていた徴用工問題だが、解決に向けて動きがあった。

令和五年三月六日、韓国の尹錫悦政権は、徴用工問題についての解決策を発表した。

解決策は、元徴用工らを支援する「日帝強制動員被害者支援財団」が賠償に相当する額を原告らに支給するというもので、賠償や韓国の財団への資金拠出、新たな謝罪には応じられないという従来の日本政府の主張に沿った内容であった。

韓国側の発表を受けて、日本側も動いた。

林芳正外務大臣は語った。

「この機会に、日本政府は『日韓共同宣言』を含め、歴史認識に関する歴代内閣の立場を全体として引き継いでいることを確認する」

日本政府としては歴代内閣の歴史認識の継承を表明する一方、徴用工問題で関係が悪化した韓国向けの輸出手続について正常化に向けて局長級の政策対話を開催することで韓国政府と合意した。

さらに、三月一六日におこなわれた首脳会談で日韓の関係改善は進展する。

この日、岸田文雄総理は、韓国の尹錫悦大統領と官邸で会談し、悪化した日韓関係の正常化と、さらなる発展について一致した。

両首脳が相互に訪問する「シャトル外交」の再開で合意し、岸田総理は語った。

「将来に向けて日韓関係の新たな章をともに開く機会が訪れた」

国際会議を除けば、韓国大統領の来日は、一二年ぶりで、首脳会談は少人数会合と全体会合を合わせて約一時間半ほどおこなわれた。

尹大統領は語った。

「自由民主主義の価値が重大な挑戦に直面している今、両国の協力の必要性はますます高まっている。両国の新たな時代に向けてともに協力したい」

岸田総理は、会談で、最大の懸案だった元徴用工問題について、韓国の財団が被告の日本企業の賠償金相当額を支払う韓国政府の解決策について評価した。

会談後の記者会見では、日韓共同宣言を含めた歴代内閣の歴史認識を引き継ぐことを表明した。両首脳は、二国間の経済安全保障対話の枠組みを創設する方針でも一致。日韓が高い技術力を持つ半導体のサプライチェーン（供給網）の強化を図っていくことになる。

さらに、これまで中断していた日韓の「安全保障対話」と「次官戦略対話」の早期再開についても確認した。

文在寅政権が一時破棄を宣言した日韓秘密軍事情報保護協定（ＧＳＯＭＩＡ）についても、尹大統領は、「会談で完全な正常化を宣言した」と明らかにした。

岸田総理は、この日の夜、裕子《ゆうこ》夫人とともに、東京・銀座《ぎんざ》のすき焼き店「吉澤《よしざわ》」と、洋食店「煉瓦亭《れんがてい》」で尹大統領夫妻をもてなした。

日韓議員連盟の幹事長を務める武田良太は、今回の日韓首脳会談のポイントについて語る。

「韓国の対応で変化を感じたのは、日本が防衛費をＧＤＰ比二％に増額するということについて理解を示したこと。これまでならば日本に対して批判的なことを言ってもおかしくはなかった」

韓国側の変化には事情があるという。

「韓国も、北東アジアの平和と安定のために、日本はもちろん、アメリカとも協力して、日米韓のトライアングルで、地域の安定を図っていかなければいけないと認識している。尹政権は、その視点からGSOMIAの正常化など、日本との緊密化に取り組んだわけです。現在は、日本も韓国も、単独で国を守る時代ではありません。協力することが自国を守ることにつながるという発想に変えていかないといけません」

武田は尹大統領の手腕を評価する。

「文政権が日本との間に作った負の遺産ともいうべきものを処理し、新しい関係を作っていこうという姿勢を見せたことは大きい。文政権は、徴用工問題でも、日韓請求権協定を無視して、大法院判決を優先させるなどの対応をとっていましたが、尹政権は国際法を遵守しなければいけないという姿勢を打ち出しました」

武田は、今後、日本と韓国の間に横たわる問題が少しずつ改善していくことを期待している。

「日米韓の安全保障協力の確立。日本と台湾と韓国を交えた技術協力。エンタメ分野をはじめとした文化交流。さらに、留学生の交流。この四本柱が重要になってきます」

韓国も、日本との関係を前向きにとらえる人々が若い世代を中心に増えているという。

「韓国も、若い世代を中心に対日感情に変化の兆しがある。それまでの反日感情を持っている世代とは異なり、日本に親しみを持っている人も多い。その点は、韓国に親しみを持つ若い人が多い日本と同じです。

わたしは『真の未来志向を実現するには、将来の日韓関係を築いていく子供たちに、変な教育を植え付けるようなことはお互いやめましょう』と呼びかけています。そのためには、日本側も、韓国を差別するような教育を慎まなくてはいけないし、韓国側も、反日感情を起こすような教育はやめなくてはいけない。このことをずっと提唱し続けています」

武田良太が幹事長を務める日韓議員連盟も、新たな動きを見せている。令和五年三月二七日には、それまで約一〇年間にわたって会長を務めていた額賀福志郎の後任として、菅義偉《すがよしひで》元総理が会長に就任した。総理経験者の会長就任は、平成一三年から平成二二年まで務めていた森喜朗元総理以来であった。

菅は、北朝鮮による拉致問題の解決や、自由で開かれたインド太平洋の実現に向けて語った。

「日韓、日米韓の連携を強化していくのが不可欠だ。日韓関係を大いに飛躍させるべく議連の役割を果たしていきたい」

武田も、額賀や、河村建夫元官房長官や、森元総理らと相談し、菅に会長就任を打診したという。

「官房長官時代、菅さんは、韓国に対して強い姿勢を示していましたが、その一方で日韓関係の重要性は意識していますから、『自分ができることがあれば役立ててほしい』と言ってくれました。今後、韓国側と調整して菅会長の訪韓を速やかに進めていきたいと思っています」

令和三年九月の自民党総裁選に不出馬を表明し、総理大臣を退任した菅だが、現在も、その動向は注目を集めている。菅の再登板を期待する声も自民党内にはある。

菅内閣で総務大臣を務めた武田良太もその一人だ。武田が語る。

「菅さんは、自分から手を挙げるタイプではありませんが、救国内閣で菅さんしかいないということになれば、やる気はある。そのときはばっちり支えますよ」

HKT食事会

武田良太自身も、自民党の次世代を担う総理総裁候補の一人として、メディアの注目を集めつつある。令和五年三月一二日の夜には、武田は、都内の料理店で、菅義偉元総理と萩生田《はぎうだ》光一《こういち》政調会長、加藤勝信《かとうかつのぶ》厚生労働大臣と会食した。

武田と萩生田と加藤は、年齢こそ違うが、平成一五年一一月の衆院選で初当選を飾った同期生だ。菅政権では、武田が総務大臣、萩生田が文部科学大臣、加藤が官房長官として入閣し、政権を支えたメンバーでもあった。

三人それぞれの名前の頭文字から「ＨＫＴ」と呼ばれ、菅政権退陣後も定期的に会食を重ねていたが、菅がこの会合に加わったのは初めてだった。

武田が語る。

「元々、三人は同期当選で仲が良くて、月に一回くらいの頻度で持ち回りで食事会をやっています。やはり定期的に会うことが大事ですからね。萩生田さんは安倍《あべ》派、加藤さんは茂木《もてぎ》派、わたしは二階《にかい》派。色々な活動を通じて、楽しくやっています」

加藤勝信

武田は、今後、政治家としてどのようなテーマに取り組みたいのか。

「日本の税制について取り組みたい。なぜかといえば、日本の高額所得者は外国に逃げてしまい、日本に税金を支払わない。所得税が高いからですが、これは日本の経済発展のためにも制度を考えないといけないと思っています」

武田は、税制だけでなく、通信分野などの新産業の育成にも意欲を燃やしている。

「日本は新技術に対する投資をあまりしない。なぜかといえば、失敗が許されないから。しかし、投資は、九割失敗しても一割で成功すればいいという分野だから、日本で生まれる技術に対して、日本が投資して育成し、外国の資本から守れる仕組み作りをしていかないといけない」

また、総務大臣経験者の武田は、行政システムのデジタル化や標準化にも熱心だ。

「今後、人口の減少と行政のデジタル化が進むと、これまで以上に、現在、一七四一ある基礎自治体の役割が重要になってくる。かつて基礎自治体は三三〇〇ほどありましたが、市町村合併が進んで、半分ほどになっている。オンライン化とデジタル化が進めば、基礎自治体と政府がオンラインで機動的に直結する時代が来る。そうすると都道府県の役割も考えなくてはいけないし、その時代に合わせた国のかたちを作り上げていかないといけません」

武田は、菅内閣時代、総務大臣として様々な改革の先頭に立ってきた。

「総務大臣時代に感じたことだけど、四七都道府県の事務費はこれからの時代に必要なのだろうか。抵抗は受けるけれど、国民からは賛同が得られると思う。デジタル庁ができて、国が標準化や効率化をさらに進めれば、都道府県の存在は議論の対象になってくると思っていますし、その時代に合う行政の運営の仕方を考えなければいけません」

当然、抵抗も強かろうが、武田は、政治家として腹を括って突き進むという。

青木幹雄の思い出

令和五年六月一一日午後八時半ごろ、青木《あおき》幹雄《みきお》元官房長官が老衰のために神奈川《かながわ》県川崎《かわさき》市内の施設で八九歳で亡くなった。

八月二九日には、都内のホテルで、青木のお別れの会が自民党の党葬として営まれた。会には、早稲田大学雄弁会の後輩で、青木と学生時代から長い親交があった森喜朗元総理や、同じく早稲田大学の後輩にあたる岸田文雄総理や福田《ふくだ》康夫《やすお》元総理、かつて青木が参院幹事長として政権を支えた小泉純一郎《こいずみじゅんいちろう》元総理ら、与野党の垣根を越えて、多くの国会議員や国会議員経験者が集まり、約一〇〇〇人が参列した。

八六歳の森は、青木を偲びながら語った。

青木幹雄

「わたしにとっては父親であり兄貴であり先生でもあった。野党の幹事長だった時代に村山《むらやま》内閣をつくった際、自民党のほとんどは反対だったが、青木さんは『参議院だけでも応援してやる』と言ってくださり、本当に勇気づけられた」

さらに、森は、青木が将来の総裁候補に、と目をかけていた小渕優子《おぶちゆうこ》自民党組織運動本部長をもり立てることを誓った。

「心残りは小渕恵三《けいぞう》さんのお嬢さんのことと思う。あなたの夢、希望がかなうように最大限努力する」

岸田総理も弔辞を述べた。

「青木先生ほど、言葉に力のある政治家を知らない。要職に就かれても腰が低く、みずからの実績を誇示することなく、手柄は仲間や後輩に譲る先生から発せられる言葉だからこそ、特別な力があったのだろう。政治家が持つべき心構えを身をもって実践されていたことに、今一度思いを寄せながらお見送りしたい」

現在、三期目の参議院議員で、議院運営委員長を務める石井準一《いしいじゅんいち》は、青木の薫陶を受けた国会議員のひとりであり、晩年の青木とも交流を続けていた。

石井が語る。

「五月の頭くらいに息子の青木一彦《かずひこ》参議院議員がご夫婦で入れる川崎市の施設を見つけて、青木さんたちはそちらに入っていたみたいです」

石井は、青木が平成二二年の参院選に出馬せず、息子の青木一彦に議席を譲って政界を引退した後も、たびたび顔を合わせていた。政界引退後も、砂防《さぼう》会館に事務所を構えていた青木のもとには、平成研究会の議員たちをはじめ、多くの議員や政界関係者が訪れていた。

石井は親交について語る。

「わたしは、砂防会館の青木先生の事務所に、吉田博美《よしだひろみ》先生と一緒に毎週水曜日にランチに行ってました。吉田先生が亡くなられた後は、関口昌一《せきぐちまさかず》参議院議員会長と一緒に行ってました」

青木はカレーうどんで、石井たちはもっぱらざる蕎麦を食べたという。

しかし、石井らの定期的な青木詣では、あることをきっかけに中断していた。

令和三年一〇月三一日の衆院選で、自民党は勝利をおさめたものの、甘利明《あまりあきら》幹事長が小選挙区で落選し、比例復活当選となった。甘利は幹事長職を引責辞任し、岸田総理は、その後任に外務大臣だった茂木敏充《としみつ》を任命した。茂木は一一月四日に幹事長に就任。

さらに一一月二五日に、令和三年九月一七日に竹下亘《たけしたわたる》が死去したことによって空席となっていた平成研究会の会長に就任。竹下派は茂木派となっていた。

石井準一

青木は、それまで自分の事務所への出入りを禁止していた茂木の幹事長就任や、派閥の会長就任に批判的で、最後まで反対していた。そのことで岸田文雄総理や森喜朗元総理との関係が微妙になるほどだった。

石井はその時に青木から言われたという。

「お前たちに迷惑をかけるわけにいかないから、何かあった時は寄ってもいいけれど、当面、定期的な会合は休みにしよう」

青木なりの気遣いだったのだろう。

当時、石井は、岸田総理から「青木さんの様子を見てきてほしい」と要請を受けるほどだった。石井自身も、幹事長就任直前の茂木に会うため、一一月三日には外務省に足を運んでいる。当時の茂木は外務大臣だった。

石井は、そこで茂木に言った。

「自分自身は大した立場ではないですが、青木幹雄先生は長年平成研究会を守ってきました。あなたはついに幹事長になれたんだから、あなたが青木先生のところに出入り禁止でも、青木先生を責めたり、潰そうとしてはダメですよ。それは認めません。自分がここに来たのは、幹事長という立場になったからには、みんなで支えようという思いがあるからです。それを汲んでください」

石井は、これまでの総裁選では、たびたび負け戦を覚悟して戦っている。

青木幹雄の指示のもと、平成二〇年の総裁選では与謝野馨《よさのかおる》を、さらに平成二四年の総裁選では石原伸晃《いしはらのぶてる》を、平成三〇年の総裁選では石破茂《いしばしげる》などを担ぎ、一敗地にまみれてきた。平成三〇年の総裁選で三選を目指す現職の安倍に石破が挑んだ際には、吉田博美とともに官邸の安倍総理に会いに行き、土下座をしてまで仁義を切った。

「青木先生から石破をやれと言われたので、裏切ることはできません。親を裏切ることはできませんから」

石井は、この総裁選で全力で石破を支援し、石破は事前の予想を上回る七三票もの議員票を獲得した。

石破から見た防衛問題の本質

安倍元総理は凶弾に倒れる以前、日本の防衛費をＧＤＰ比で二％まで増大させるように訴えていた。岸田政権は、今回、安倍の主張をなぞるかのように防衛費の拡張を決めた。

石破茂はこれをどう見るのか。

「わたしが初めて衆院選に挑戦した時も、中曽根《なかそね》内閣による防衛費の対GDP比一%枠の突破が争点になっていました。マスコミが実施する候補者アンケートで、どう思うかと問われました。その時、わたしは『一%枠について議論すること自体にまったく意味はない』と言いました。日本の周辺状況が厳しければ、高くする必要があるし、安定していれば、低いままでもいい。当時、二九歳のわたしは、対GDP比を物差しにして考えること自体がナンセンスだと思っていました。今もその考えに変化はありません。

『NATO加盟各国と同様の二%に引き上げよう』というのも、ウクライナへの侵攻を開始したロシアの脅威を念頭に入れたものですが、そもそもNATO加盟各国と日本では安全保障の前提条件がまったく違う。その部分について一切論じず、NATO加盟各国と同じ水準にしよう、というのは論理の飛躍を感じざるを得ません」

中国と台湾の緊張関係を念頭にした議論もあるが、石破自身、令和四年四月には浜田《はまだ》靖一《やすかず》防衛大臣らとともに訪台している。

「蔡英文《さいえいぶん》台湾総統をはじめ、議長や国防大臣など、政府首脳に会いました。それ以来、中台情勢についても勉強を重ねましたが、陸続きのウクライナ相手にロシアが非常に苦戦している状況や、台湾島を侵攻することの困難さを考えると、実現可能性には疑問があります。台湾島の沿岸部は九割が断崖絶壁で上陸できるような適地は一割ほど。その一割に台湾の軍隊が待ち構えているわけですから、それを成功させることは相当難しいはずです。攻める方は守る方の五倍の戦力が当たり前といわれますし、それなりの被害も覚悟しないといけませんから」

令和四年八月、アメリカのペロシ下院議長は、中国を牽制するために、アメリカ空軍を引き連れて、訪台をおこなった。

蔡英文

ペロシ

「圧倒的な空軍力を見せつけられた中国は屈辱を味わったわけですが、台湾有事がどんな時に起きるのか、その研究分析は必要です。

それと、台湾へのシンパシーから台湾有事イコール日本有事と考える人も多いですが、軍事合理性から、中国の台湾侵攻がどれほど現実的なものかも考えないといけません。

独裁国家である中国にとって、一番大事なものは共産党の一党支配。その次が自国の領域の維持と拡大。国民の幸せは三番目なんです。中国はここ三〇年、右肩上がりの経済成長を遂げてきましたが、これから先は、人口減や、貧富の拡大などの問題が深刻化していきます。糖尿病予備軍が二億五〇〇〇万人もいるといわれており、医療問題も深刻化するでしょう。

現在でも、中国では暴動などが頻繁に起きていて、中国共産党の私兵である人民解放軍が抑えています。共産党が恐れているのは、天安門事件や香港の独立運動のような学生・知識人のデモではなく、生活に不満を感じた一般市民の反乱です。中国は国民の不満の目をそらすために海外進出を企図することがありますから、台湾侵攻が難しいとなると、矛先を尖閣《せんかく》諸島へと向けることもあるでしょう。その時に、アメリカが日米安全保障条約の対象と見なして軍事行動を起こすかどうかは不透明です。

もし『尖閣諸島をめぐって、日本のために中国とわざわざ戦争する必要はない』とアメリカが判断した時にどうするか。中国は尖閣諸島だけでも確保できれば、国内向けには大戦果として宣伝することができるわけですから、そういうケースこそ優先して検討すべきです。基本的には尖閣諸島は我が国が自力で守らなければならないのです。防衛費の増額を決める前に、こういうことについて、国民に議論を示すべきだったのではないでしょうか」

石破は、第二次安倍政権時代から、アベノミクスや、安倍外交について、その問題点を指摘し、率直な批判をおこなってきた。

「アベノミクスについては、当時、二年間でマネタリーベースを二倍にして、二パーセントの物価上昇を実現すると言っていました。それによって景気が良くなり、物価が上がると。景気が良くなったからインフレが起こるということはありますが、インフレになったから景気が良くなるという理論は聞いたことがありませんでした。

壮大な実験ともいえますが、実際にどれだけの効果があったのか。その検証をしないままになっている。さらに、外交においても、ロシアとウクライナの関係をそのまま中国と台湾の関係に置き換えたような議論がありますが、少し乱暴です。安倍外交やアベノミクスの検証をすることが、次の時代のための政策を示すことにつながると思っています」

国民は岸田に癒しを求めていた

石破率いる水月会は、現在、派閥ではなく、掛け持ち可能な議員グループとして存続している。令和四年一二月一日に開催された勉強会では、石破自らが講師を務め、二〇人以上の議員が集まっている。

現在、水月会には、石破のほかに、衆議院議員の平将明《たいらまさあき》、赤沢亮正《あかざわりょうせい》、冨樫博之《とがしひろゆき》、田所嘉徳《たどころよしのり》、門《かど》山宏哲《やまひろあき》、八木哲也《やぎてつや》、参議院議員の舞立昇治《まいたちしょうじ》、藤井一博《ふじいかずひろ》が顔を出している。

石破が水月会の今後について語る。

「政治団体としては継続していますから、現在のような勉強会は続けていきますが、また派閥に戻すのかどうか、そのあたりのことはわかりません」

石破は、現在、自民党の総務会に出席する総務を務めている。総務は経験豊富なベテランが務めることが多かったが、最近は若手もメンバーとなっている。総務会は、自民党において、党大会、両院議員総会に次ぐ平時の最高意思決定機関である。

「持ちまわりで中国《ちゅうごく》地方選出の総務に久しぶりになりました。総務会は、毎週火曜日と金曜日に開かれる予定なのですが、最近はあまり総務会が開かれないのです。遠藤利明《えんどうとしあき》総務会長がそのようにお決めになっているわけではないと思いますが、もしかすると折に触れて意見するわたしが煙たいと思われているのかもしれませんね」

衆院選、参院選と二つの国政選挙を乗りこえてきた岸田政権だが、安倍晋三元総理の銃殺事件が起き、自民党と統一教会の関係が明らかになって以降、支持率は低迷する一方だ。令和四年八月の内閣改造も、その後、閣僚の不祥事や失言が続出し、三大臣が交代する事態となっている。

石破は、岸田政権をどう見ているのか。

「国民から見ると、岸田総理が何をしたいのかが伝わっていないのではないでしょうか。安倍さん、菅さんと強権的なイメージのある政権が続いたこともあって、国民には、癒し系を求めるような気持ちがあり、それが岸田さんの印象とマッチした、といわれていますが、そういったところはあったのではないかと思います。岸田総理の控えめな雰囲気が受けたというところでしょうか。

ですが、「何もしない」といった批判を受けてなのか、徐々に強権的な決断が目立つようになって、安倍元総理の国葬や、内閣改造の前倒しなど、国民の共感を得られなくなってきたのではないでしょうか。岸田総理に癒しを求めていた国民からすると、『わたしたちが求めていたのはこれじゃない』という気持ちになっていってしまったのかもしれません」

女性政治家が少子化を食い止める

野田聖子《のだせいこ》は、令和三年一〇月四日に発足した岸田文雄内閣では、内閣府特命担当大臣（地方創生、少子化対策、男女共同参画）、女性活躍担当、こども政策担当、孤独・孤立対策担当大臣に就任した。令和四年八月の第二次岸田改造内閣の発足にともない、退任。

令和五年三月一四日、超党派の「人口減少時代を乗り切る戦略を考える議員連盟」は、衆議院議員会館で設立総会を開いた。野田聖子はこの議連の会長に就任した。

議連では、住宅政策や社会保障制度などを幅広く議論し、提言策定を目指していく。

この日、野田は語った。

「人口減少について、分野ごとの話がつながらずに深い議論になっていないことがこの国の弱さにつながっている。新たな生き方、仕事、人づくりについて、具体的な答えを出していきたい」

総会には、議連の副会長に就任した立憲民主党の逢坂誠二《おおさかせいじ》代表代行をはじめ、国民民主党の古《ふる》川元久《かわもとひさ》国対委員長など、自民党以外の政党に所属する国会議員も多く参加してくれた。人口減少問題は、党派に関係なく深刻な問題だという危機意識を持っていた野田は、各党に参加を呼びかけたという。

この日は、一般社団法人人口減少対策総合研究所の河合《かわい》雅司《まさし》理事長が講演した。

野田聖子

河合は、人口減少を前提とした対策と、出生数減少を緩和する対策を同時に進める必要性を語った。

「喫緊の課題は人口減少に耐え得る社会をどうつくるかだ」

産経新聞出身の河合は、人口減少問題に詳しく、これまでに『未来の年表　人口減少日本でこれから起きること』をはじめ、多くの関連書籍を著してきた。この問題の第一人者だ。

野田は、これまでに河合の著作から多くのことを学んできたという。

「データをもとに人口減少により、日本にどのような問題が発生するかということが書いてあるから、以前から勉強していました。総務大臣時代には、将来、過疎の自治体でどういう問題が起きるかについて『自治体戦略二〇四〇構想研究会』を立ち上げましたが、その時にも参考にしました」

野田は、政策などを説明するときに、常にデータをもとに話すことを心がけているという。それにはある政治家の教えがあったという。

「昔、竹下登《たけしたのぼる》元総理から『女性はロジックがなくて感情的だと思われているから、数字で具体的に話して勝負しろ』とアドバイスをされたことがあって、それ以来、自分が何かをやるときは、なるべく数字の裏付けを説明してやってきました」

実際に日本の人口減少は深刻だ。詳細なデータに基づいた河合の提言は、日本の危機的な現状を明らかにしている。それによると、なんと、出生数の減少は最低でも一〇〇年は止まらないという。出生数減は構造的要因で起きているからだ。

少子化対策と人口減少対策とはそれぞれ別の政策が必要なため、今から少子化対策だけを講じても、構造を急激に変えることはできない。そのため、人口減少自体を止めることは難しい。実人口の減少以上に社会は早く縮んでいき、高齢化で一人当たりの消費量も減っていくことが予測されている。河合は、何が起きるのかファクトに基づいて、正しく理解する必要があると警鐘を鳴らしている。

喫緊の課題は人口減に耐え得る社会の創設だ。人口減を前提として、社会経済基盤の再構築を実現しないといけない。

国内マーケットの縮小、地方の商圏縮小と生産力不足、勤労世代の減少、低所得高齢者の増加などを考慮して、再構築していかなければいけない。

さらに、それとは別に出生数減を緩和する対策も必要となる。

少子化対策や、子育て支援策、雇用をはじめ若者への支援、結婚を希望する人への支援、子どもを持ちたい人への支援、子ども自身への支援などがある。

この二つの人口減少対策を並行しておこなう必要があるという。


野田聖子は、人口減少問題について、強い危機感を持っている。

「人口減少問題といえば、一つの政策のように思われますが、この問題に取り組むことは日本にとっての革命なんです。これまで減少し続けてきたことを止めないといけない。そして、さらにそれをくい止めて、反転させないといけないわけですから」

岸田政権では、「異次元の少子化対策」に取り組むと宣言している。だが、野田は、少子化対策だけでは人口減少問題の抜本的解決にはならないと警鐘を鳴らす。

「子ども手当の所得制限を取り払ったり、保育園を増やしたとしても、計算上、今から一〇〇年は人口は減り続ける。だから、人口が減る歴史のなかで、何をしていくべきなのかを国会で議論していこうというのがこの議連の大きな目的です。あまり見たくない事実からも目を背けずに、勉強会を進めていこうと思っています」

野田は、日本の政治において、これまで少子化対策が進まなかった理由について語る。

「一つは政治のアンバランスの問題です。女性の政治家が圧倒的に少ないままで議論されてきたから、少子化は必然的な結果だと思います。男性だけの議論では根源的なところでわからないことがあったのでしょう」

また、野田は、少子化問題を考えるうえで、従来の結婚のあり方についても見直す時期にきていると提言する。

「日本では、法律婚をしてから子どもは生むものだという固定観念がいまだに強い。でも、籍に入っていようがいなかろうが、生まれた子どもはすべて平等な権利を与えられるようにしないといけません。法律婚にこだわるから、若くして妊娠した子の多くは中絶を選択しているわけです。もちろん、経済的な理由もありますが、一年のうちに約一二万人の女性が中絶をしています。制度を変えて、女性が生みやすい社会構造を作っていかないと人口は増えません」

かつての日本では、男性が働き、女性が家を守るという固定観念が当たり前になっていた。しかし、これは女性の働き口が限定的だったために起きたことである。

現在でも男性と女性で給与などの待遇の格差はあるが、昭和の時代と比較すれば、女性でも経済的な成功を手にすることは容易になりつつある。

野田は、現在の社会に合わせた結婚観の変化が起きるべきだと訴える。

「稼ぎのある女性と低所得の男性が結婚することが当たり前だという価値観になり、そういうものを問題視しない社会構造を作っていけばいい。男女逆転してもいいし、稼ぎの多い方がより稼げばいい。稼ぎが少ない男性が家で専業主夫となり、料理をして子育てもする。男が稼いで当たり前という価値観ではなく、低学歴や低所得の人が結婚しても祝福される国のかたちを作ればいいんです」

清和会を中心に保守的な議員が多い自民党において、野田の主張はリベラルだ。党内で反対の意見が強い選択的夫婦別姓や同性婚にも賛成を表明している。

野田が語る。

「わたし自身が夫婦別姓や同性婚を望んでいるわけではないとしても、それを希望する人がいるならば実現していくことが政治家だと思っています。多様性を認めあうことによって、社会も安定していく。

愛国者という言葉がありますが、わたしは、国土や領土だけではなく、この国に暮らす国民ひとりひとりのことを守ろうとすることこそが何よりも愛国者だと思っています。実は、わたしが選択的夫婦別姓を言い出した三〇年ほど前、古賀誠《こがまこと》さん、野中広務《のなかひろむ》さん、山崎拓《やまさきたく》さんなど、ベテランの先生ほど私の意見に耳を傾けて、応援してくれたんです。みなさん強面の印象も強かったけれど、やはり、国民のことを思う愛国者だったんだなと思います」

理念なき岸田政権

青山繁晴《あおやましげはる》参議院議員は、岸田総理の現在の振る舞いに批判的だ。派閥の政治資金パーティーでの裏金問題が明らかになるなか、岸田は、自らが会長を務めていた宏池会からの離脱を表明した。青山はこの行動こそ問題だと指摘する。

「宏池会の人たちからしたら、泥船になったら親分が降りていくわけでしょう。話は逆さまです。あの時に、パーティー券問題は根幹が派閥だからまず宏池会から解体すると宣言するべきでした。そのように言えば、支持率が急反転したはずです」

青山はさらに批判する。

「岸田総理は政局観がない。経済の相場観も問題で、今が増税のわけがない。個人消費が経済の六、七割を占めるわけですから、財務省がどう言おうが、指導力を発揮して、せめて限定的でも期限付きでもなんでも妥協を成立させ消費減税して個人消費を伸ばす以外にないはず。そうすれば、原料高の上昇をカバーして、企業の収益率は上がり、賃金が上がって経済がまわりだしますから」

令和五年六月に制定されたＬＧＢＴ理解増進法案でも、青山は反対の論陣を張った。最終的には採決の時に参院本会議場の外に出ることで反対と抗議の意を明示している。青山のほかにも山《さん》東昭子《とうあきこ》元参議院議長や和田政宗《わだまさむね》参議院議員も退席し、青山とともに厳重注意処分を受けている。この時、参院幹事長を務める世耕弘成《せこうひろしげ》からは何度も説得されたという。

青山は世耕に拝み倒されるように言われた。

「俺の立場も考えてよ。衆院本会議では高鳥修一《たかとりしゅういち》が腹痛、杉田水脈《すぎたみお》が行方不明、ところが参議院では青山さんが反対を明言して出ていったら、俺の立場がないんだ。しかも、青山さんの影響でほかにも出てくるよ」

しかし、執行部による引きはがしも凄まじかった。派閥の領袖だけでなく、地元の後援会長まで動員されて、泣く泣く賛成にまわる議員も多かった。

だが、青山は反対を貫いた。ボスも後援会長もつくっていないのだ。

「ぼくが一番言いたかったのは、子供たちのことを考えるべきということ。自分の思春期を考えてください。みんな思春期があって、その時に一番不安なひとつは性にまつわることじゃないですか。小学校ですでに使われているという童話は、ある国の王様が結婚をする話です。その相手がこれまでの童話のように女性ではなく、他の国の王様だった。そういう副読本をいきなり読まされたら、混乱するじゃないですか。

やがて大きな犯罪が起こるだろうけれど、広く言うと、子供たちの教育がまず一番打撃を受けるのですから、とんでもないですよ」

岸田総理は、広島サミットでアメリカのエマヌエル駐日大使に配慮するために、この法案の制定を急いでいたとも言われている。

「エマヌエル大使も参考、あるいは雑談で言っただけで、指示なんかできない。そもそも他国に何か言われても、日本は昔から同性愛に寛容な歴史があるからと反論すればよい。妙な保身で、子供たちの教育を動揺させては困ります」

岸田政権は支持率の低下に苦しんでいるが、ステルス性の強引さがあり、国政も外政も綻びが見えつつある。第二次安倍政権は第一次安倍政権の失敗を生かし、謙虚なところがあった。岸田総理は、安保三文書の改定や、防衛費の増額などに着手しているが、これも安倍派に媚びるためにやっているとも見える。理念があってやっているわけではない。今回の派閥の資金パーティーの問題に絡めて、安倍派を切ってしまった以上、防衛費の増額もわからなくなった。

今後、岸田政権が倒れ、もし前倒しで総裁選がおこなわれる場合、青山は国会議員だけで閉鎖的に決めるのではなく、党員に開かれたかたちのオープンな総裁選を実施するべきだと訴える。

「党員投票をカットしてはいけません。党費四〇〇〇円をいただいているわけですから、それをやれば主権者への裏切りです」

岸田総理は、臨時国会閉会後の記者会見の最後に「現在痛感しているのは、政治の安定があって初めて政策が遂行できることだ」と言っていた。

青山はこの発言を次のように解釈する。

「総理の言葉としては『政治の安定のために思い切ったことをやる』という意味でしょう。総辞職か、解散しかないけれど、岸田さんは粘り強いから解散だと思います。だから、それを考えたら支持率がたとえ一〇%台に落ち込んでも、そう簡単に倒れるものじゃない」

安倍派は派閥資金パーティーの問題が起き、五人衆といわれたメンバーも党役員や閣僚の辞任に追い込まれている。青山が語る。

「五人衆といわれていましたが、逆に見ると、誰かが抜きんでることができなかったということです。最終的には西村《にしむら》（康稔《やすとし》）派と萩生田（光一）派に分かれるのではないでしょうか。二人で上手に派を分け合って、連携していく方がうまくいくと思います。一個の清和政策研究会は終焉、これも早く見切らないといけませんね。そして本当は、全派閥の廃止です。人は群れる生き物です。しかし利益誘導の派閥はおしまい。利権なく政策だけがある議員集団に変わらねばなりません。護る会はその先駆です」

セキュリティ・クリアランス

令和四年八月一〇日、この日おこなわれた内閣改造で、高市《たかいち》早苗《さなえ》は、経済安全保障、知的財産戦略、科学技術政策、宇宙政策等を担当する内閣府特命担当大臣として入閣した。

高市が経済安全保障担当大臣として力を入れたのが、国が保有する重要情報を扱う資格者を国が認証する経済・技術版の「セキュリティ・クリアランス（適格性評価、ＳＣ）制度」の創設だった。

セキュリティ・クリアランスとは、安全保障上の機微な情報にアクセスできる人間を政府が認証して付与する資格で、認証審査で対象者の経歴や人間関係などのバックグラウンドを調べ、敵対国とのつながりの有無など情報流出リスクを審査することから、機密保護に有効な手法と位置付けられている。日本以外のＧ７各国はこの制度をすでに導入している。アメリカは一九九〇年代に導入し、国家安全保障に関わる重要な情報を「ＴＯＰ　ＳＥＣＲＥＴ（極秘）」「ＣＯＮＦＩＤＥＮＴＩＡＬ（秘）」の三種類に分類し、それぞれにアクセスできる人間を認証している。

アメリカでは、二〇一九年一〇月の時点で適性評価の資格保有者は約四二四万人にも上り、原則として国防総省傘下の専門組織の職員約三三〇〇人が一元的に調査を担っている。

日本は平成二五年に防衛や外交分野の公務員などを対象に、安全保障に関わる機密情報を漏らした場合に厳罰を科す特定秘密保護法が策定されたが、民間にはこれに準じる制度がなかった。特定秘密保護法の対象は、防衛、外交、スパイ防止、テロ防止の四分野に限定され、適性評価で調べられているのは政府職員が大半。令和三年の年末時点で適格者とされたのは計一三万四二九七人で、このうち民間人は三％未満の三四四四人だ。

高市が経済安全保障担当大臣に就任する前の令和四年五月一一日、経済安全保障推進法案が成立した。この法案は、「特定重要物資を安定的に確保するサプライチェーンの強化」、「サイバー攻撃に備えた基幹インフラ設備の事前審査」、「先端技術の官民協力」、「機微な技術の特許出願非公開」の四本柱で構成されている。アメリカと中国による覇権競争を意識し、国民生活や社会経済活動に大きな影響のある「特定重要物資」の安定供給を目指すとともに、サイバー攻撃への備えや先端技術の流出防止などを狙いに制定されたが、セキュリティ・クリアランス制度については盛り込まれなかった。

自民党は、当初、経済安全保障推進法にセキュリティ・クリアランス制度を盛り込む方向だったが、官邸内部に強い慎重論があり、導入が見送られることになった。適性評価の身辺調査は、借金の有無や飲酒癖、家族の国籍などプライベートな内容も対象となることもあり、制度設計が簡単ではなく、野党からの反発も予想されたからだった。

高市は、八月一〇日の閣僚就任会見で、経済安全保障推進法の法改正に意欲を示し、セキュリティ・クリアランス制度を盛り込む必要があるとの認識を示した。

「セキュリティ・クリアランスは非常に重要だ。これを何としても法律に盛り込みたいとの強い思いを持っている」

高市は政調会長時代から、この制度が整備されていなければ、先端技術をめぐる欧米との共同研究に支障を来すと問題提起していた。

その後、高市の熱心な働きかけもあり、セキュリティ・クリアランス制度の導入に向けて、徐々に環境整備が進んでいく。

高市は、法案の具体化のために、イギリスやアメリカの関係機関の人物に頭を下げて、各国でどのように運営されているのか、その詳細を教えてもらい、研究を重ねていった。

令和五年二月一四日、岸田文雄総理は、関係閣僚で構成する経済安全保障推進会議を官邸で開き、セキュリティ・クリアランスの制度化に向けた有識者会議の設置を指示した。

高市もこの日、記者会見で、制度化に向けた法案の提出時期について問われて語った。

「できるだけ速やかに進めたい。法整備でセキュリティ・クリアランスを確立するには、先進七カ国（G7）などの友好国、同志国との間で通用するものにならなければならない」

二月二二日には、経済安全保障分野におけるセキュリティ・クリアランス制度等に関する有識者会議の初会合が開かれた。有識者会議は、官僚OBや専門家、経済界の関係者などで構成され、国家安全保障局長や内閣特別顧問などを務めた北村滋《きたむらしげる》や、日本労働組合総連合会の冨田《とみた》珠代《たまよ》総合政策推進局総合局長も名を連ねた。会合では、情報の機密性に応じた資格のレベル分けや、資格審査の仕組みなどについての議論に着手した。

高市は語る。

「昨年八月に大臣に就任して、すぐに法案づくりに取り掛かりたかったのですが、岸田総理から有識者会議を設置するという条件付きでゴーサインが出たのが今年の二月。有識者会議には連合の冨田さんにも入ってもらって議論を進めました。特定秘密保護法案の制定時には連合も反対しておられましたが、セキュリティ・クリアランスは、日本にとってビジネスチャンスや雇用を生み出すための取り組み。連合にとっても必ずしも悪い話ではないと考えていましたから、連合の芳野《よしの》友子《ともこ》会長とも話し合って、有識者会議に協力していただきました」

有識者会議はその後、月に二回ほどの頻度で合計六回開催され、令和五年六月六日には、中間論点整理の報告が発表された。

報告では、新たな制度の方向性について、「相手国から信頼されるに足る実効性のある制度」を目指すことを強調し、同盟国であるアメリカの制度などを踏まえて検討すべきと提案。経済安全保障上重要な情報の指定については「わが国として真に守るべき政府が保有する情報に限定する」との考え方を明記し、特定秘密保護法の四分野と同様、またはそれに準ずるものとして、「例えば、経済制裁に関する分析関連情報や経済安全保障上の規制制度の審査関連情報、サイバー分野における脅威情報や防御策に係る情報、宇宙・サイバー分野などでの政府レベルの国際共同開発にもつながり得る重要技術情報なども念頭に、厳格に管理すべき経済安全保障上の情報の範囲について検討を深めるべき」との考えを示している。

高市によると、現在、来年の通常国会に法律案を提出する方向で進められているという。岸田総理も、一〇月二五日、参議院の代表質問で、セキュリティ・クリアランス制度に関して、通常国会での法案提出に向けて準備を進める考えを示している。

高市が語る。

「一〇月一一日から有識者会議が再開されましたが、同時並行で法律案の作成も進めていきます。通常国会のスケジュールを考えると、予算関連以外の法案の締め切りとなる三月一五日までに、自民党と公明党の事前審査を経て、了解をいただいたうえで閣議決定をしなければいけません。国会に提出すれば、激しい議論はあるかもしれませんが、来年の六月までには成立することを願っています」

高市はセキュリティ・クリアランスの重要性や、制定に向けた意気込みについて語る。

「これは日本の経済力や技術力、情報力を強くするための取り組みです。これまでデュアルユース分野の民間企業の方々がクリアランスを持っていないばかりに、多くの企業が外国の政府調達の入札説明会にも呼ばれない、民間企業同士の取引でも重要な技術情報が提供されない、『クリアランス・ホルダー・オンリー』とされる学会に日本人技術者が参加できず最新技術に触れられないなど、日本はビジネスチャンスを失ってきた。

わたしは、この現状を放置できないと思い、岸田総理をはじめ、多くの方を説得してきました。特定秘密保護法案とは異なるものですから各党の反応はまだわかりませんが、一つでも多くの政党に賛成していただきたいし、担当大臣として丁寧に説明していきたいと思っています」

令和五年九月一三日、岸田総理は内閣改造をおこなった。

高市は、引き続き、経済安全保障、知的財産戦略、科学技術政策、宇宙政策を担当する内閣府特命担当大臣を続投することになった。メディアの事前報道では高市が閣外に転出するという観測気球も多かった。高市本人はどう思っていたのか。

「人事は岸田総理がお決めになることですから、もし交代となったら、次の大臣にこれまでの経緯を説明して、海外から集めた情報も全部お預けして、机に頭をこすりつけてでもセキュリティ・クリアランスの法制化をお願いしようと思っていました。『内閣を離れるべき』と言ってくださった方も多かったのですが、この重要課題を投げ出したとはいわれたくないですから、総理に感謝してお引き受けしました。やはり、ここまで来てやり遂げないと後悔が残りますから」

高市の悲願であったセキュリティ・クリアランスの法制化は、令和六年五月一〇日に成立した。

安倍の遺志を継いで

高市早苗は令和五年九月二一日、奈良《なら》市内に建立された安倍晋三《しんぞう》元総理の慰霊碑「留魂碑」を訪れて、安倍の遺志を引き継ぐ思いを新たにした。この日は亡くなった安倍の六九回目の誕生日だった。高市は、安倍の留魂碑を前に、自身が顧問を務める保守団結の会のメンバーたちを前に語った。

「おととしの誕生日に『おめでとう』と言ったのが最後になったのはつらいことだが、安倍元総理がやり残したことを含め、みんなで頑張ってやっていきたい」

前回の総裁選で健闘したこともあり、高市にポスト岸田の有力候補として期待する声も多い。高市自身も、一〇月三日に、BSフジの番組に出演して、令和六年九月の自民党総裁選への対応について問われ、「また戦わせていただく」と意欲を示している。

令和五年一一月五日に発表された共同通信の世論調査では、来年九月の自民党総裁選で次の総裁に誰がふさわしいかを聞いたところ、高市は、一位の石破茂（二〇・二%）、二位の河野《こうの》太《た》郎《ろう》（一四・二%）、三位の小泉《こいずみ》進次《しんじ》郎《ろう》（一四・一%）に次ぐ四位で、一〇・〇%の支持を得ている。

高市早苗

高市は、自身が日本のリーダーとなった時、どのような国家像を目指しているのか。

「今の日本はなかなか厳しい時期ですが、みんなで心を合わせて、日本の総合的な国力を強くするべき時期だと思っています。具体的には、外交力、防衛力、経済力、技術力、情報力です。

日本企業は、一つ一つの分野を見ると、世界一の技術を持っているにもかかわらずビジネスで負けているケースがある。だから、優れた技術やサービスのプランを持っている企業に対しては、国も投資をして、成長させないといけません。やはり、経済のパイを拡大させないと十分な社会保障も安全保障も継続できませんから。そのためには総合的な国力を強くしないといけません」

さらに、高市は全世代が安心感を抱ける社会を作るべきだと思っている。

「異次元の少子化対策は、とても重要な取り組みです。そのうえで、わたしは年を重ねた方々が幸せそうにしていない限りは、若い方々が消費をしないと思っています。年を重ねても必要な医療や福祉を受けて安心して暮らせるというイメージを持っていただけないと、若い方々も消費や自らへの投資にお金を使おうとは思えない。現在は残念ながら、年をとると凄く大変な生活になるという不安感に覆われていますから、その部分を解消する取り組みに力を入れたい。わたしは積極財政派といわれていますが、歳出カットばかりに励むのではなく、特に世界共通の課題を解決できるような技術分野には投資を惜しまず、国内外へのビジネス展開で富を生み、税収増を実現して、真に必要な施策には積極的な財政支出もできる状況を作りたいと思っています」

高市は、国民の生命や財産を守り抜く取り組みにも力を入れていきたいと語る。

「例えば、最近では日本のＥＥＺ内に中国がブイを勝手に設置した問題も、明らかに国連海洋法条約違反です。しかし、条約には違法構造物の撤去に関する規定がないから、中国に撤去要請をしたもののブイは放置されている。船舶航行の安全に関わる問題ですから、日本政府が撤去するべきだと思っています」

高市は、中国人による日本の土地の買収についても危機感を持っている。

「わたしは、大臣として重要土地等調査法も所管していますが、この法律では外国人による土地取得は制限できません。基地周辺などの重要土地等の使い方を調査するものです。

なぜかというと、過去に日本がＷＴＯ（世界貿易機関）のＧＡＴＳ（サービスの貿易に関する一般協定）に入る時、土地取引について留保せずに加盟したことが原因です。中国をはじめ多くの主要国は土地取引について留保して加盟しているから、中国人は日本の土地を買い放題なのに、日本人は中国の土地を買うことはできない。

国内法より国際法が上位に位置するので、いつまで経っても土地取引を制限する法律は作れません。安全保障のためには、多くの協定加盟国との間で困難な交渉になるとは思いますが、土地取引を留保するための努力も始めるべきだと思います」

中国は、ここ数年、海外に暮らす中国人に対して緊急時に土地や建物の提供を求める国防動員法を制定したり、情報工作への協力を国民に求める国家情報法を制定するなど、自国民を有事の際に動員する法律の制定に躍起だ。高市はこの点についても日本として対応していく必要性を訴える。

「日本の国立研究開発法人や、民間企業や大学の研究所には多くの中国人研究者が迎え入れられていますが、彼らは母国の情報工作に協力する義務を担っているわけですから、機微技術の流出リスクを最小化するための取り組みにも挑戦したいと考えています」

高市の安倍派への思い

東京地検特捜部は、政治資金パーティーのキックバック問題に関連して、安倍派や二階派に対する捜査を進めた。松野《まつの》博一《ひろかず》前官房長官や萩生田光一前政調会長、西村康稔前経済産業大臣、高《たか》木毅《ぎつよし》前国対委員長、世耕弘成前参議院幹事長ら五人衆と言われた派閥幹部たちは、この問題に関連して軒並み党役員や閣僚を辞任した。

高市は、自民党が下野していた平成二三年八月、翌年に控える総裁選で安倍晋三を応援するために当時、町村派だった清和政策研究会を離脱したが、自民党に入党した平成八年以来、一五年近く所属していた過去がある。

高市が当時を振り返って語る。

「わたしが所属していた時は、五月開催を定例にしていた自分の政治資金パーティーと派閥のパーティーの開催日が近かったこともあり、派閥のノルマをこなすのが大変でした。キックバックどころかパーティー終了後にも派閥に振り込みをしてくださらなかった販売先の分を自分で被っているほどでした。現在の仕組みはわかりませんが、ニュースで見ると、ノルマは少なくなったように見えますね」

現在、メディアでは安倍派の名前が盛んに報じられている。高市はそのことを悔しく思うという。

「安倍元総理が派閥の会長に就任されたのは、令和三年一〇月末が投票日だった衆院選後にそれまで会長を務めておられた細田《ほそだ》博之《ひろゆき》先生が衆議院議長に就任されたあとですから、安倍派と呼ばれるようになってからの会長在任期間は、令和四年七月に亡くなられるまでの八カ月ほど。安倍元総理が亡くなられた後も会長不在のままでしたから仕方がないのでしょうが、安倍派、安倍派と、安倍元総理の名前ばかりが報じられるのは、やるせない気がしますね」

高市自身、一時期は清話政策研究会への復帰を考えていたこともあった。

前回の総裁選後、高市は安倍派の会長に就任した安倍に尋ねた。

「安倍派になったら、わたしを派閥に連れて帰っていただけるという話はどうなりましたか？」

だが、安倍の返事はつれなかった。

「高市さんは先々月の総裁選であれだけ派閥横断的にいろんな議員たちから応援されたんだから、しばらくは無派閥でいたほうがいいよ」

しかし、のちのち詳しい話を訊いてみると、高市の復帰は会長の安倍以外の派閥幹部たちの反対で頓挫したということだった。

　高市は振り返って語る。

「安倍元総理が会長を務める安倍派ならば戻りたいという強い気持ちもありましたが、たしかに安倍元総理がわたしに言われたように、前回の総裁選では、茂木派の木原稔《きはらみのる》防衛大臣や二階派の山口壮《やまぐちつよし》元環境大臣や小林鷹之《こばやしたかゆき》元内閣府特命担当大臣など、派閥に関係なく応援してくださった方々が多くいらっしゃいましたから、その直後にわたしが安倍派に入ったら、せっかく応援してくださった方々は良い気がしないというのもわかります。

　しかも、清和政策研究会が安倍派に衣替えした当時のわたしは政調会長に就任したばかりでしたから、派閥に関係なく公平な立場で適材適所の政調会人事もしなければなりませんでした。安倍元総理のおっしゃる通りにして、結果的には良かったのでしょう」


　令和五年一一月一五日、高市早苗経済安全保障担当大臣が名付け親となった「日本のチカラ」研究会（略称・国力研）が初会合を開いた。

　同研究会は、「総合的な国力の強化」をテーマにした議員連盟で、国力を①外交力、②防衛力、③経済力、④技術力、⑤情報力、⑥人材力の六項目からなると定義している。

　一三人が参加し、今後は月に一～二回開催し、定期的に活動していくという。

第一回目のこの日は、講師は小谷賢《こたにけん》日本大学危機管理学部教授が担当し、インテリジェンス（情報収集分析）について貴重な話をしてくれた。

小谷は、防衛省防衛研究所主任研究員、英国王立統合軍防衛安保問題研究所客員研究員などを歴任したスペシャリストである。

「日本のチカラ」研究会の呼びかけ人には、高市の松下《まつした》政経塾での先輩にあたる参議院議員で元杉並《すぎなみ》区長の山田宏《やまだひろし》が就任してくれた。

勉強会には、山田のほかに、安倍派から堀井学《ほりいまなぶ》と杉田水脈、麻生派から山本左近《やまもとさこん》と有村治子《ありむらはるこ》、茂木派から小野田紀美《おのだきみ》、二階派から高木宏寿《たかぎひろひさ》、森山《もりやま》派から鬼木誠《おにきまこと》が参加し、さらに無派閥の石川《いしかわ》昭政《あきまさ》、土井亨《どいとおる》、黄川田仁志《きかわだひとし》、三谷英弘《みたにひでひろ》も参加してくれた。

ただし、入会者は第一回開催時点で、すでに四五人にも達していたという。

今回の研究会には、当選回数の浅い若手議員の参加も目立った。高市が語る。

「令和三年九月の総裁選は、衆院の任期が迫っていたこともあり、選挙区に張り付いたままで東京におられない方が多かったんです。でも、東京に残り、電話掛けや政策リーフレットの発送など実務的な活動を続けてくださった議員もいらっしゃいました。特に国家観が近いと感じていた方々でしたので、山田事務所から入会案内状を出していただきました。また、総裁選の時には議員ではなかった当選一回の方のなかで、私が政調会長在任中に政調全体会議などで活発に発言し、その内容から研究会の趣旨に興味を持ってくださりそうな議員にも案内をすることにしました」

高市の総裁選での推薦人は、安倍元総理が途中から応援してくれたこともあり、最初から高市の支持を決めて集まってくれた議員だけでなく、各派閥から均等に出された議員もいた。そのため、最終的に立候補時に届け出た推薦人は、安倍元総理や事務局で話し合って調整したメンバーとなった。

「いっしょに勉強することの何が悪いのか、意味がわからん」

すでに総裁選から二年以上が経過しており、高市の目的は変わっていた。安倍元総理から求められていた総裁選の同窓会的な会合を開くことよりも、総裁選の時には議員ではなかった若手も含めて少人数でも良いので真剣な政策研究をしてみたくなっていた。

令和三年一〇月の政調会長就任以降、令和四年八月に閣僚に就任してからも、高市には、国会議員や地方議員から講演依頼が相次ぎ、毎週末、全国の党支部で講演を続けてきた。「今こそ、総合的な国力を強くするべき時です」と語る高市の講演を聴いた複数の若手国会議員から、「国力を強化するために必要な具体的施策を勉強したい」といった声も寄せられていた。

党の政調会には多くの調査会や特別委員会や特命委員会や部会があり、自民党議員は高名な講師の話を聴く機会には恵まれているが、開催時間が午前八時に集中しているため、分野横断的に大きなテーマを勉強しようとすると、同時刻に複数の会議を渡り歩かなければならず困難だ。高市も、閣僚就任後は担務外の分野については最新の情報を得て学ぶ機会が激減しており、夜間に専門書を読んだり、家庭教師的に専門家から話を聴いたりして、勉強を続けてきたという。

「専門家の先生の貴重な時間を独占するのも勿体ないことですから、どうせなら一人ではなく数人の同僚議員とともに専門家の先生をお招きして、国力という大きなテーマを掘り下げて研究したくなりました」

高市は、山田宏に相談し、事務局を渋々ながらも引き受けてもらうことに成功した。いずれ勉強会を立ち上げる時には自分が事務局長になると約束してくれていた木原稔は、令和五年九月一三日の内閣改造で念願の防衛大臣に就任したばかりだったので、事務局を頼める状況にはなかった。

一〇月末に「日本のチカラ」研究会の入会案内状が山田事務所から配布された。案内状の文章を読むと、高市が各地で講演している「国力」について研究する旨も明記されている。案内先には高市が総裁選直後から勉強会発足の相談をしていた古屋《ふるや》も含めることにしたが、思わぬ事態が起きる。案内状を見た古屋が、総裁選で高市を応援した主な議員に「絶対に勉強会には参加するな」と連絡を回したのだ。

困惑した議員から高市に電話が相次いだ。

「古屋さんから絶対に参加するなといわれたけど、どうなっているんだ。前回の総裁選の選対幹部が仲間割れをするような会を立ち上げたら、次の総裁選には出られなくなるのではないかと心配しているんだよ」

高市は答えた。

「ご心配をいただくような趣旨の研究会ではありません。入会者が二人でも三人でも、私は勉強をしたいので、気が向かれたらいらっしゃってください」

総裁選の時に高市番だった全国紙の記者の中に、当時の高市陣営の議員事務所をまわって粘り強く取材を続けていた記者がいた。古屋からの電話に始まった各議員の困惑や混乱もすべて把握していた。第一回研究会開催の二日前に、彼はデジタル版で翌年の総裁選を見据えた政局がらみの研究会の発足と読める記事を配信した。

翌日には、各社が後追い記事を書くために高市を追いかける。高市は純粋な研究会であることを強調したが、研究会当日の朝刊には高市の意に反する記事が躍った。

一一月一五日、第一回研究会の会場となった会議室前は異様な光景だった。多数の記者が廊下に座り込み、部屋に入る議員をチェックしては名前を記録していた。

山田事務所では、用意する配布資料や飲料の数を把握するために、前日にも入会議員に電話をかけ、当日の出席予定者は二四名だと確認していた。ところが、出席しようと会議室の近くまでは来たものの入室者をチェックする記者たちの姿を見て引き返した議員、当日の朝刊を読んだ派閥の幹部に出席を禁止された議員などが続出。

翌一六日の朝刊では出席議員の氏名と所属派閥が報じられ、派閥幹部から叱責された議員もいた。高市には、次々に電話がかかってきた。

「派閥からストップがかかり、今後も出席はできませんが、趣旨には賛同しているので、わたしの名前は残しておいてください」

高市は、政局がらみの研究会だと報じられてしまったことを残念に思いながらも、電話をかけてきたり訪ねてきたりする議員の気持ちが嬉しく、一人一人に声をかけた。

「そのうち、この研究会が話題にもならなくなったら、ご一緒してください。月額二〇〇〇円の会費を事務局にお支払いいただいているのに、講義を聴かれないのは勿体ないですから」

「日本のチカラ」研究会は、高市にとっては貴重な勉強の機会になっているという。

「とにかく今、所管事項以外のことを深く学ぶ機会に飢えているんです。閣僚が自分の担務外の分野で自民党の政調会に出席して発言するわけにはいきませんから。講師の人選も山田先生と相談して決めていますが、素晴らしい方ばかりですよ」

この研究会の発足について、世耕弘成参院幹事長（当時）が苦言を呈した。

「現職閣僚がこういう形で勉強会を立ち上げるのは、わたしはいかがなものかと思っている」

高市は世耕の苦言に対して、反論した。

「岸田内閣の政策に反対する会合ならともかく、岸田内閣が閣議決定した『国家安全保障戦略』に記された理念を掘り下げることを目的とした議員連盟です。現職閣僚が担当外の政策を同僚議員といっしょに勉強することの何が悪いのか、意味がわからん」

一二月六日の二回目の研究会では、麗澤大学客員教授の江崎道朗《えざきみちお》が「日本のインテリジェンス機関、その経緯と課題」をテーマに講演してくれた。

今回は議員の参加は、前回の一三人から三人減って一〇人。高市と山田のほかに、杉田水脈、宮沢博行《みやざわひろゆき》、土井亨、石川昭政、小田原潔《おだわらきよし》、黄川田仁志、小野田紀美、有村治子が参加してくれた。

ただし入会者は、前回の四五人から二人増えて、四七人となった。

「江崎道朗先生のお話は絶対に聴きたかったのに、派閥の縛りが厳しくて行けません」と連絡してきた議員には、高市が講義の内容を伝えた。

今後も、国力の強化をテーマに様々な講師に専門分野について話してもらうという。

「一月には、山田先生のご手配で産業情報遺産センターの加藤康子《かとうこうこ》先生が来てくださるそうです。二月には、経済力を学びたいと思っています。三月には、防衛力です。わたしのリクエストで元自衛隊幹部に世界の最新兵器と日本が備えるべき装備品の話をしていただく予定です」

この勉強会には特徴がある。それは議員本人の出席に限っているという点だ。

「山田先生に感謝しているのは議員本人だけというルールにしてくださったことです。ほとんどの議員連盟は秘書の代理出席もＯＫだから部屋は埋まるけれど、議員本人限定の方が議論は活発になります。他にも用事が多い中で時間を繰り合わせて来てくださる議員は真剣に学びたい方だけですから」

さらにマスコミに非公開にしていることも良いという。

「講師の方が安心して『ここだけの情報』を話してくださるのもありがたいですね」

高市早苗、革ジャンにオートバイで登場

自民党の参議院議員を務める山田宏は、高市早苗経済安保担当大臣とはもっとも古くから付き合いのある国会議員の一人だ。

昭和三三年一月八日、東京都《とうきょうと》八王子市《はちおうじし》で生まれた山田は、京都大学法学部を卒業後、松下政経塾に二期生として入塾する。

卒塾後は昭和六〇年の東京都議会議員選挙に新自由クラブ公認で出馬し、初当選。

新自由クラブの解散後は自民党に合流し、都議を二期務め、自民党を離党したのち、平成五年の衆院選に日本新党から出馬し、初当選を飾った。

平成八年の衆院選では落選したが、平成一一年に杉並《すぎなみ》区長選に出馬し、当選。以降、三選を果

たす。

山田は、平成二〇年四月一八日に日本創新党を結成し、党首に就任。

五月三一日には参院選の東京都選挙区に出馬するために杉並区長を辞職。参院選に日本創新党公認で立候補したが落選した。

その後、平成二四年二月に大阪市特別顧問に就任し、二カ月後には大阪府特別顧問にも就任した。山田は、この年九月、日本創新党を解党し、日本維新の会に参加する。

一二月の衆院選にも日本維新の会から東京一九区で立候補。小選挙区で落選したが、比例東京ブロックにて復活当選を果たした。山田にとっては一六年ぶりの国政復帰だった。

日本維新の会が分党することになると、平沼赳夫《ひらぬまたけお》が党首を務める次世代の党の初代幹事長に就任。平成二六年一二月の衆院選にも次世代の党の公認で出馬するが落選した。

平成二八年七月の参院選では、親交の深い安倍晋三総理の要請で、自民党から比例区に立候補し、一二番目の得票数で当選。令和元年七月の参院選でも再選され、現在二期目で、安倍派（清和政策研究会）に所属している。

山田と高市との縁は四〇年近く前にまで遡る。二人の関係は、野田佳彦《のだよしひこ》元総理をはじめ、多くの政治家を輩出した松下政経塾の先輩後輩の間柄だ。

山田は、昭和五六年に松下政経塾に二期生として入塾するが、三期下の五期生が高市であった。

昭和六〇年七月、当時、五年制だった松下政経塾を退塾した山田は東京都議会議員選挙に挑戦する。選挙区は杉並区だった。

いっぽう、昭和五九年四月に松下政経塾に入塾した高市はこの時、二年生。政治家志望だった高市は、先輩である山田の選挙を手伝うことになり、一カ月ほど選挙戦を共に戦ってくれることになった。

実は、山田の出馬した都議会議員選挙が松下政経塾の塾生たちにとっての実質的なデビュー戦であった。

すでに小野《おの》晋也《しんや》が愛媛《えひめ》県会議員選挙で当選していたが、小野の場合は現職県議の後継者として地盤を引き継いでの選挙戦だった。

裸一貫で塾生が挑戦するケースはこの都議選が始めてであり、山田のほかにも、現在、衆議院議員である松原仁《まつばらじん》も挑戦していた。

山田が当時を振り返って語る。

「当時の松下政経塾は、今のような知名度はまったくありません。お医者さんになる学校と勘違いされるほどでした。わたしの最初の都議選は、政経塾にとって最初の本格選挙でしたから塾生たちが研修で手伝いに来てくれて、高市さんもそのなかにいました。彼女は活発でしたから印象に強く残っています。関西弁で、リーダーシップもあったから目立っていました」

高市は、松下政経塾の二次試験の際に、他の受験者がスーツでのぞむなか、革ジャンを着て、オートバイで会場に来るなど、のちの片鱗をうかがわせる活発なエピソードを持っている。

山田の選挙でも高市は活躍してくれたという。

「まず名前を売らないといけませんでした。誰も知らないし、翌年に解散するほどですから新自由クラブのブームもない。だから、目立つためにラグビージャージを着て、選挙戦に臨みました。高校、大学とラグビーをやっていたので、上はラグビージャージで、下はラグビーパンツ。ストッキングやスパイクまで履いて、まるでラグビーの試合に出るような格好で選挙をやっていました。高市さんも運動員ですから、同じような格好で一生懸命ビラを配ってくれましたよ」

山田は初出馬ながら都議に当選。

その後は、都議を二期務めたのち、平成五年七月の衆院選で細川護熙《ほそかわもりひろ》が率いる日本新党から出馬し、国会の赤じゅうたんを踏んだ。

この選挙に、高市も無所属の候補者として出馬し、当選する。松下政経塾では先輩後輩だったが、国政では同期当選となったのである。

しかし、山田が二期目を目指す平成八年の衆院選で落選したこともあって、このころはそれほど交流はなかったという。

山田が国政を離れてから高市との付き合いはそれほどなかった。

だが、平成二四年三月に山田が『「日本よい国」構想』という著作を刊行した際に、高市は賞賛の手紙を送ってくれたことがあった。

山田の著作に感銘を受けたようで、高市は行く先々で『「日本よい国」構想』をバイブルとして紹介してくれたという。

高市の弱点

令和五年一一月一五日、高市早苗経済安保担当大臣は、国力増強をテーマにした勉強会「日本のチカラ」研究会を設立し、初会合を開いた。一三人が参加し、今後は議員連盟として定期的に活動していくという。

山田宏も呼びかけ人として参加した。

「昨年の九月くらいに古屋圭司《けいじ》先生と木原稔先生から、『山田さん、今度高市の勉強会をやるから、その時は頼むね』って言われていたんです。ところが、その話は進展がなく、今年の一〇月になって高市さんから『勉強会を立ち上げようと思っているけれど、協力してくれない?』と言われたのがきっかけでした」

その後、話を詰めていくと高市が案内状の見本を持ってきた。呼びかけ人には山田の名前だけが書いてある。

山田は言った。

「ちょっと待て、僕一人？　古屋先生とか他にも応援してもらった人になってもらわなくていいのか」

「いや、いろいろ考えたけれど、先輩しかおらへん」

「なんでだよ、いっぱい応援してくれた人がいただろう」

「先輩が一番波風が立たないんです。お願いします」

高市はそう言って頭を下げた。

山田は渋々了承した。

「この時期に勉強会なんか立ち上げたら、必ず総裁選がらみだといわれるが、僕は安倍派だから、呼びかけ人だからといって、総裁選で高市をすぐ応援できるかはわからないよ。それでもいいか」

「わかってます。総裁選とは直結しません。ただの勉強会ですから」

「でも、世の中はそう受け取らないぞ」

「ええ、それでいいです」

結局、山田は呼びかけ人を引き受けることにした。

実は、今回の勉強会は、前回の総裁選で高市を支援した古屋圭司らベテラン議員からは反対されていたという。

岸田政権の支持率が低下しつつあるときに、目立つ動きは慎むべきという意見が多かったのだ。

山田は語る。

「古屋先生にも相談なしで始めたみたいで、私も叱られました。やはり、岸田総理が一番苦しい時期に大臣がこういうことをやるな、ということで。高市は本当に政策の勉強が好きですから、純粋な気持ちかもしれませんが……。古屋さんは政治家には三つのSが必要だと忠告してくれました。政策、選挙、そして政局。これに強くないといけない。高市は最初の二つは抜群だけれど、最後の政局はいつも落第なんだとおっしゃってました」

山田のもとには古屋以外の議員からも注意の電話があったという。

「特に派閥の幹部クラスの方からは相当絞られました。ただ、ここで降りたら終わりなので、一度引き受けたからにはやりますすと。ただし、それが派閥としてダメならば処分は受けますとお伝えしました」

古屋圭司

勉強会には、合計一三人の議員が出席した。
ただし、入会希望者はすでに四五人もいるという。
「案内状は自民党の議員全員に出したわけではなく、高市さんと付き合いがある人たちに出しました。批判もされましたが、今でも少しずつ入会希望者から連絡がきて、増えていますよ」

総裁選に出馬するしないにかかわらず、高市が存在感をアピールすること自体は悪くないと山田は語る。

「岸田総理は面白くないでしょうが、今、自民党から岩盤保守層が離れているなかで、高市が手を挙げることは、保守系の有権者が日本保守党や参政党に流れないようにするために一つのプラスになると思うんです。そこを引き止める役割を果たすことはできる」

安倍前総理も高市に大きな期待を寄せていた。

「安倍さんは理念を大事にする人ですから、高市に投影していたと思っています。安倍さんは、総理に必要な第一条件は国家観、歴史観がしっかりしていることとよく言っていました。これだけ世界が動乱期に入って、安全保障が問題になっているなかでは、国家観や歴史観のあるリーダーが求められてきますからね」

高市は政策通として有名だが、山田はどう見ているのか。

「どんどん細かい話をすることがあるから、もうちょっと理念的なことを言った方が良いと思う。それと大衆の人気を意識してほしい。イギリスのサッチャー首相のように、言葉の力を使って、有権者に訴えかけるレトリックを大事にしてほしい。

サッチャーは労働党との討論会で『あなた方はこの赤旗に忠誠を誓っているでしょう、わたしはユニオンジャックに誓っていますから』なんて気の利いた言い方をするのが上手かった。ああいうレトリックが人を沸かせるので参考にしてほしいですね。

それとなんでも自分でやるのではなく、周りの人をうまく使って、広がりを出してほしいですね」

高鳥修一は、保守派の総裁候補として高市に期待しつつ、さらに大きく羽ばたいてほしいと期待するがゆえに、本人にもたびたび苦言を呈している。

高鳥はこれまでに四回ほど高市のことを残念に思ったことがある。

一回目は、令和四年九月に高市の勉強会を立ち上げる話が浮上したものの、「閣内にいる時はやめるべき」と古屋圭司に忠告されて、断念した時だった。

この時も高鳥は勉強会ならやるべきだと思っていた。

二回目は、令和四年一二月に防衛費増税が政局のテーマになった時だ。

この時、岸田政権は増税で対応することを決めたが、高鳥は、青山繁晴、赤池誠章《あかいけまさあき》、和田政宗とともに最後まで反対した。

高鳥たちは「祖国を子孫に残すための予算だから防衛国債にしてもいい」と安倍が提言していたように、増税ではなく国債で対応するべきだと主張していた。

この時も当初は党内で三〇人ほどの議員が反対していた。

だが、徐々に切り崩されて、最後まで戦っていたのは高鳥ら四人だけだった。

高市も「反対だから首にするなら首にしてくれ」とまで発言していたが、最後は従ってしまった。

三回目は令和五年六月のＬＧＢＴ理解増進法制定時だ。

この時も高市は直前まで反対していた。

だが、最後の段階では「党議決定を阻止できなかった段階で勝負はついている」と降りてしまった。

結局、採決に棄権したり欠席したのは高鳥ら一部の議員たちだけであった。

そして四回目は、令和五年一一月に高市が「日本のチカラ」研究会を立ち上げた時だ。

この時、高市は、呼びかけ人の山田宏にすべてを任せて、各議員に個別に声をかけることをしなかった。山田の秘書が議員会館の各事務所にポスティングする形で参加者を募っていたという。

高鳥は、本人に直接苦言を呈した。

「少なくとも保守団結の会の中核メンバーには自分で電話して、力を貸してほしいと頼まなきゃダメですよ」

しかし、高市は、「山田さんのところのリストに絶対に案内を出して欲しい人として渡しているから」と言い訳をするだけだった。

勉強会を立ち上げた時期も問題だった。

高鳥は指摘する。

「岸田政権の支持率が高い時期に始めるならばともかく、この状況でやれば、総裁選絡みと見られるのも当然。かといって、そう指摘されて、総裁選目的じゃない、と否定するのも変。政局観を疑わざるをえない」

高鳥は、高市に期待するがゆえに、安倍の気さくさや心配りを学んでほしいと思っている。

「安倍さんは夜の一〇時半くらいになると、電話をかけてくるんです。やはり、直接本人とのやりとりとなると嬉しいですよ。高市さんは電話一本くれたことがない。忙しいかもしれないけれど、もっと仲間づくりを本気でやってほしい」

高鳥は、高市に大将として堂々としてほしいと願っている。

「この間の万博の延期についても、最終的には総理に従いますとひっこめてしまった。やはり、万博延期を言うなら、北陸《ほくりく》四県の県連会長に事前に話をして、わたしはこう言おうと思うから、あなたがたもそれに呼応して声を上げてくれ、と頼んでからやってもいいわけです。根回しをしないで思い付きで言ったことを取り下げちゃうからダメなんです」

高鳥はこれまでにも高市に決起を促してきていた。

「防衛増税の時も、ＬＧＢＴ理解増進法の時も高市さんに席を立て、と言ったんですよ。その時にそういう動きをしていたら、岸田政権が低迷している今、高市さんに期待する動きがもっと起きていたと思います」

仲間づくりの努力

令和六年二月八日、自民党の保守系議員が集まる「保守団結の会」は、党本部で会合を開き、次の総裁選に意欲を示す高市早苗経済安保担当大臣の講演会を開いた。

この日の会合には、代表世話人の高鳥ら約一五人が参加した。

会の顧問も務める高市は語った。

「国家観をともにするみなさまと話ができることをうれしく思う」

さらに自身が所管する、経済安全保障上の重要情報を扱う人の身辺を国が事前に調べる「セキュリティークリアランス」（適性評価）制度を導入する法案について講演した。

会合後、高鳥は記者団に対して、所属する安倍派について「安倍晋三元総理の遺志を継承しているとは思えない」ことを理由に、同派に退会届を提出したことを明かした。

そのうえで、次期総裁選について、高市を念頭に語った。

「結果として思想信条が近い人を応援するのは自然なこと」

その後、週刊文春に『「ポスト岸田」に浮上するも高市早苗に側近が漏らす愚痴』と題した高市についての高鳥の発言についての記事が出た。高鳥が地元の支持者に高市についての愚痴を言っているとの内容であった。

その際、高鳥は、Xに次のように反論を投稿している。

《高市さんに関する文春の記事

「地元支援者にした話が文春の記事に繋がる理由」がありません。

情報源は別にあり、記事に意図を感じます。

政策をしっかりやっていることは誰もが認めています。問題は仲間作りをする努力で、本人がやれなければ代わりに本気で支える番頭が必要だと思います。

それと「言ったことは最後まで貫く」必要があります。大将がブレては部下は路頭に迷います。

時には清水の舞台から飛び降りる覚悟が必要です。

高市さんが「富士山のようだ」とは思いません。

保守派期待の星であり頑張って欲しいと願っています。》

高鳥は言う。

「次の総裁選に出馬しそうな他の候補者を見てもみんなリベラルな考えで、日本の保守的な思想や伝統、あるいは対中国観の点で安倍元総理の後継となれるような人はいません。そこは高市さんに期待しています」

その一方、高鳥は危惧もしている。

「やはり総裁選は急に誰かが人を集めてくれて、急にお神輿に乗れると思ったら間違い。今のままでは、結局、そんなに人が集まらないかもしれない。まず本人が戦う腹を決めないといけないし、そのためには一緒に戦ってくれる子分も必要。勉強会に四〇人以上在籍していても、そのうち何人が実際に推薦人になってくれるのか。残念ながら、派閥や党の幹部からいわれると、降りてしまう議員はたくさんいるんです。最後は覚悟の問題ですが、それだけの覚悟を持った議員をどれだけ集められるのか。そこは本人の仲間づくりの意欲にかかってきます」

東京一極集中を解消する

安倍派（清和政策研究会）の政治資金パーティーのキックバック問題に関する東京地検特捜部の捜査が進むなか、岸田政権は、再発防止策や派閥のあり方などを協議するために政治刷新本部を設置した。

本部長を岸田が務め、菅義偉と麻生太郎《あそうたろう》の二人の総理大臣経験者が顧問となり、令和六年一月一一日には初会合が開かれた。

さらに令和六年一月一八日には、岸田文雄総理が宏池会の解散に言及、翌一九日には解散を正式に決めて、二階俊博《にかいとしひろ》が会長を務める志帥会や、キックバック問題に揺れる清和会も解散を決めた。

政治刷新本部での議論では派閥の是非も争点となっている。菅義偉や小泉進次郎は派閥の解体を訴えている。

石破自身もかつては自らを会長とする派閥「水月会」を平成二七年九月に立ち上げ、令和三年一二月に政策グループに変更するまで六年近く活動していた。

「わたしが水月会を同志の方々と発足させるにあたっては、政策を披露できる強い集団でありたい、という思いがありました。発足から一年後には、所属議員による政策集を出しましたし、メンバーも論客ぞろいで現在も要職に就いて、第一線で活動しています」

水月会に所属していた議員は、斎藤健《さいとうけん》経済産業大臣や、田村憲久《たむらのりひさ》元厚生労働大臣など、政策通といわれる議員が多かった。

また、選挙にも強くありたい、という思いがあった。

派閥結成後、最初におこなわれた平成二九年の衆院選では全員当選を果たした。

石破も会長として派閥の候補者たちのもとを必死に応援にまわった。

しかし、そんな水月会も派閥として続いたのは六年ほどだった。

石破は語る。

「会長としてのわたしの不徳のいたすところです。振り返って思うと、やはり、政策の研究や選挙の支援だけでなく、それぞれの議員に活躍できるポストが来るかどうかも重要だったのだと思います。わたしが派閥から政策グループへの変更を望んだのも、どんなに優秀な議員でも石破派にいると大臣になれないという現状があったのを見るにしのびなかったというのがあります」

水月会が活動していた期間は、第二次安倍政権時代。石破が平成三〇年の総裁選に出馬したこともあって、総理大臣の安倍に睨まれた石破派は徹底して冷遇されてしまった。

石破は、これからの日本の政治にとって何が必要だと思っているのか。

「成長と分配の好循環といわれますが、現在の日本はそれが起きにくくなっている。まずその部分に目を向けなければいけません。日本は少子化が問題とされていますが、日本よりも出生率が低く、人口減少に苦しむ韓国や台湾、シンガポールは経済成長しているのです」

日本はここ三〇年、労働者の賃金上昇が非常に少ない悪循環に陥っている。

石破は、平成三〇年の総裁選に出馬し、現職の安倍晋三と一騎打ちで争った際に、この問題について論争をした。

「わたしは、労働分配率の低さに言及し、労働分配率を上げていかない限り日本経済は良くならないと言いました。安倍総理はこれに対し、珍しくかなり強い口調で、経済が回復する時は、一次的に労働分配率が下がるとおっしゃられていました」

共産党は、自民党政権に対して、大企業と資本家のために政治をしていると批判する。石破は、ずっとこれに反発してきた。

「自民党は、共産主義など特定の思想や信条を持たれた方々以外の、「その他大勢」の受け皿としての国民政党です。だから共産党の批判は当たらない、むしろ中小零細企業の経営者や一次産業の従事者には自民党支持が多い、と私はずっと言ってきましたが、この一〇年ほどの統計の変化を見ると、最近は共産党の批判にも一理あるような状況になっているのかもしれないと思っています。大企業は豊かになり、一億円以上五億円未満の金融資産を持つ富裕層はこの数年で三倍くらいに増えている。一方で、金融資産がゼロの人も凄く増えている。格差が拡大し、史上空前の利益をあげている企業がたくさんあるわけです」

石破はアベノミクスの問題を指摘する。

「ゼロ金利政策と円安誘導、法人税減税、この三点セットを続けて、一部の企業は大きく恩恵を被ったが、日本経済全体として思ったような成長ができなかったのは、三本の矢の最後、構造改革や規制改革のところに踏み込まなかったからでしょう。日本経済の停滞は、新陳代謝を埋めなくなった構造にあるのですから、金融政策や財政政策でできることには限界があります」

日本の経済状況は大幅に変化しつつある。

昭和三〇年代は、三種の神器といわれた白黒テレビや冷蔵庫、電気洗濯機が飛ぶように売れた。人口増があり、高齢者も少なかったため、社会保障の予算も少なくて済んだ。

企業も右肩成長が見込めたために、設備投資と賃上げに使うことができた。これが成長と分配の好循環であった。

昭和四〇年代に入ると、カラーテレビ、クーラー、自動車などへと変わっていく。

その後、景気が悪化し製造業が後退すると、公共事業などの景気対策で補っていった。

だが、いまや三Dプリンターのおかげで日本で作れるものは世界中のどこでも作れるようになってきた。

日本の資本家と労働者との関係は、外国の労働者と日本の資本家との関係に大きく変わってきている。

日本の労働者は世界各国の労働者との競争に晒されているのだ。

利益を上げられるのは、高いお金を払ってもこの製品やサービスが欲しいと言ってもらえる高付加価値型産業だけだ。

通貨安、低金利政策だけでは日本ならではの高付加価値財やサービスは生まれてこない。

石破は、今こそ農業や漁業、林業など日本のポテンシャルを生かした産業に注目すべきだと語る。

石破の師である田中角栄《たなかかくえい》は、大都市への一極集中の是正に生涯取り組んだ。

石破は、今こそこれにもう一度力を入れる必要があると言う。

「当時は均衡ある国家の発展というコンセプトでしたが、今の一極集中解消は、東京で暮らすストレスから人々を解放し、結婚・出産といったライフイベントを無理なくこなせるような余裕と、多様な価値観を実現できる環境を生み出すために必要不可欠です。それをやらないと国が滅びます。ヒト・モノ・カネが自然災害にもっとも脆弱な東京に集中しているのは危険だとしか思えません」

政治資金パーティによるキックバック問題

前回の自民党総裁選に出馬した野田聖子は、これまで自民党における派閥政治の弊害をたびたび指摘してきた。

野田は二〇年ほど前に、当時の高村《たかむら》派を離脱して以来、ずっと無派閥の議員として活動を続けてきた。

野田は、今回の派閥の政治資金パーティーによるキックバック問題をどのように見ているのか。

「わたしはずっと無派閥で活動してきたので、各派閥の運営などには、あまり感心がなかったんです。だから、最初に、キックバックの話を訊いた時も意味が分かりませんでした」

野田も自身の政治団体「二一世紀の会」で主催する政治資金パーティーはずっと開催し続けてきた。

自らパーティーを主催し、自ら収入を得て支出をしていたため、そもそも派閥からのキックバックというものはありもしない。そのため詳細を知るまで、そういった構造があること自体、ピンと来なかったという。

今回の事件を受けて、政治資金規正法の強化が叫ばれ始めているが、実際の焦点はそこにはないと野田は言う。

「今回の事件は不記載が問われているのですから、現行の法律を真面目に守ってきた人間からすると、焦点は規制の強化ではないと思っています。国会議員である前に人として、ということが問われているのではないか。法律をどうこうしても、悪いことを考える人は考えるわけですから」

さらに野田は政治資金規正法を厳しくしすぎることによって、結果的に、資産のある議員だけが活躍しやすくなるのでは、と懸念を示している。

「実際に政治家が活動するのにはお金がかかります。わたし自身は自分で必要な活動資金をパーティー収入などで得ていますが、当選回数が少ない若手議員たちは大変です」

マスコミの報道などで、多くの税金が国会議員に投入されているように思われるが、資金的に余裕のある議員は少ないのが実態だという。

秘書を雇うための人件費など、支出も多いからだ。

例えば、税金が原資の政党交付金は、毎年約三二〇億円が議員数などに応じて各党に配分される。単純計算では議員一人あたり約四五〇〇万円になる。

しかし、実際に自民党から議員一人あたりに支給されるのは、そのうちの三分の一ほどで一四〇〇万円前後だという。

「国民からは莫大な政党交付金を貰っているように見られていますが、実際、自民党の場合、議員の手元に来るのは三分の一ほど。お金がなくても良い議員が活動し続けられる制度にしないと、いけません。個人の資産がある人ばかりが生き残る時代になると、資産が乏しい議員は続けられなくなってしまい、結果的に政治を志す人が減ってしまいます」

実際に政治活動にはお金がかかる。

野田は自らの事務所の経費を公開しているが、令和四年分の選挙区支部と政治団体の合計の収入が五八三〇万五〇〇〇円で、合計の支出は五六八〇万三八一七円になる。ほぼトントンである。

収入は政党助成金が一四〇〇万円、寄付などが選挙区支部と政治団体の合計で約八二〇〇万円。政治資金パーティーが三六一四万円である。

いっぽうで、支出のうちの多くは人件費が約二六〇〇万円、事務所の家賃やコピー機、固定電話などの事務所経費が約一八二〇万円、会報誌やポスターなどの印刷費が約一一四九万円、水道光熱費が約八二万円である。

現在、税金で雇える秘書は政策秘書が一人、公設秘書が二人と合計三人だけだが、ほとんどの議員は国会や地元での活動のために私費で私設の秘書を雇っている。

野田も公設、私設含めて常時一〇人前後の秘書を雇っているが、それでも足りないくらいだという。

「現在は、SNSなども通じて、いろんな陳情があります。みんな頑張ってくれていますが、とても足りません」

政治に莫大なカネが使われているというスタンスで報じるマスコミにも問題があるという。

「議員報酬も総額で報じられますが、税引き後、そこから党費なども支払いますから、実際手元に残る歳費はそう多くない。若手議員は選挙区で知名度を上げ、支援者を増やし、地盤を強くする必要がある。ベテラン議員は支援者が多い分、各種の要望を受ける機会は増える。どちらにしろ、一定数の秘書は必要になるんです。それに、経験を積んで実績を重ねると、多くの人が訪ねて来ますから、仕事量はめちゃめちゃ増えます」

野田の活動を支えているのは、政治資金パーティーだ。三六一四万円の収入があり、全体の収入の六割ほどを占めている。

野田の政治資金パーティーは帝国ホテルで開いている。若いころ、帝国ホテルでスタッフとして働いていたため、その時の縁をずっと大切にしてきたのだ。

利益率が七割以上と言われる政治資金パーティーのなかで、野田のパーティーは異例だ。食事などにこだわり、利益率よりも支持者への感謝の気持ちを重視している。

「わたしのパーティーは、絆を作る意味で大切なんです、コミュニケーションの機会ですから。資金より政治の部分に重きを置いていますから、みんながリピーターになってくれるようなパーティーにしたいと思って、ずっとやっています」

これまで自民党の派閥の存在理由は二つあった。一つは派閥に所属することによって、資金面での援助が受けられる点。もう一つは、派閥の推薦により、大臣や副大臣、政務官、党の部会長などの人事で優遇されるという点だ。

しかし、現在、自民党が進めている刷新本部ではこの二点の廃止を検討しつつある。

野田は、宏池会（岸田派）の知り合いに、派閥の解消について質問した。

「派閥を解消して大丈夫なの？」

すると、彼は言った。

「岸田さんが好きだから、岸田さんが派閥をやめるって言ったからやめたんだ」

また、派閥を存続させる志公会（麻生派）の議員にも訊いた。

「落選中にお世話になってますから、麻生会長に恩義があるんです。だから、麻生さんについていきます」

彼らの話には共通点があった。

資金やポストではなく、派閥の領袖との個人的な繋がりが理由なのだ。

しかし、そうすると、麻生や岸田が引退すると、徐々に議員の派閥への帰属意識は薄れていくのかもしれない。

人口減少問題と戦うために

野田は、自らが政界のリーダーとなった時に取り組むべき問題として、人口減少対策を掲げる。

「明治以降の日本と令和の時代の日本の違いは、急激な人口減少。しかも、世代全体ではなく、少子化によって若い世代が減少していること。今こそ、与野党を超えて、国民全体で問題意識を共有しないといけません。さらに、それにともない憲法や民法などの法律の改正にも取り組みたい。わたしは現実主義者なので、過去ではなく、今の時代に合わせた改正が必要だと思っています。」

野田は地方主権のかたちについても考え直す時期に来ていると語る。

「地方主権という美名のもとで、地方分権が進められましたが、人口減少によって多くの自治体で過疎化が進んでいる以上は考え直すべき。例えば、大阪や東京は率先して教育の無償化ができるのに対し、地方は財政難でできなかったりする。そういう意味では、教育、福祉、医療など人間の命に関わるものは、これからは国が主導的にやっていく必要がある。地方から権限を剝奪するのではなく、国が責任を持つ時代にしないといけません」

野田は、少子化対策や子ども政策の重要性も語る。

「労働人口が減るなかで外国人労働者も必要ですが、やはり日本で生まれ育った日本人の生活や安全を守らないといけないし、淘汰させてもいけません。こども国債を発行して持続可能な財源を作っていく。一〇年、二〇年の中長期で、人の強靱化を考えていく必要性があります」

野田は、現在、自民党の総合農林政策調査会役員会の副会長を務めているが、女性議員として初の副会長だという。

「自民党の女性議員比率は約一割と少ないですから、それぞれの役割を全うしていても、その場面が見えてこない。その部分も変えたいと思っています。農業も実際には女性の労働者が多くの役割を果たしています。生の野菜を加工してソースやケチャップとして商品化する六次産業の部門は、担い手の多くが女性。彼女たちがさらに活躍できる仕組みづくりにも力を入れていきたい」

野田は女性の貧困対策にも力を入れていきたいという。

「女性が正規職員として就業できる機会をもっと増やしていきたい。そうすればそもそも貧困になりにくいですし、安定した収入が得られれば、シングルマザーでも安心してこどもを育てることができます」

人口減少は、日本の国土を守る自衛官不足の問題ともリンクしている。

野田は、この問題にも危機感を覚えている。

「現在の自衛隊員の数は約二二万人。そのうち約五万四〇〇〇人が士の階級なのですが、その三分の一が任期制の自衛官なんです。やはり、国防を担う方々ですから、待遇をより改善するなどして志願者が増えるような状況を作っていかないといけません。浜田靖一さんが防衛大臣の時にこの問題に注力してくれましたが、わたしは、自衛隊員数という観点から、国防について考えていきたいと思っています」

第五章　覚悟

岸田、覚悟の宏池会解散

安倍《あべ》派（清和政策研究会）の政治資金パーティーのキックバック問題に関して東京地検特捜部が捜査を進めるなか、岸田《きしだ》政権は、この問題についての再発防止策や、派閥のあり方などを協議するために政治刷新本部を設置した。

本部長を岸田総理本人が務めて、菅義偉《すがよしひで》と麻生太郎《あそうたろう》の二人の総理大臣経験者が顧問となり、令和六年一月一一日には初会合が開かれた。

さらに岸田総理は動く。

令和六年一月一八日には、宏池会の解散に自ら言及し、翌一九日には解散を正式に決めた。この決断の背景には、政治資金パーティー収入の裏金問題がお膝元である宏池会にも及んだことも影響していた。

一月一八日に宏池会が平成三〇年から令和二年の三年間で約三〇〇〇万円のパーティー収支を政治資金収支報告書に記載せずに裏金にしていたことが報じられ、翌一九日には宏池会の元会計責任者が政治資金規正法違反容疑で略式起訴されたのだ。

派閥を解散するという岸田総理の決断は、宏池会以外の派閥にも影響を及ぼしていく。一月一九日には二階俊博《にかいとしひろ》が会長を務める志帥会や、キックバック問題に揺れる清和会も解散を決め、一月二五日には森山裕《もりやまひろし》総務会長が会長を務める近未来政治研究会も解散する。自民党の主要六派閥のうち、平成研究会（茂木《もてぎ》派）と志公会（麻生派）以外の四派閥が解散することになった。

岩屋毅《いわやたけし》は、自ら率先して宏池会を解散した岸田総理の動きを高く評価する。

「最近の岸田さんは自ら動いて、決断しているように見受けられます。象徴的なのが宏池会の解散じゃないでしょうか。追い詰められての行動のように言われていますが、自分が先頭を走らなければ変えられないと思ったからこその行動。実際に他の派閥も宏池会に続いて解散を決めたわけですから、相当な効果があったと思いますよ」

岩屋はさらに語る。

「岸田総理が宏池会を解散したことに合わせて、他の派閥も足並みを揃えるべきだと思っています。もちろん、総裁選の時期になれば、また新たな議員グループ結成の動きは出てくるとは思いますが、現在の塊にしがみつくことは一回やめた方がいい。自民党の新しい姿を見せようとしている岸田総理の決断を党全体で支えていくことが大事だと思っています」

麻生太郎の魅力

岩屋自身も、旧来の派閥政治の在り方を見直すべき時期にきていると強く訴えて、実際に行動している。国政に復帰して以来、二四年近く所属していた志公会（麻生派）の解散を訴え、結果的に退会したのだ。

岩屋は、岸田総理が設置した政治刷新本部でも、毎回、一議員として出席し、各派の領袖や、重鎮たちが居並ぶなか積極的に発言していたという。

「政治刷新本部の会合で派閥の解消を強く呼びかけていましたから、その場で訊いていた麻生会長にもじゅうぶん、わたしの考えは伝わっていたと思います。わたしも一度言い出すと引かないタイプなので、周りから色々言われることはありませんでした。その時にすでに派閥の解散がない場合は、自らやめる決心はしていました」

令和六年一月二六日、岩屋は、志公会（麻生派）の総会に出席し、退会を表明した。

岩屋は語る。

「これからどうするかという話になったので、わたしは一番最初に手を挙げて、『わたしの意見は会長やみなさんの前で申し上げてきたとおりなので、繰り返すことはいたしません。もし志公会がこのままの形で残っていくということになるならば、今日を機に退会をさせていただきます』と伝えて、『麻生先生には改めてごあいさつに上がらせてもらいます』と言って、退席しました」

その後、岩屋は記者団にも語った。

「今は自民党の一体感が大事であり、すべての派閥は一度解散をし、更地から新しい自民党を立て直すことが大事だ」

その後、岩屋は、二月一日には、志公会の麻生太郎会長と国会内で面会し、退会届を提出した。政治資金問題が表面化して以降、志公会に所属していた議員が退会するのは初めてだった。

会談で岩屋は麻生に伝えた。

「退会させていただきます。長い間、大変お世話になりました。ありがとうございました」

麻生は無派閥になる岩屋のことを案じて訊いた。

「どうするんだ。これからは？」

「しばらく一人でじっくり考えます」

岩屋は、麻生との会談後、記者団に自らの決意について語った。

「今は自民党が解党的な出直しをしなければいけない時だと思う。その思いを持ってこれから政治改革にしっかり取り組んでいきたい」

岩屋自身、政治改革には人一倍、強い思いを持っていた。かつて岩屋は一年生議員の時に、「ユートピア政治研究会」や「政治改革を実現する若手議員の会」に所属し、志を同じくする若い議員たちと共に政治改革について日夜議論し、活発に行動していた。

当時は、リクルート事件などにより、国民の間に政治不信が起こり、冷戦終結を受けて国内政治の転換が求められた。政治改革が進まないことに業を煮やした岩屋ら若い議員たちは、当時の海部《かいふ》俊樹《としき》総理の執務室を訪ねて、議員バッジを胸から外して机の上に置き、議員の職をかける決意を示して、政治改革を迫ったこともあった。

岩屋は今回の事件が起きて、その日々を思い出していたという。

「今回の事件を機に、三〇年前の政治改革のことを思い出していました。あの時も冷戦崩壊や湾岸戦争など国際情勢が劇的に変化する時期でしたが、今回もロシアによるウクライナ侵攻があった。この三〇年で日本は国力が停滞してきましたが、今こそもう一度政治改革に取り組んで、政治のリーダーシップを再建しなければならない」

現在は、五〇人以上の議員を擁する志公会（麻生派）だが、岩屋が入った二四年前は十数人のグループで、党内では大きな派閥ではなかった。

派閥からは退会したが、岩屋は麻生と敵対するわけではなく、現在も麻生のことを尊敬しているという。岩屋が政治家としての麻生太郎の魅力について語る。

「やはり戦後の日本の土台を築き上げた吉田茂《よしだしげる》総理のお孫さんというだけあって、大局を見る力がある。政治の大きな流れをいつも考えているんです。個性的な人ですから、離れてみると少し怖い感じがしますが、『半径一メートルの男』と言われているように、そばでお付き合いすると、とても愉快な方なんです」

岸田の「キシジョン」

令和六年の通常国会で、新年度予算案審議の障壁になったのが裏金問題であった。

野党側からはこの問題について政治倫理審査会の開催が求められ、疑惑の渦中にある安倍派の幹部たちが出席に応じるかどうかが焦点とされていた。

森山裕総務会長らが調整に動くなか、安倍派からは座長の塩谷立《しおのやりゅう》のほか、五人衆といわれた派閥の幹部のうち、松野博一《まつのひろかず》前官房長官、西村康稔《にしむらやすとし》前経済産業大臣、高木毅《たかぎつよし》前国会対策委員長、さらに二階派から武田良太《たけだりょうた》事務局長が出席することが固まった。

二月二一日には、自民党は五人が政倫審に出席する意向であることを野党側に伝えて、翌日には二八日と二九日の二日間にわたって、政倫審を開催する方向で調整を進めることが確認された。

だが、その後、調整は難航していく。

野党側がテレビ中継も含めた全面公開を求めたのに対して、自民党は原則通りの非公開での開催を主張し、折り合いがつかずに当初予定していた二八日からの開催が見送られる。膠着していた事態を打開したのは、今度も岸田総理の一手だった。

二月二八日の朝、事態は急展開した。

岸田総理は、浜田《はまだ》靖一《やすかず》国会対策委員長に自ら電話をして、伝えた。

「マスコミにフルオープンで、政倫審に出席します」

浜田は驚愕した。現職の総理大臣が政倫審に出席するのは初めてだ。

午前一一時前には、岸田は自ら記者団に政倫審への出席を表明した。

岸田総理自らが動いたことにより、裏金問題に関わった安倍派の幹部たちも出席せざるをえなくなり、政倫審は二月二九日と三月一日の二日間にかけておこなわれることになった。

岩屋はこの動きも評価する。

「今回も追い込まれての行動であるかのように報じられているけれど、決してそうではない。動かないのならば、自分が動かしてやろうという決め方なんじゃないかなと思いますね」

令和三年九月に発足した岸田政権だが、当初は自民党総裁選で支援を受けた安倍《あべ》晋三《しんぞう》元総理や、党内最大派閥で百人近くの議員を抱えた清和会（安倍派）に配慮した政権運営をせざるをえなかった。

しかし、今回の裏金事件を機に、岸田総理はそのくびきから離れて、自由に動いているようにも見える。

岩屋が語る。

「宏池会の解散や、政倫審への出席など、岸田総理の大胆な決断が続いています。わたしは岸田のデシジョン（意思決定）なので、『キシジョン』と名付けているくらいですが、やはり、何か物事を動かす時はトップの決断が必要です。特に、関係者の処分などの難しい判断を迫られる時は、周りに相談しにくい場合もありますから、最終的には自分の責任で決断するしかありません」

岩屋は、岸田が総理になり、様々な困難に立ち向かっているのを見て、明治維新の元勲のひとりである西郷隆盛《さいごうたかもり》が言った次の言葉を送ったことがある。

「人を相手にせず、天を相手にせよ」

この言葉は岩屋が大事にしている言葉でもあった。

「総理大臣が相手にしているのは天だと思うので、そういう気持ちを持って頑張ってほしいという意味を込めて伝えました。最近の岸田総理の動きを見ていると、本当にそういう気持ちで立ち向かっているんじゃないかと思いますね」

派閥解体の動き

令和六年一月二五日午後、自民党は党本部で岸田総理も出席し、臨時の総務会を開いて「政治刷新本部」の中間とりまとめを決定した。

中間とりまとめでは、今回の事件について「自民党として真摯に反省するとともに国民に深くおわびし、関係者による明確な説明責任に加え、政治責任についても結論を得る」と明記。政治資金の透明性を高めるために、派閥の収支報告書の提出にあたり、外部監査を義務づけることや、会計責任者が逮捕・起訴された場合に、議員を処分できるよう、党則を改正するとした。

また、国会議員の政治資金パーティーの収入は、銀行振り込みを基本とし、収支報告書はオンラインで提出するとした。

さらに、各党と真摯な協議を行い、政治資金の透明化や公開性の向上、逮捕された議員の報酬のあり方などについて政治資金規正法の改正など必要な法整備を速やかに行うことも決めた。

いっぽうで、派閥については本来の「政策集団」に生まれ変わるために、カネと人事から完全に決別すると説明し、具体的な方策として、政治資金パーティーの開催禁止や、冬と夏に派閥を通じて議員に配っていた活動費、いわゆる「もち代」と「氷代」を廃止し、活動を党本部で行うなど政治資金を最小限に抑える工夫をするとした。

加えて、人事の働きかけや協議は行わず、政治資金規正法違反などが明らかになった場合は、党が審査し、事案に応じて解散や一定期間の活動休止を求めることも盛り込んだ。

総務会で岸田総理は語った。

「わたし自身が先頭に立って、まずは中間とりまとめの内容を実行する努力を続けていかなければならない。政治改革に終わりはなく、政治と党の信頼回復のために議論を続けていかなければならない」

政策集団としての派閥は容認されたものの、自民党における派閥解消の動きは想像以上の勢いで進んでいる。

岸田総理が宏池会の解散を明言して以降、清和会（安倍派）、志帥会（二階派）、近未来政治研究会（森山派）が解散を決め、解散をしていない平成研究会（茂木派）からも小渕《おぶちゆうこ》優子選対委員長や関口昌一《せきぐちまさかず》参議院議員会長ら有力者の退会が続いている。

いまや自民党の国会議員のうち、八割近くの議員が無派閥となっている。

志公会（麻生派）を離脱した岩屋はこれまでの派閥政治の問題点について語る。

「今までの派閥はあまりにも閉鎖的だったと思います。一度入ったら二度と抜けられないようなところがありましたから。それと派閥政治が横行すると、どうしても数人の派閥の領袖だけで物事を決める政治になってしまう。

派閥の本来の目標は自分たちが考えるリーダーを総理大臣にして、自分たちが考えてきた政策を一つでも実現していくことですから、今後は、総裁選が起きるたびに、新しい動きが出てくると思います。実際に、総裁選などのたびに地殻変動が起こってきた歴史があります。派閥が政治の主役だったこれまでの体制をいったん壊して、新しいものを生み出していけば良いのではないでしょうか」

岩屋は具体的な改革案についても語る。

「まずは国民の信頼をどう取り戻すかが何より重要です。政治資金規正法を適切な形で厳格化、厳罰化の方向で改正し、さらにそのうえで、令和臨調が提言しているように、政治とカネを監視する強い権限を持った独立性の高い第三者機関を設置する。すべての政治団体はそこに登録し、違反があった時には返金を命じたり、登録の取り消しなどができるようにしていくべきでしょう」

男子校の先輩が女性になっていた

令和五年六月には、ＬＧＢＴ理解増進法が制定されたが、岩屋毅は、超党派のＬＧＢＴに関する課題を考える議員連盟（略称・ＬＧＢＴ議連）の会長を令和五年二月から務めている。

「以前は馳浩《はせひろし》さんが会長を務めていたのですが、馳さんが石川《いしかわ》県知事になった時に後任を頼まれたんです。一部の勢力からは攻撃されると思いましたが、引き受けました」

岩屋自身、かつて身近に悩みを抱えていた人がいたという。

今から二〇年以上前、岩屋が議員会館の事務所に帰ると、秘書が言った。

「先ほど、ラ・サール時代の先輩とおっしゃる女性が訪ねて来られて、また来ると言って帰られました」

「ラ・サールは男子校だ。女性の先輩などいないぞ」

後日、その先輩が議員会館をまた訪ねてきた。在室していた岩屋が会ってみると、間違いなく先輩であった。

岩屋は、その先輩から当事者が抱える深い悩みを聞き、ＬＧＢＴの問題を強く認識するようになった。

そして、その先輩の要望を受けて、当時、課題となっていた性同一性障害特例法の制定のために動いた経験があった。

岩屋がさらに語る。

「これからの日本は、一人ひとりの個性を大事にしながら、寛容で多様性のある社会を作っていかなければいけません。性的マイノリティーの人はもちろん、女性、高齢者、外国人、障がい者、さまざまな人たちが活躍でき、多様性を包摂できる社会を目指すのがひとつの方向性だと思います。違うものが混じり合ってこそ、イノベーションも起きるのです」

優れたリーダーの決断

木原《きはら》誠二《せいじ》は、令和五年九月の内閣改造によって官房副長官と総理大臣補佐官を退任するが、その後の党役員人事では幹事長代理と政務調査会長特別補佐を兼任することになる。

これまで自民党の幹事長代理は閣僚経験者が務めることが多いポストだったが、入閣経験のない木原の起用は異例の人事として党の内外に受け止められた。

さらに幹事長代理と政務調査会長特別補佐を兼任したことは、岸田総理が木原を通じて、党運営と党の政策立案のそれぞれを把握しようとしているとして、話題になった。

二月二九日には、岸田総理は衆議院の政治倫理審査会に出席し、派閥による不適切な政治資金の処理についてメディアからも注目を集めた。

安倍派（清和政策研究会）の政治資金パーティーのキックバック問題が明らかになって以降、岸田文雄総理が自らの決断によって、局面を打開していく場面が多く見られるようになっていく。

令和六年一月一八日には、岸田総理は自身が会長を務めていた宏池会の解散に自ら言及し、翌一九日には解散を正式に決めた。

「国民に多くの疑念を招き、政治不信を引き起こしていることに対し自民党総裁として心からおわびを申し上げる」

現職の総理大臣が政倫審に出席するのは過去に例のないことであった。

宏池会の解散と政倫審への出席。

この二つの決断は岸田総理の腹心である木原にとっても、非常に驚くことだったという。

「この問題について事前に岸田総理と話をする、対応を検討する機会は幾度とありましたが、そのような決断をするとは思いませんでした。ただ、後から振り返って考えると、それだけ岸田総理は自分で突破口を開かなくては、という強い危機感を持っておられたということではないでしょうか」

岸田政権では令和四年一二月に「防衛力整備計画」を定めて、令和五年度から五年間の防衛力整備の水準を四三兆円程度とし、防衛費のＧＤＰ比二％を打ち出すなど、防衛力の抜本的な強化に取り組んでいる。

木原によると、この時も岸田総理自身が最終的な決断を下したという。

「財務省と防衛省ではそれぞれの意見に乖離がありました。こちらとしては比較的穏当な落としどころにするべきでは、と意見しましたが、厳しい安全保障環境を踏まえ、岸田総理が最終的に防衛省の意見に軍配をあげました。常にご自身の決断で道を開いていくということに徹しておられるのだと思います」

柔和な外見から温厚に見られる岸田総理だが、政治的な判断が必要とされる場面では、時として自ら決断している。

木原が語る。

「過去の総理大臣の方々もそうですが、優れたリーダーは常にそういう決断をするものだと思います。ただ皆さんの想像される岸田像と違うから、そこにギャップを感じられるところがあるのかもしれません」

魅了する安倍晋三

七期目の衆議院議員で、これまでに官房長官や厚生労働大臣、内閣府特命担当大臣、自民党総務会長などを歴任してきた加藤勝信《かとうかつのぶ》は、令和六年九月の総裁選に立候補するが、大蔵省入省後、倉吉《くらよし》税務署長や渡辺秀央《わたなべひでお》内閣官房副長官の秘書官、主計局主査（労働予算担当）、主計局主査（防衛予算担当）などを歴任。さらに、羽田孜《はたつとむ》内閣で農林水産大臣を務める加藤六月《かとうむつき》の大臣秘書官を務めることになる。

勝信は、昭和六三年四月、加藤六月の次女の周子と結婚し、加藤家に婿入りし、以降は加藤姓を名乗ることになった。

この結婚の際には、加藤六月が派閥の幹部を務めていた安倍派（清和政策研究会）の領袖の安倍晋太郎《しんたろう》幹事長が仲人を務めてくれた。

山梨《やまなし》県鳴沢《なるさわ》村には、安倍、加藤両家の別荘が歩いて行ける距離にあり、毎年、家族ぐるみの付き合いをしていた。加藤勝信も安倍晋太郎の長男で秘書を務めていた安倍晋三とも自然と親しくなっていく。

安倍晋太郎が平成三年五月一五日に亡くなると、加藤六月は、安倍派の後継を巡って三塚博《みつづかひろし》と争い、結果的には派閥だけでなく自民党も

安倍晋太郎

飛び出すことになる。

平成七年九月、加藤勝信は大蔵省大臣官房企画官を最後に退官。退官後は加藤六月の秘書となった。

その後、加藤勝信は、平成一〇年の参院選に岡山《おかやま》県選挙区から無所属で出馬したが四位で落選。さらに平成一二年の衆院選では義父と同じ選挙区でライバルだった橋本龍太郎《はしもとりゅうたろう》に誘われて、自民党から中国《ちゅうごく》ブロックの比例代表で出馬する。だが、ふたたび落選した。

ちなみに、加藤六月はこの衆院選に出馬せず政界を引退した。

二度の落選を経験した加藤勝信が念願の国会議員となるのは、平成一五年一一月九日の衆院選だった。

この時は、比例中国ブロック単独三位で自民党から出馬し、初当選を果たし、平成研究会（橋本派）に所属する。

加藤勝信は、令和四年七月八日に亡くなった安倍晋三元総理との親交も深かった。

義父の加藤六月は清和会の幹部として、安倍の父親の安倍晋太郎を総理にしようと全力で尽くしていた。

また加藤六月の妻で、加藤勝信の義母にあたる睦子《むつこ》夫人は、晋太郎の妻の洋子《ようこ》夫人と親しく、姉妹と評されるほどに息が合った。

第二次安倍政権は七年八カ月という長期政権となった。政権の発足以来、加藤は官房副長官や厚生労働大臣など、要職に起用され続けたが、長期政権が実現した秘訣をどのように見ているのか。

「安倍政権が長く続いたのは、安全保障の強化や経済再生など、政権が何をやりたいかがはっきりしていたことですね。有権者から見て好き嫌いはあったとしても、何に取り組むのかはわかりやすいし、また、重要な政策を実現させていた。それともう一つは安倍さんの持つ天性の明るさ。明るさを持ちながら、ある部分では攻撃的なところもあって、その両面のキャラクターに魅了された人も多かったと思います」

安倍は人間関係を凄く大事にしていた。加藤が見ていて「そこまでしなくても……」と思う場面も多々あるほど、細やかな心配りをしていた。

「わたしだけに限らず、何かあると必ず丁寧にレスポンスされていました。そういう一つひとつのマメさが安倍さんに対する信頼や支持につながっていったと思います」

安倍のそばで、多くの重要な場面に立ち会えたことは、加藤の大きな財産になったという。

「首脳会談の現場にもたびたび同行させてもらいましたが、言うべき場面ではきっちり主張をしつつ、相手と本音を言い合える関係を作っていました。安倍さんが提唱した『自由で開かれたインド太平洋』のように、欧米各国が追認するものも出てきたほど。安倍総理のもとでいろんな仕事をさせてもらったことが、今のわたしの基盤になっていると思っています」

解散につぐ解散

清和政策研究会（安倍派）の政治資金パーティーの裏金問題が発覚すると、令和六年一月一八日には、岸田文雄総理が宏池会（岸田派）の解散に言及し、翌一九日には解散を正式に決めた。さらに同日には、清和政策研究会と二階俊博が会長を務める志帥会（二階派）も解散を決定する。その後、一月二五日には、近未来政治研究会（森山派）も臨時総会を開き、派閥の解散を決定した。他の三派閥とは異なり、裏金問題に関係していなかった近未来政治研究会の解散は永田町《ながたちょう》に衝撃を与えた。

岸田総理が派閥の解散に言及してからわずか一週間ほどで、自民党の主要六派閥のうち、志公会（麻生派）と平成研究会（茂木派）をのぞく四派閥が解散を決めたのである。

そのいっぽうで、麻生太郎副総裁が会長を務める志公会（麻生派）と、茂木敏充《としみつ》幹事長が会長を務める平成研究会（茂木派）は派閥を解散することはしなかった。

だが、脱派閥の流れはこの二つの派閥にも波及する。麻生派では岩屋毅元防衛大臣が退会を表明し、茂木派からも派閥を退会する議員が続出した。

一月二六日には小渕優子選挙対策委員長と青木《あおき》一彦《かずひこ》参議院議員が退会し、さらに一月三一日には関口昌一《せきぐちまさかず》参院議員会長、石井準一《いしいじゅんいち》参院国対委員長、福岡資麿《ふくおかたかまろ》参院政審会長、船田元《ふなだはじめ》元経企庁長官、西銘《にしめ》恒三郎《こうざぶろう》幹事長代理、古川禎久《ふるかわよしひさ》元法務大臣が退会した。

結局、茂木派は、令和六年四月一七日、自民党本部で会合を開き、政治団体としては解消を決定した。

茂木敏充

茂木幹事長は集まった所属議員たちを前に語った。

「新たな政策集団に転換していくことを基本に、政治団体の届け出をリセットする方向で検討したい」

五月以降はこれまでおこなっていた所属議員に対する月五万円の会費の徴収を廃止し、永田町の派閥事務所の解約も決めた。

茂木が会長に就任した令和三年一一月から、平成研究会の副会長を務めていた加藤勝信はこの問題について、どのように考えていたのか。

「宏池会、清和会、志帥会が解散し、さらに政治資金問題と関係のない近未来政治研究会までが解散した影響はやはり大きかった。派閥の存在そのものが多くの有権者から疑問視されるなかで『平成研究会も一度はっきりさせるべき』という声は派内にも相当ありました」

加藤自身、この裏金問題が発覚した当初、結果的に平成研究会の解散につながるような問題になるという認識はあまりなかったという。

「最初は『他の派閥の話じゃないか』と思っていました。しかし、様々な議論が出てくるなか、国民から派閥がどう見られているのかを考えて、新しい政治を作り上げていく必要があると思うようになりました。そのことは派閥の総会でも伝えさせてもらいました」

加藤自身、当選前の浪人中の期間も含めて、二〇年以上所属していた平成研究会に対して思い入れがないわけではなかった。

誘ってもらった橋本龍太郎元総理や、祖父の代からの親交がある青木幹雄《みきお》をはじめ、多くの先輩議員から政治家として必要な心構えなど、様々なことを教えてもらったという。

「元々、義父の加藤六月は自民党に所属していた時は清和会でした。わたし自身は国政を目指すなかで橋本龍太郎先生にお声がけをいただいて以来、ずっと平成研究会に所属していますから、派閥への愛着は誰よりもあります。清和会ではなく平成研究会に入ることになった時も、わたしの祖父の室崎勝造《むろさきかつぞう》が竹下登《たけしたのぼる》先生に近い島根《しまね》県議でしたから、違和感はありませんでした」

緊急事態のための憲法改正に向けて

令和五年一〇月、加藤勝信は、自民党の憲法改正実現本部の事務総長に就任した。九月一三日におこなわれた内閣改造で、それまで事務総長を務めていた新藤義孝《しんどうよしたか》が経済再生担当大臣として入閣したため、その後任として起用されることになったのだ。

古屋圭司《ふるやけいじ》が本部長を務める憲法改正実現本部は、全国対話集会の開催など憲法改正の機運を高めるための活動に従事しており、事務総長はそのための司令塔役的存在だ。

岸田文雄総理は、就任以来、自らの総裁任期となる令和六年九月末までに憲法改正を実現することに意欲を示してきた。

岸田は、総理に就任する前まではハト派の流れをくむ宏池会（岸田派）出身ということもあり、加藤勝信が薫陶を受けた安倍晋三元総理のように憲法改正に熱意を示すことはなかった。

だが、総理就任以降は、自民党の岩盤支持層と言われる保守層からの支持を引き留める手段として施政方針演説などでたびたび憲法改正に言及し、意欲を見せていた。

令和六年の通常国会は、総裁任期中の憲法改正を目指す岸田総理にとって、最後のリミットでもあった。

憲法改正を実現するためには、この通常国会で改正原案を国会に提出し、衆参の憲法審査会で審査を経て、両院の本会議で三分の二以上の賛成を得て発議する必要があった。

現在の国会の構成では、改憲に前向きな自民党、公明党、日本維新の会、国民民主党など四党一会派が衆参で改憲案の発議に必要な三分の二以上の議席を有している。

そのため、改憲に慎重な野党第一党の立憲民主党や、共産党、社民党などを外して、条文化を進めるべきとの声も上がっていた。

しかし、この通常国会では改正原案の国会提出は見送られた。最大の焦点となっていた政治資金規正法の改正に影響が出るとの判断から、岸田総理は憲法改正の発議を断念せざるをえなかった。

加藤勝信が、憲法改正の今後について語る。

「この通常国会では無理でしたが、今後も国民投票に向けて、環境を整備していきたい。憲法審査会での議論を形にして国民投票ができるように進めていきます」

自民党は、平成三〇年に憲法改正で盛り込む条項として「自衛隊の明記」、「緊急事態対応」、「参院の合区解消」「教育の充実」の四項目をまとめた。

このうち自民党がこの通常国会で突破口として狙いを定めていたのが、緊急事態で選挙ができない場合に国会議員の任期を延長するという条項で、新型コロナウイルス禍や大規模災害の多発を背景に、衆院の憲法審査会で議論を具体化してきた。

加藤が語る。

「緊急事態において、国政選挙ができない場合、国会機能をどう維持するのかということに対しては公党間の議論も相当煮詰まってきました。秋の臨時国会で憲法改正原案を提出できるように、議論を進めていきたい」

通常国会の衆院憲法審査会では、自民党、公明党、日本維新の会、国民民主党など四党一会派が議員任期を延長する条項について条文化を提案し、論点整理がおこなわれた。

しかし、野党第一党の立憲民主党や、共産党は条文化作業に対しては消極的な姿勢を崩していない。六月二八日の衆院憲法審査会の幹事懇談会も、四党一会派の幹事のみでの開催となり、立憲民主党と共産党の幹事は参加しなかった。

加藤が語る。

「全政党が納得するかたちで憲法改正を実現することは決して簡単なことではないが、閉会中も精力的に議論を詰めていきたい」

自民党は、今後憲法改正の条文化に向けて、衆参両院で意見のすり合わせを進めていくという。

七月五日には、憲法改正に向け党内意見を集約するためのワーキングチーム（WT）の初会合が永田町の自民党本部で開かれた。

WTは自民党憲法改正実現本部の下に設置され、メンバーは衆参各五人の計一〇人の国会議員で構成される。

衆院側はいずれも憲法審査会の幹事を務める加藤勝信のほかに、船田元《ふなだはじめ》、小林鷹之《こばやしたかゆき》ら、参院側は岡田直樹《おかだなおき》、片山《かたやま》さつき、磯崎仁彦《いそざきよしひこ》らが参加している。この日の初会合には本部長の古屋圭司も出席し、約一時間二〇分協議した。

衆院の憲法審査会では、緊急事態での国会議員の任期延長について論点整理が示されたが、参院側では現行憲法に緊急時に参院が「緊急集会」で国会の機能を代行できる規定があるために任期延長への警戒感も強かった。

今後、ＷＴでの協議を鋭意進め、必要に応じて岸田総理に出席を求めながら意見集約を急ぐという。

地方過疎化

加藤勝信は、安倍政権で厚生労働大臣を務め、菅政権で官房長官を務めるなど、新型コロナウイルスへの対応にも尽力している。加藤が当時を振り返って語る。

「コロナ禍で対応に苦慮したことは、やはり未知のウイルスにどう対峙するかという点。それと菅総理のもとでワクチンの接種を積極的に推進したことですね。新型コロナへの対応については様々な評価があると思いますが、欧米からは、高齢化が進む日本で一定の抑え込みに成功したと評価されているようです。今回の対応を検証しながら、今後の感染症対策に活かしていかないといけないと思っています」

三年近くに及んだコロナ禍での生活は、少子化を一層進め、地方の過疎化のスピードも早めたと言われている。

「わたしの選挙区は中山間地が多いので、一〇年後どうなるかという不安を持った有権者も多い。子育てや医療、公共交通など地域に欠かせない機能は残していかないといけません。人口減少が進むなかでも、将来の見通しが持てるような持続可能な仕組みづくりを打ち出していくことが必要です」

加藤は、さらに高齢の単身者の問題にも取り組んでいるという。

「身寄りなし問題にも取り組んでいますが、今、一人暮らしの方がどんどん増えているんです。おひとりで暮らしていても元気なうちは良いけれど、何かあった時にどう対応できるのか。その地域で安心して生活が続けられる環境づくりに各自治体はもちろん、国も問題意識を持って、取り組んでいかないといけません。都市への一極化が進んでいますが、地方の機能があるから、都市も生きる。都市が頑張るから地方も生きるわけで、相互に補完し合う部分がある。地方の衰退は結果的に都市や国土の衰退につながるという強い危機感を持っています」

地方は人口減少の最前線でもある。

「例えば二〇四〇年には生産年齢人口が二〇二〇年に比べて、約二割の一三〇〇万人減少すると推計されています。今後は、ＡＩやロボットの活用などを相当意識的に前倒しで進めていかないと、生活を維持するためのサービスの提供が難しくなることが懸念されます。特に医療や介護の人手不足は厳しいですから、相当問題意識を持ちながら、具体的目標を設定し、年々着実に進めていかないといけません」

その一方で、加藤は展望もあると語る。

「将来に向けての展望が見えにくい時代ですが、地元のミニ集会などで若い人と話をすると『こんなことがやりたい』『こういうことを進めている』と語ってくれる人は多い。すごく元気が出ますし、将来への希望も感じますね」

総裁選が九月に迫るなか、加藤勝信に対して、総裁選への出馬を期待する声も高まりつつあった。

令和六年五月一六日には、加藤は、インターネット番組に出演して、総裁選への立候補の意欲を問われて語った。

「求められるものがあれば、しっかり応じていくのは基本だ」

また総務会長時代に「高みを目指したい」と言及した過去に触れつつ、気持ちは変わっていないと語った。

「常に何をするにしても、首相だったらどう考えるかという思いを持ちながら、これまで取り組んできた自負がある」

加藤は自らが総理大臣になった時、どのような日本を目指したいのか。

「外交的には、平和安全法制の制定に取り組んだ第二次安倍政権以降の流れを踏襲し、我が国の国益を第一に考え、人々の自由な経済活動を守っていくために防衛力強化に取り組んでいきたいと思います。わたしも第二次安倍政権時代に、安倍総理の外遊に同行し、安倍総理が各国の首脳と強固な関係を作っていく場面にたびたび立ち会わせてもらいました。友好国との強力な関係も作りながら、そのいっぽうで、日本としての防衛力を充実させていくことが重要です」

現在、アメリカやイギリスがウクライナへの武器や弾薬の支援を行なっているが、今後は同盟国や同志国間で、有事に備えて、装備品の共有を推進していく必要があるという。

日本は、今後、航空自衛隊の次期戦闘機について、イギリスとイタリアとで共同開発をおこなう。この計画には、日本からは三菱重工業とＩＨＩ、三菱電機、イギリスからはＢＡＥシステムズとロールス・ロイス、イタリアからはレオナルド社とアビオエアロ社などの企業が参加し、試作機による試験などを実施して二〇三〇年前後に製造を開始し、Ｆ２戦闘機の退役が始まる見込みの二〇三五年までに配備を開始する予定だ。

加藤が語る。

「今日の厳しい国際情勢の中で日本一国だけで対応することは難しいですから、アメリカとの関係強化はもちろん、同志国間での協力関係を深めて、有事に柔軟に対応できる体制を作っていくことが必要です」

アメリカとの関係を強めていく一方で、中国との関係はどのように考えるべきなのか。

「中国はアメリカを意識した覇権国家としての歩みを進めているのは間違いないと思います。日本は日米同盟を中心にしながら、中国との関係も距離の近さもあり意識せざるをえません。経済的には相互に依存関係があり、経済安全保障の視点は持ちつつ、我が国の国益を守り、追求していくためにはどのような対応が必要かを不断に考えていくべきと思います」

岸田には感情の起伏がない

令和三年一〇月に誕生した岸田政権はすでに三年近くの長期政権となっている。

平成元年以降に誕生した政権では、七年八カ月続いた第二次安倍晋三政権、五年五カ月続いた小泉純一郎《こいずみじゅんいちろう》政権に次ぐ長さとなっている。

木原誠二幹事長代理は、岸田総理が再選を目指すに足りる十分な実績を残していると語る。

「岸田総理は総理大臣に就任されてからの三年で、防衛力の抜本強化、原発の再稼働推進、新増設の検討などのエネルギー政策の転換、抜本的少子化対策の実施、日韓関係の改善、対ロシア外交の転換、デフレからの脱却と賃金の上昇などに取り組むなど、その実績は十分だと思っています」

岸田総理が自民党総裁に再選された場合、今後の三年で取り組むべき課題としては何があるのか。

「憲法改正と政治改革、それと現在も取り組んでいる国民経済のさらなる向上。この三本柱に取り組むべきだと思っています」

実際、岸田総理自身、内政でも外交でも精力的に総理大臣の職務に取り組んでいる。

通常国会の閉会を受けた記者会見では、秋以降の政権運営を睨み、電気・ガス料金を引き下げる補助金を八月から一〇月の使用分に限って再開させるなど経済対策を打ち出した。

外交面でも七月にはアメリカのワシントンであった北大西洋条約機構（ＮＡＴＯ）首脳会議に出席し、八月にはモンゴルやカザフスタンなどを訪問する。

木原が語る。

「わたしは週に一、二回ほど面会しますが、気持ちはまったく折れていないと感じています。実際、各地を飛び回っていますから、やる気は満々だと思います」

腹心である木原の前でも岸田総理は本心を出すことはほとんどないという。

木原は語る。

「岸田総理は、感情の起伏が非常に少ない方です。それは為政者にとっては非常に重要ですよね。わたしはわりと感情の起伏が激しいほうですから、その部分は羨ましいくらい。それと何か決断をされるときも、スパっと決める。わたしはああでもない、こうでもないと考える方ですから、その部分も羨ましいですね」

岸田総理が再選に向けて、総裁選への出馬を明言するのはいつごろになるのか。

「出馬の是非については、出馬を検討する他の候補者に迷惑とならないよう、現状を見て、遅くとも八月中下旬までには、最終的に判断されると思います」

今年は一一月に予定されているアメリカの大統領選挙だけでなく、イギリスやフランス、韓国やインドなどでも大型の国政選挙がおこなわれている。

木原は、国際情勢が激動の時だからこそ、岸田総理の本領が発揮される時だと語る。

「世界が激動の時こそ、日本の政治は安定する必要があり、外交力も問われます。実際、世界の平和と安定に向けて、日本の役割に対する国際社会からの期待も高いものがあります。そういう意味では、第二次安倍政権で四年八カ月外務大臣を務め、総理大臣としても三年近くトップ外交をおこなってきて、『フーミオ』の愛称で世界各国の首脳から知られている岸田総理の外交力は本当に必要です」

宏池会が果たしてきた使命

池田勇人《いけだはやと》をはじめ、大平正芳《おおひらまさよし》、鈴木善幸《すずきぜんこう》、宮澤喜一《みやざわきいち》、岸田文雄とこれまでに五人の総理大臣を輩出した宏池会は、創設以来、六六年もの歴史を誇る自民党きっての保守本流の名門派閥だった。

岸田総理が派閥の解散を決断し、その後、令和六年一月二三日の派閥の臨時議員総会で正式に解散が決まってからは、六月一七日に全国町村会館にあった派閥の事務所が閉鎖され、現在は政治団体としての解散届の提出に向けて準備が進められている。

解散することになった宏池会だが、今でも議員同士の繋がりはあるという。

平成一七年の衆院選で初当選して以来、宏池会に所属していた木原誠二幹事長代理が語る。

「旧宏池会の同志としての繋がりは今もありますし、固いものです。皆次の総裁選で岸田総理に再選してほしいという思いは強く持っていると思います」

七月三〇日の夜には、赤坂《あかさか》の議員宿舎に宏池会の事務総長の根本匠《ねもとたくみ》元厚生労働大臣や、小野寺《おのでら》五典《いつのり》元防衛大臣ら、二〇人ほどの宏池会に所属していた議員が集まり、岸田総理の再選を後押しするために結束を確認している。

新人議員時代に宏池会に入会した木原だが、実はそれ以前から宏池会との関係は深かったという。

旧大蔵省に入省した際には、身元引受人に武蔵高校の先輩にあたる宮澤喜一元総理になってもらっていたという。

さらに政治家としては大平正芳元総理をもっとも尊敬していた。

また、木原が宏池会に入会する直接の縁は、岸田の前に派閥の会長を務めた古賀誠《こがまこと》元幹事長との関係も大きかった。

木原は、財務省の主計局時代、たびたび古賀のもとに予算の説明のために足を運んだ。

その時に古賀の知遇を得たことが衆議院議員に転身するうえで大きなきっかけとなったという。

木原自身、宏池会が掲げていた保守本流としてのスタンスは日本の政治において重要な役割があったと思っている。

「今、世界各国を見渡すと、極右や極左など極端な主張を訴える政治勢力が伸長しています。日本でそういう勢力がなぜ大きくならないのかといえば、やはり、宏池会や平成研究会のような保守本流の政治勢力があり、国民生活や経済の安定を重視する姿勢が国民からも支持されてきた歴史があります。派閥という形はなくなりますが、宏池会が掲げてきた理念や、果たしてきた役割は今後も大事にしていきたいと思っています」

石破が岸田を支える？

自民党の最大派閥の清和政策研究会（安倍派）の最高顧問を務めていた衛藤征士郎《えとうせいしろう》元衆院副議長は、令和六年九月の自民党総裁選において石破茂《いしばしげる》陣営の中心人物として動き、石破総理誕生の立役者となった。岸田総理が不出馬を表明する前は、衛藤は、岸田再選を前提に石破が岸田に協力し、二人でタッグを組むことを模索していた。

衛藤は、岸田総理の苦悶を見ながら思っていた。

〈自民党にとって最大の危機だ。だからこそその危機に渾身の力で対応している岸田総理総裁を一丸となって支えなくてはいけない〉

衛藤は、元々親しい間柄である石破茂元幹事長ともそのことについて話をしていた。

石破は、第二次安倍政権の途中で閣外に転じて以来、自民党内では非主流派の立場だった。しかし、有権者や自民党員からの支持は高く、世論調査などでは常に期待を集めていた。

衛藤はそんな石破のことを以前から高く買っていた。

衛藤征士郎

日本で一番人口の少ない鳥取県を選挙区とする石破は誰よりも地方を大事にする政治家であった。大臣として地方創生に熱心に取り組んだだけでなく、農林水産大臣も経験し、農政の専門家であった。防衛庁長官や防衛大臣も歴任し、安全保障政策にも精通している。

また、自民党が野党に転落していた時代には政調会長として当時の民主党政権と対峙し、その後、政権復帰の際には幹事長として選挙の陣頭指揮をとっている。豊富なキャリアを持つ石破を非主流派のままにしておくのは自民党にとって損失であった。

令和六年三月ごろ、衛藤は石破と会談した際に言った。

「石破さん、我々で岸田政権を支えていこうじゃないか」

衛藤の呼びかけに石破は前向きに応じてくれた。

「先生のおっしゃる通りです。支えないといけません」

衛藤はさらに提案した。

「その気持ちがあるなら、もし、岸田総理が内閣改造や党役員人事をおこなった時に、石破さんに協力してほしいと要請があったら受けてくれるね？」

「ええ、受けます」

岸田総理と石破が協力する体制が作れば、自民党の苦境を救うことができる。

安堵とした衛藤はさらに動いた。

岸田総理にそのことを伝えた。

「総理、石破さんはいつでも総理に協力すると言っています。人事をする際には考えておいてください」

衛藤の提案を岸田総理は否定することはなかった。むしろ前向きな様子であった。

「わかりました。考えておきます」

この時は具体的なポストについてやりとりがあったわけではなかった。

ただ衛藤は、岸田を石破が支える体制ができれば岸田政権も持ち直すと期待していた。

岸田総理から前向きな感触を得て以来、衛藤は「岸田総理がいつ石破を起用するのか」とやきもきしていた。

岸田総理にもたびたびせっついていた。

八月一一日にも衛藤は岸田総理に問いただしていた。

「総理、石破さんに、人事の件、相談しましたか？」

岸田は言った。

「いや、まだしていません」

衛藤はその時の岸田の様子から以前との変化を感じ取り、「もしかしたら不出馬の場合もあるのか……」と考えたという。

結局、衛藤の構想は実現することはなかった。

が、岸田総理が再選を断念し、岸田総理が不出馬を表明したからだった。

要職に起用された石破が岸田政権を支えていくという人事構想は実現しなかった。

だが、この構想は、結果的に総裁選で石破が岸田の支援を得る素地となっていく……。

岸田の不出馬表明で動き出す面々

いっぽう、福岡《ふくおか》県一一区選出の衆院議員の武田良太は、令和六年九月の総裁選で石破茂元幹事長や小泉進次郎《こいずみしんじろう》元環境大臣を支援し、石破新総理誕生のきっかけを作った。

武田は、岸田文雄政権の支持率が低迷し、九月に自民党総裁選が迫るなか、菅義偉前総理と頻繁に意見交換をしていた。

菅内閣で総務大臣を務めた武田は、ともに閣僚を務め、「ＨＫＴ」と称される加藤勝信や萩生田光一《はぎうだこういち》といっしょに、定期的に菅と会合をするなど近い関係にあった。

菅は武田と会うと、よく言っていた。

「次の総裁選は国民の声が反映されるようなものにしないといけない。国民から期待されている小泉進次郎や石破さんが出馬できなかったら、自民党は見放されてしまう」

武田も菅の考えに同意していた。

自民党の現状に強い危機感を持っていた菅は、令和六年六月二三日、文藝春秋のオンライン番組に出演して岸田総理を表立って批判した。

「総理自身が派閥の問題を抱えているのに、責任を取っていなかった。いつとるのか。いつ言及するのか。その責任に触れずに今日まで来ている」

菅はそう語り、総裁選で自民党の刷新を国民に訴える必要性を指摘して、岸田総理に不出馬を迫った。

菅はさらに総裁選についても語った。

「自民党が変わってきたという雰囲気づくりが大事だが、自民党に覆いかぶさる雰囲気はそう簡単なものではない。刷新の考え方を国民に理解してもらう最高の機会だ」

また「ポスト岸田」についても語った。

菅は「決めていない」としつつ、石破のことを評価した。

「期待できる経験豊富なリーダーの一人だ。簡単に主張を変えないのがいい」

さらに加藤勝信についても語った。

「穴のない働きぶりで、どんな仕事でも安心して任せられる人です」

小泉についても語った。

「改革意欲に富んでいて、環境大臣を経験したことで、官民双方の意見をバランスよく取り入れることができる幅が出てきた」

菅と武田は、石破や小泉のような国民から期待される候補者が総裁選に出られる環境を作るために、動いていく。

武田に最初にアプローチがあったのは石破だった。

過去に自民党総裁選に四回も出馬していた石破だったが、派閥を解消したこともあって、二〇人の推薦人集めに苦労していた。

かつて石破が会長を務めていた水月会は、三年前の総裁選後、所属議員の退会が続いたこともあり、令和三年一二月に「派閥」から「議員グループ」へと形を変えた。参加する議員も一〇人に満たなくなっていた。

石破は武田に頼んだ。

「総裁選に出たいので、武田さんの力を貸してほしい」

武田は石破からの依頼に応じて、菅前総理と会食する機会を作った。

令和六年七月一日夜、武田は、石破と菅前総理と東京都内の中華料理店で会食した。

しかし、この時はあまり具体的な話をせず、石破も菅に頭を下げることはしなかった。

さらに、武田は、石破と二階俊博元幹事長が会談する機会も作った。

だが、その時も石破は具体的な依頼をすることはなかった。

その後、武田は、石破が総裁選に出られるように二階派の議員たちに頼んだ。

「石破さんを応援してやってほしい」

最終的には、石破の推薦人二〇人のうち、二階派に所属していた細野《ほその》豪志《ごうし》、長島昭久《ながしまあきひさ》、伊東良《いとうよし》孝《たか》、谷公一《たにこういち》の四人が名を連ねた。

さらに、武田は選挙区が隣同士で同じ防衛族の岩屋毅とも話をした。

岩屋は武田に言った。

「総裁選で石破さんを応援しようと思っているけれど、どうだろうか？」

武田は言った。

「ぜひ応援してやってください。岩屋さんが選対本部長をやってくださいよ」

武田の助言もあり、岩屋は石破の推薦人代表となり、選対本部長に就任した。

また、武田は青木一彦参議院議員とも話をして、青木が石破の選対本部長代理を務めることも後押しした。

他の候補者が推薦人集めに苦しむなか、石破が陣容をいち早く固めることができたのは武田の助力があった。

令和六年八月一四日午前一一時三〇分、岸田文雄総理は、官邸で臨時の記者会見を開き、九月の自民党総裁選に立候補しないと表明した。

会見の冒頭で、岸田総理は総裁選について語った。

「新生自民党を国民の前にしっかりと示すことが必要だ。自民党が変わることを示す最も分かりやすい最初の一歩はわたしが身を引くことだ。総裁選を通じて選ばれた新たなリーダーを一兵卒として支えることに徹する」

さらに、経済やエネルギー政策、防衛力の抜本的強化、外交などの成果の言及したうえで、総裁選に立候補しない理由として、派閥の政治資金パーティーをめぐる裏金問題を挙げた。

「残されたのは、自民党トップとしての責任だ。もとより所属議員が起こした重大な事態について、組織の長として責任をとることにいささかの躊躇もない」

岸田総理は、さらに不出馬表明がこのタイミングになったことについても語った。

「当面の外交日程にひと区切りがついたこの時点で、わたしが身を退くことでけじめをつける」

岸田総理の不出馬表明により、次期総理大臣を目指す候補者たちの総裁選レースの号砲が事実上鳴り、総裁選への出馬を目指す議員たちは、この日から表立って動き始めた。

名前が挙がるのは過去に出馬したことがある石破茂元幹事長、河野太郎《こうのたろう》デジタル担当大臣、高市早苗《たかいちさなえ》経済安全保障担当大臣のほか、初挑戦を狙う茂木敏充幹事長や林芳正《はやしよしまさ》官房長官、小泉進次郎元環境大臣、上川陽子《かみかわようこ》外務大臣、加藤勝信元官房長官、小林鷹之前経済安全保障担当大臣たちだ。

岸田総理の記者会見終了後、前回の総裁選で岸田と河野に次ぐ三位だった高市は、旧知の安倍派の議員の携帯電話を鳴らして自らへの支持を訴えた。

「総裁選の推薦人になってくれませんか？」

すでに出馬の意向を固めている高市は、二〇人の推薦人集めを加速させていく。

いっぽうで、前回の総裁選では河野太郎への支持にまわった石破茂元幹事長も、訪問先の台湾で記者団を前に語った。

「総裁選に推してやろうという方々が二〇人おられれば、ぜひとも出馬したい」

総裁選への出馬が実現したら五度目となる石破は推薦人集めに向けて、精力的に動き出していく。

台湾から戻ってくると、石破は衛藤に言った。

「衛藤さん、これで吹っ切れました。総裁選に出ます。よろしくお願いします」

岸田が出馬しない場合は、石破を応援したいと思っていた衛藤は全面的な支援を約束し、石破陣営に加わった。

いっぽうで、出馬を目指す茂木敏充幹事長は、この日の夜、麻生太郎副総裁と会談し、総裁選への協力を求めた。

だが、麻生は、麻生派の一員である河野太郎デジタル担当大臣が出馬に向けて動いていることを念頭に茂木への支持を約束しなかったという。

「うちには河野がいるから支援はできない」

刷新感のコバホーク

候補者たちが推薦人集めや、体制づくりに動くなかで、一足早く総裁選への出馬を正式に表明したのが小林鷹之前経済安全保障担当大臣だった。

小林は、八月一九日に国会内で記者会見を開き、総裁選への立候補を表明した。

小林は、記者会見の冒頭で、右手で「四」という数字を掲げて、若さをアピールしつつ語った。

「当選四回、四〇代、普通のサラリーマン家庭で育ったわたしが派閥に関係なく、この場に立っている」

さらに、自民党の刷新をアピールした。

「国民に約束する。新たな自民党に生まれ変わることを」

総裁選初挑戦の小林が会見でこだわったのは刷新感だった。脱派閥選挙の徹底を掲げ、派閥横断的に若手からベテランまで多くの信頼する同志とともに党勢回復に取り組む姿勢を強調した。

その一方で、裏金事件をめぐる政治改革への取り組みは消極的な様子をのぞかせた。

「実態が正直よくわからないという思いはある。検察のような権限を持たない党が調査をするのは、一定の限界がある」

そう語り、新事実が出てこない限り、再調査は難しいとの考えも示した。

小林は、岸田総理が不出馬を表明する前の八月一一日、テレビ番組に出演し、裏金事件で安倍派の議員たちが役職を外されたことについても語っていた。

「やりすぎてしまうと現場がまわらなくなってしまう」

小林は、そう語り、役職への起用を再開すべきだとの認識を示していた。

この日の出馬会見でも「不正には厳正に対処しなければならない。これは大原則だ」と釈明しつつ、裏金が五〇〇万円未満で、処分されなかった議員を念頭に含みを持たせて語った。

「国民の理解が得られた時点で適材適所の人事を行うことが大切ではないか」

裏金問題で小林が歯切れの悪い要因は、小林を支援する議員たちの顔ぶれだった。

小林のこの日の会見には、五期生以下の中堅や若手議員が駆けつけたが、このうち七人が裏金問題に関与し、そのうち四人は党から処分を受けていた。

二四人のうち、裏金問題が直撃した安倍派が一一人、二階派が四人と半数を超えていた。そのほかには、麻生派三人、岸田派一人、森山派一人、無派閥四人が駆けつけている。

「菅さんは、小泉さんに決めたようですよ」

若手議員や中堅議員の間では、裏金事件の印象を払拭させるために、刷新感のある選挙の顔を求める動きが徐々に表面化してきている。

その動向に注目が集まっているのが世論調査で石破茂元幹事長に次いで支持を受けている小泉

進次郎元環境大臣だ。

小泉進次郎は、昭和五六年四月十四日、小泉純一郎元総理の次男として神奈川《かながわ》県横須賀《よこすか》市で生まれた。

昭和六三年に関東学院六浦小学校に入学して、大学卒業までを関東学院で過ごす。

小泉進次郎

平成一六年三月に関東学院大学経済学部経営学科を卒業後、コロンビア大学大学院に入学。政治学で修士の学位を取得する。

その後は、アメリカの戦略国際問題研究所非常勤研究員を経て、平成一九年に帰国。

帰国後は、父である純一郎の私設秘書を務めて、平成二一年の衆院選に父親の選挙区である神奈川県一一区から出馬し、初当選を飾った。

当選後は、自民党の青年局長や、内閣府大臣政務官兼復興大臣政務官、自民党筆頭副幹事長などを務め、令和元年九月に環境大臣として初入閣を果たし、約二年ほど務めた。

令和六年七月八日の夜、Ｔｈｅ　Ｏｋｕｒａ　Ｔｏｋｙｏプレステージタワーの平安の間で、ＳＢＩグループの創業二五周年記念パーティーが開かれた。

わたしも、過去にＳＢＩグループの創業者で、ＳＢＩホールディングス代表取締役会長兼社長兼CEOの北尾吉孝《きたおよしたか》を主人公にした『論語と経営　SBI北尾吉孝（上・下巻）』（MDN）を上梓しているので招かれた。

小泉純一郎元総理も出席していたので、良い機会と思い、小泉進次郎元環境大臣の総裁選出馬の可能性について訊ねた。

実は、小泉純一郎は、これまで進次郎の総裁選出馬について語っていた。

「まだ早い。五〇歳になってから」

令和六年五月一四日の夜に、東京都内の日本料理店で、小泉純一郎元総理は、自民党の石破茂元幹事長や山崎拓《やまさきたく》元自民党副総裁、武部勤《たけべつとむ》元幹事長、亀井静香《かめいしずか》元政調会長らと会食しているが、この席でも、次男の小泉進次郎元環境大臣について、五〇歳になるまでは自民党総裁選に出馬しないように言い渡していたことが明らかになっている。

会合後には山崎が報道陣の取材に明かした。会合では、九月に予定される自民党総裁選について、有力候補などの具体的な名前は出なかったというが、一方で、小泉が「息子は出さない」と述べたというのだ。

小泉純一郎

山崎は報道陣に明かしている。

「進次郎さんに関しては、五〇歳になるまでは立たないと。総理を助ける役割を、これから数年続けなさいと諭してあると、小泉さんは言っていた」

昭和五六年生まれの小泉進次郎は、現在四三歳である。五〇歳まであと七年もある。

父親の純一郎にすれば、かって自分が応援して総理にした安倍晋三は、五二歳の若さで就任した。

だが、わずか一年で政権を投げ出してしまった。まして進次郎は四三歳である。せめて五〇歳になってから……という気持ちが強いのであろう。

しかし、現在の自民党は裏金問題によって苦しんでいる。岸田政権の支持率も、自民党の支持率も、落ちに落ちて、このまま衆院選に突入すれば、野党に政権交代を許すのでは、という声も強い。

そのためには、イメージを刷新できる若手議員か女性議員に表紙を変えて戦わなければ政権維持は難しい、との声すらあがっている。

そこで小泉進次郎の名前が挙がってくるのだが、これまでは純一郎の「五〇歳までは」との発言があり、進次郎も慎重な姿勢を見せていた。

ところが、ここにきて、これまで一度も名の挙がることがなかった元経済安保担当大臣の小林鷹之が急遽ダークホースとしてクローズアップされてきた。「コバホーク」の愛称で呼ばれる小林は、現在四九歳である。

進次郎より当選回数は一期少ない四期生だが、東京大学法学部卒業、財務省出身のキャリアもあり、若手の政策通として注目を浴びつつある。

小林が若手のホープとして出馬するのに、これまで若手のホープとして騒がれてきた進次郎が出馬しなければ、先を越されかねない。進次郎も、さすがに五〇歳までは、と父親の言う通りにいい子を決め続けるわけにはいかないのでは、との焦りもあるのでは、と私は思っていた。

そこで、小泉純一郎に言った。

「進次郎さんに、五〇歳までは、とおっしゃっていますが、平時ならわかりますが、いまや自民党は大変なことになっている。自民党は、進次郎さんが五〇歳になるまでもたないかもしれない。とても進次郎さんが五〇歳になるまで待ってはいられません。お父さんとしても、踏ん切ってもらわなくては……」

小泉純一郎は、そばのワインを一口飲むと、ニヤリとした。その表情は、私には「自民党のひどい状況は十分にわかっている。考えるに値する」、そう答えているように映った。

「期待してますからね」

わたしは小泉純一郎にそう言って席を立ち、わたしのテーブルに戻ろうとすると、小泉純一郎と同じテーブルにいた、かって小泉政権で総務大臣や経済財政担当大臣などを務めた竹中平蔵《たけなかへいぞう》に「ちょっと、大下さん」と声をかけられた。

そばに寄ると、竹中はわたしの耳元で興味深いことを囁いた。

「菅さんは、小泉さんに決めたようですよ」

菅前総理は、岸田政権では非主流派であるが、令和六年九月の総裁選では、なんと四枚ものカードを握っている。

菅政権で官房長官だった加藤勝信、行政改革担当大臣だった河野太郎、環境大臣だった小泉進次郎、それに世論調査ではいつもトップに立つ石破茂元幹事長の四人である。

ただし、菅前総理はその四枚のカードのうち、最終的には一枚しか引けない。

もし裏金問題で火がついていない平時であれば、野党を気にすることもなく、自民党内だけを考えて一枚を引けばいい。経験、安定感から加藤勝信のカードを引くであろう。

しかし、緊急時の現在、世論調査で一％前後の加藤のカードは引きにくいであろう。

河野は世論調査で、石破に続き、二、三位につけているものの、いまだに麻生太郎副総裁率いる麻生派から抜けようとはしない。裏金と派閥がマイナス要因となって岸田政権の支持率が下がり続けている現在、カードとしては引きにくいと見られている。

となると、石破カードと小泉カードの二枚のどちらかになる可能性が高い。

これまでは小泉は四三歳で若く、父親の小泉純一郎が「五〇歳までは……」と口にしているのがネックといわれ、進次郎も踏み切れないのでは、と見られていた。

ところが、先に述べたように急遽、小林鷹之がクローズアップされ、進次郎も刺激を受け立候補に踏み切るのでは、との声が上がってきている。

そこに向けて、小泉政権で総務大臣などを務め、菅前総理のブレーンでもある竹中が、まことしやかに「菅さんは進次郎に決めたようですよ」と囁くのである。

さらに新しい情報も飛び込んできた。

七月一九日の夜、小泉純一郎が現役のころから行きつけの東京《とうきょう》・赤坂の日本料理屋「津やま」で、森喜朗《もりよしろう》元総理、盟友の中川秀直《なかがわひでなお》元幹事長、それにジャーナリストの田原総一朗《たはらそういちろう》も卓を囲み、政治談議に花を咲かせた。

その席で、安倍派（清和会）のドンでもある森喜朗が小泉純一郎に迫ったというのだ。

「総裁選は、絶対に進次郎がいい。これでいきたい」

議員を引退してからも清和会に力を持つ森は、かって無派閥の進次郎に清和会に入るように薦めたことがある。

しかし、進次郎は「無派閥でいたい」と森の誘いを断っている。

今から考えると、その時森の誘いに乗って、清和会に入っていたら、今ごろは、萩生田光一や西村康稔のように、裏金問題に関わり、「次の総理に……」、との声は掛かりはしないだろう。

小泉純一郎も、森の薦めに、それまでの「五〇歳までは……」との言葉を呑んだ。

「ここまで来たら、進次郎本人が『やる』と言ったら、反対しないよ」

そう口にしたというのだ。

この会食でのやり取りは、八月二日に官邸で岸田総理と会談した田原が、そのあと記者団に説明したことで表面化している。

清和会のメンバーは、菅が石破カードを切っても、安倍晋三元総理が石破嫌いで有名だったので、反発が強く乗る者は少ない。

が、菅が小泉カードを切り、さらに、安倍亡き後、清和会を牛耳ってきたともいえる森が小泉進次郎を強く推せば、かって清和会出身の総理として輝いた小泉純一郎の息子でもあるうえに、乗ってくる可能性は高い。

しかも、菅が最終的に石破ではなく小泉カードを切れば、菅政権を支えた加藤勝信、萩生田光一、武田良太の「ＨＫＴ」の三人も、菅に合わせて小泉カードを強く推すはずである。

八月二一日には、各紙の朝刊が小泉進次郎元環境大臣が総裁選への立候補を固めたと一斉に報じた。

小泉は、すでに二〇日までに複数の国会議員に立候補する意向を伝えて、支援を呼びかけ、総裁選で掲げる政策作りも進めている。

八月一八日には、党内から総裁選出馬を求める声があることについて、小泉進次郎は記者団に語った。

「大変ありがたいこと。真剣に考えて判断したい」

小泉を推すのは、同じ神奈川《かながわ》県選出の菅義偉前総理をはじめ、岸田政権での非主流派の議員のほかに、裏金事件を受けた逆風下での選挙を心配する中堅や若手の議員たちだ。

石破が総裁選への出馬に向けて積極的だった一方、小泉進次郎の動きは遅かった。

小泉の総裁選出馬が報じられたのは八月二一日だった。

小泉が出馬を表明した背景には、同じ四〇代ながら、当選回数が一期少ない四回生の小林鷹之前経済安全保障担当大臣が総裁選に出馬を表明したことも影響していた。

小林は、他の候補者たちに先駆けて、八月一九日に総裁選への出馬を表明していた。

小泉進次郎は武田良太のところにも協力の要請にきた。

だが、その時には、すでに二階派の議員の一部は石破支持で走り出していた。

武田が語る。

「小泉さんが出馬するというので、僕らのグループのなかにも『それなら小泉さんを推したい』という議員がいましたので、彼らが小泉さんを支援することになりました」

小泉陣営には、二階派から鷲尾《わしお》英一郎《えいいちろう》や小倉将信《おぐらまさのぶ》、小寺裕雄《こてらひろお》などが参加することになる。

石破茂、最後の戦いへ

小林鷹之について、立候補の記者会見を行ったのは石破茂元幹事長だった。

八月二四日、石破は地元の鳥取《とっとり》県八頭《やず》町で語った。

「裏金事件に厳しく臨む。国民の審判を受けるにふさわしい候補者か、党として責任を持つ」

石破は、次の衆院選で裏金事件の処分議員を公認しない可能性に踏み込んだ。

石破は五度目となる総裁選挑戦を「三八年間の政治生活の集大成で最後の戦い」と位置づけて語った。

「国民と誠実に向き合う政治にしたい。政治資金の透明性を高める努力を最大限する」

さらに選択的夫婦別姓についても語った。

「姓が選べず、つらい思い、不利益を受けることは解消しないといけない」

台風の目、高市早苗

高市早苗経済安全保障大臣は、八月二九日に、九月九日に記者会見を開き、総裁選への立候補を表明すると発表した。

今回の総裁選では、高市は、前回強力な支援を受けた安倍晋三元総理が死去した影響や、前回高市の推薦人を務めた小林鷹之が立候補したこともあって、推薦人集めに苦戦すると見られていた。

しかし、令和五年一一月に山田宏《やまだひろし》参議院議員らとともに立ち上げた勉強会「日本のチカラ」研究会のメンバーを中心に、立候補のめどが立ったという。

高市陣営の選挙対策本部長にはベテランの中曽根《なかそね》弘文《ひろふみ》元外務大臣が就任し、事務局長には前回の総裁選で高市の推薦人を務めた石川昭政《いしかわあきまさ》デジタル副大臣が就任する。

高市の支持を公言する議員も徐々に増えつつある。

八月一五日には、西田《にしだ》昌司《しょうじ》参院議員が自身の「ユーチューブ」のチャンネルで、高市を推薦したい考えを明らかにしていた。

「積極財政派、保守系の理念をしっかりと持っている人は高市さん以外にいません」

西田は、三年前の総裁選で岸田総理を支持していたが、八月一四日に岸田総理が総裁選への不出馬を表明したため、高市への支援を表明したという。

そのほかにも、参議院議員の有村治子《ありむらはるこ》元助成活躍担当大臣や、前回の総裁選で高市陣営の選対本部長を務めた古屋圭司元国家公安委員長、前総務大臣の鈴木《すずき》淳司《じゅんじ》らが高市への支持を表明している。

今回の総裁選で台風の目となったのは、高市早苗前経済安全保障担当大臣だった。

衛藤は高市の伸びも予想していたという。

「石破陣営のなかでは石破さんが党員票では断然トップになるだろう、という声が多かったけれど、わたしは、ひょっとすると高市さんが地方票で一番になるのでは、と言ってました。彼女は、各地の商工会議所や経済団体の関係者を集めて、大きな集会を開催していましたから。事前にレポートを党員に郵送した効果だけでなく、そういう活動も効果があったんだと思いますよ」

衛藤のもとにも高市は「支援してほしい」と相談に来たという。

しかし、すでに衛藤は石破支持で動いていたために断った。

「わたしは、以前から岸田総理と石破さんが協力できるように動いていたんだ。そのこともあって、今回は石破さんを応援しているから申し訳ないけれど、高市さんの応援はできないよ」

そう説明すると、高市は納得してくれた。

陰る進次郎人気

九月六日、小泉進次郎は、記者会見で総裁選への立候補を正式に表明した。

「決着　新時代の扉をあける」

小泉は、そう書かれたパネルの前に立ち、まず政治改革の実現について語った。

「政治に期待しない声が多いなかで、自民党が真に変わるには改革を唱えるリーダーではなく、改革を圧倒的に加速できるリーダーを選ぶことだ」

さらに政治資金の透明化についても発言した。

「政治だけが特別に許されてきた不透明なお金の使い方はもうやめる」

派閥のパーティー収入不記載事件に関係した国会議員を次の選挙で公認するかどうかについても語った。

「説明責任を果たしてきたか、再発防止に向けた取り組みを進めているかに基づき、地方組織や地元の有権者の意見などを踏まえて、新執行部で厳正に判断する」

さらに、要職に起用するかどうかについても語った。

「政治資金問題の当事者となった議員は国民への説明責任を果たし、選挙で信任を得るまで要職に起用しない」

また、憲法改正についても、できる限り早い時期に国民投票を実施する意向も示した。

「最優先で取り組む課題。国会において憲法論議の推進に全身全霊で臨み、憲法改正発議の環境が整えば、ただちに発議の後、国民投票に移る」

自民党が平成三〇年に策定した九条への自衛隊明記などを掲げた改憲四項目についても指摘した。

「時代の要請で改正しなければならない」

小泉は改憲の意義を強調した。

「現在の憲法は日本が米国に占領されていた昭和二一年に連合国軍総司令部（ＧＨＱ）が原案を起草し、日本政府に受け入れを迫ったものだ。日本は平和国家として世界の平和と繁栄に貢献してきた。この誇るべき伝統は今後も受け継いでいく。憲法のなかにそぐわないものがあれば、自分たちの手で憲法改正することは当然のことではないか」

自民党内に根強い反対意見がある選択的夫婦別姓についても、認めていく方向性をはっきりと打ち出した。

「家族のあり方も大きく変化してきた。もう議論ではなく、決着をつける時ではないか。わたしが総理になったら、選択的夫婦別姓を認める法案を国会に提出し、国民的な議論を進める」

小泉は、その際の国会での対応についても語った。

「最後、採決になるが、議員お一人お一人を縛ることは考えていない。党議拘束をかけずに法案の採決に挑む」

小泉は、この記者会見で父親である小泉純一郎元総理を想起させるかのように、「改革」という言葉を繰り返し、使用した。

労働市場改革や、政治改革、国会改革など、約一時間の会見で、進次郎は、なんと五六回も改革という言葉を発している。

総理大臣に就任した場合の公約として、一年以内に実現する改革と中長期を見据えた構造改革に分けて語った。

一年以内の改革としては、政治改革、聖域なき規制改革、人生の選択肢の拡大の三つの改革メニューを掲げた。

小泉は、その後出演したフジテレビのニュース番組で父親の小泉純一郎元総理を意識したかどうか問われると、否定しつつ、語った。

「自然に出てきました」

さらに小泉元総理からのアドバイスがあったのかと聞かれて、語った。

「相談はしなかった。人生最大の決断の一つなので、これは事後報告以外ないと思いました。自分で決めないといけないですから」

妻であるアナウンサーの滝川クリステルについても語った。

「あまり相談してはいけないなと思って、気持ちが固まった後で伝えました。家族にとっても大きな変化を与えますので。子ども達にも。そこは理解して支えてくれて、この舞台に立てて感謝の気持ちです。妻は仕事もしていますので、それへの影響とか、ラジオを続けていいのかと。私は私、妻は妻と尊重し合える関係でいたい。私がどのような立場になっても気にせずにやって欲しいです」

滝川クリステル

九月八日、小泉は、横浜《よこはま》市中《なか》区のＪＲ桜木町《さくらぎちょう》駅前で街頭演説をおこなった。

この日は、小泉を支援し、後見人的存在の菅義偉前総理も駆けつけて、小泉の支持を呼びかけた。

神奈川県二区選出の菅は訴えた。

「なんとしても今回の総裁選、小泉氏に日本のかじ取りを任せたい。そんな思いで皆さんと一緒になって応援をさせていただいている。皆さんの大きな力を、熱意を小泉氏に与えていただきたい」

これに対して、小泉も呼応するかのように語った。

「菅さんをはじめ、地元神奈川県で私のことを応援してくださっている大勢の方々が集まってくれて、私は今ここに立っている。私が総理総裁になったら、私の足りないところを、私以上の力を持って支えてくれる完璧なチームを作る。皆さんから見て、『あいつは毎日成長してるな』『これだったら託せる。任せられる』と思っていただけるような総裁選を全身全霊をもって戦う」

本命不在の大混戦の総裁選であったが、衛藤は石破の勝利を確信していた。

衛藤が語る。

「政策論争になってくれれば政策通の石破さんに必ずチャンスがあると思っていました。逆に人気のある小泉さんは政策論争になると厳しくなるだろうと思っていました」

衛藤の予測は当たった。

当初、世論調査などで石破と同じように上位だった小泉だが、その人気は総裁選がはじまるにつれて徐々に下がっていった。

経験の浅い小泉は、討論会で他の候補者たちに質問された際に、はぐらかしたり、正面から回答しない場面が目立ち、そのことが話題になっていた。

さらに、記者会見で掲げた解雇規制の緩和という主張も反発を受けた。加えて、それについての説明も迷走し、小泉本人の政策理解力に疑問符がつく始末であった。

また、自民党内に保守派を中心に根強い反対意見がある夫婦別姓の導入を積極的に訴えたことも、党員票でマイナスに働いたようだった。

石破が死んでもやりたいこと

令和三年一〇月の衆院選で比例九州ブロックの単独候補として初当選を飾った保岡宏武《やすおかひろたけ》は、今回の総裁選で石破茂の推薦人となり、総裁選を戦った。

保岡は自民党の国会議員になって初めての総裁選を前にして思っていた。

〈今回の総裁選はほとんどの派閥が解散してから初の総裁選。国会議員にとっては誰を応援する

のかがとても重要なものになる〉

初当選以来、特定の派閥に入っていなかった保岡のもとには多くの候補者から「推薦人になってほしい」との依頼があった。

実際に立候補した九人と出馬を模索していた三人の合計一二人のうち、なんと九人から連絡があった。

保岡はせっかくの機会だからと、なるべく多くの人と会って話をさせてもらうことにした。当選一回の保岡にとって得難い経験になると思ったのだ。

実は、保岡は当初は石破の推薦人になるつもりはなかった。他に本命の候補者がいた。だが、石破に会い、推薦人になることを決意したという。

石破は保岡に言った。

「わたしは推薦人の二〇人のうち、一九人まで集まっています。その一九人はみんな今問題になっている政治資金の不記載の問題を抱えていない方たちです。もし保岡さんに推薦人になってもらえれば、二〇人全員が不記載の問題を抱えていない議員になって、政治改革に取り組むことができます。推薦人になってもらえませんか」

石破の話は保岡の心を動かした。

〈石破さんが総理総裁になって政治改革に取り組むための一助になれるなら……〉

そう思った保岡は石破の推薦人に名を連ねることに決めた。

地方創生担当大臣や農水大臣を務めた石破は、地方の抱える問題に精通し、過疎化が進む地方の現状をなんとか改善したいという強い気持ちを持っていた。

鹿児島県《かごしま》で、それも奄美大島《あまみおおしま》や徳之島《とくのしま》をはじめとした島しょ部を選挙区とする保岡にとっては同じ思いを共有できる候補者でもあった。

しかも鹿児島県は、北海道《ほっかいどう》に次ぐ日本で二番目の農業県だ。

総裁選の告示を三日後に控えた九月九日、保岡は石破陣営の一員として、推薦人の署名をおこなった。実際に一九人の名前が連なっている最後に署名したという。


九月一〇日、石破は政策発表会見を開いた。

石破は安全保障分野での持論を展開し、「アジア版NATO（北大西洋条約機構）」の創設や、米軍が日本で活動する際のルールを定めた日米地位協定の改定を目指す考えを示した。

会見の冒頭、石破は、今回出馬を決めた理由として、安全保障環境の変化を挙げ、ロシアによるウクライナ侵攻について語った。

「ウクライナはNATOに入っていない。それが（ロシアの）プーチン大統領の決断を促したことは想像に難くない」

さらに、「アジア版NATO」など、アジアにおける集団安全保障体制を構築する必要性を強調した。

日米同盟を対等に近づけるため日米地位協定の改定検討も表明した。昭和三五年の日米安全保障条約の改定と同時に結ばれたまま変わっておらず、「不平等」との指摘がある。

石破は、米国内に自衛隊の訓練用基地を設ける案を披露し、その際に結ぶ協定と同水準であるべきだと主張した。

「地位協定の改定を目指すからには、それが同盟関係の強化につながり、地域の安全保障環境を向上させるものでないとダメだ」

石破は、持論である防災省の設置に向け、二〇二六年度中に専任の大臣が率いる防災庁を創設することも掲げた。

「内閣府の防災担当の職員は二年経てばもとの役所に戻る。経験と知識の蓄積と伝承ができるのか」

安保政策と防災省設置は石破が長年取り組んできたライフワークの一つだ。

今回の立候補にあたっても、周囲の議員に「防衛省改革と防災省の設置だけはやりたい。やりきれないで何かあったら死んでも死にきれない」と意欲を語っている。

党内で石破の弱点と見られている経済対策についても明言した。

「持続的な実質賃金の上昇を必ず実現」

最低賃金の全国加重平均一五〇〇円を目指す時期について「三〇年代半ばまでの早い時期」という政府目標から「二〇年代」への前倒しも掲げた。

運命を決めた小泉の軽はずみな行動

今回の自民党総裁選で鍵を握るのは、全国の自民党員約一〇九万人が投票する党員・党友票だ。一人一票で合計三六七票の国会議員票と同じ三六七票にまで圧縮されるが、候補者乱立によって国会議員票での差がつきにくい場合、党員・党友票で上位となった候補者が決選投票に残る可能性が高くなる。

日本テレビが九月三日と四日に実施した全国の有権者のうち自民党員・党友と答えた一〇一九人を対象におこなった独自調査では、一位が石破茂の二八％、二位が小泉進次郎の一八％、三位が高市早苗の一七％であった。

続いて上川陽子が七％、小林鷹之が五％、前回の総裁選で決選投票で岸田総理に敗れた河野太郎は三％で七位であった。

九月一二日に告示された自民党総裁選には、石破茂や小泉進次郎を含めて、総勢九人もの候補者が出馬した。

当初、世論調査などで石破と同じように上位だった小泉だが、その人気は総裁選がはじまるにつれて下降していった。

鳴り物入りで掲げた政策も批判の的となった。

党員票に関する各種の調査でも、序盤は石破、小泉、高市の三つ巴であったが、途中からは、小泉が脱落し、先行する石破と急激な伸びを見せる高市の二人の争いになる見方が主流だった。

武田良太は語る。

「最初は勢いがあって、地方の石破対都市部の小泉の争いになるかと思っていましたが、高市さんが予想外に都市部で伸びてきた分、結果的に小泉が食われてしまいましたね」

結局、小泉は四七都道府県のうち、自身のお膝元の神奈川県でしか一位をとることができなかった。

一方の高市は、都市部を中心に支持を伸ばし、最終的には総得票で石破をわずかに上まわった。

頼みの党員票で苦戦した小泉進次郎は、議員票集めのために苦肉の策に出る。

九月二四日、小泉は、唯一派閥を解消していない志公会（麻生派）の会長の麻生太郎副総裁と面会し、自分への支持を求めた。

志公会には五四人の議員が所属しているため、決選投票への進出を目指す小泉にとっては必死の行動であった。

しかし、それまで派閥の解消や政治改革の実現を訴えていた小泉が土壇場でなりふり構わず派閥の会長に頭を下げたことは、筋を曲げる行動として批判を浴びた。

実はこの行動は小泉支持で動いていた武田にとっても驚きだったという。

「菅さんにも僕にも事前の相談がなかった。令和三年の総裁選で河野太郎さんが派閥の支持を得ようと麻生さんのところに日参していましたが、結果的に河野さんのイメージダウンになってしまった。今回の小泉さんも同じように見られてしまいましたね。もしわたしが小泉さんから相談を受けていたら、止めていましたよ。菅さんも同じ動きだったでしょう。運命を決める軽はずみな動きでしたね」

結局、麻生は小泉を支持することはなく、茂木敏充幹事長と連携して、高市支持で動いていく。

勝利の決め手

過去最多の九人が立候補した自民党総裁選は、混戦のまま最終盤に入り、石破茂元幹事長、小泉進次郎元環境大臣、高市早苗経済安全保障大臣による三つどもえとなった。

党員・党友による地方票でリードしているとみられる石破は、九月二五日、国会内で経済政策を発表した。

最低賃金の引き上げや労働市場改革などを挙げ、「現政権がやっている成長と分配の好循環をさらに力強いものにしていく」と強調した。

投開票が二日後に迫るタイミングで、石破が経済政策を打ち出したのは「経済は弱い」との指摘があるためだ。これまでの論戦では、安全保障や防災に割く時間が多かった。

決選投票を睨み、党内の不安を払拭し、さらに岸田政権の継承を訴えることで、旧岸田派議員らを取り込もうとしていた。

総裁選の後半になるにつれて、各種の調査は石破と、党員票で急激な伸びを見せる高市の争いになる見方が主流になりつつあった。

総裁選は衛藤の読み通りに運んでいった。

衛藤がさらに語る。

「一回目の投票で一位か二位になって決選投票には残れるという確信があったので、途中からは決選投票に備えて各陣営のキーマンと連絡をとっていました」

決選投票での連携を求めて、衛藤がたびたび接触していたのは、岸田派の議員を中心に支持を得ていた林芳正と上川陽子の陣営の議員たちだった。

衛藤は、林の推薦人代表を務める田村憲久《たむらのりひさ》や、上川の推薦人で選対の中心だった松島《まつしま》みどりとマメに連絡をとり、決選投票での連携に備えた。

さらに、衛藤は親しい関係である二階俊博元幹事長にも頼んだ。二階と衛藤は議員宿舎が隣同士で長年の親交があった。

「二階さん、決選投票の時には石破を頼みます」

「わかった。仲間といっしょに決めます」

その翌日、衛藤は二階に電話をしてみた。

すると二階が言った。

「ちょうど良かった。今、林にかわるから」

二階は腹心の林幹雄《はやしもとお》元経済産業大臣といっしょにいるようだった。

少し待っていると、衛藤の電話口から林の声が聞こえてきた。

「二階派は決選投票は石破さんでいきますから。間違いありません」

衛藤は、林の声にホッと胸をなでおろした。

総裁選が進むにつれて、衛藤は「石破対高市」か「石破対小泉」のどちらかになると思っていた。

麻生や茂木敏充幹事長が高市への支持に動くなか、決選投票で石破が勝利する決め手となったのは、岸田派の動きだった。

総裁選当日にはすでに、岸田派は「決選投票では高市以外に」との方針で一致して行動していた。

麻生太郎の目論見

総裁選が始まり、情勢が明らかになるにつれて、九人の候補者のうち、有力と見られたのが小泉進次郎と石破茂、高市早苗の三人だった。

しかし、経験の浅い小泉は討論会などでの発言を批判される機会が増えたこともあり、党員票が伸びずに失速しつつあった。

総裁選の終盤では、党員人気の高い石破と高市の二強による決選投票が予想されるようになりつつあった。

情勢が変化するなかで動いたのは、五四人が所属する志公会（麻生派）を率いる麻生太郎副総裁だった。

麻生は八月の派閥研修会で、志公会に所属する河野太郎デジタル担当大臣の支援を表明していた。

しかし、前回は岸田に次ぐ二位だった河野は、今回は伸び悩んでいた。

さらに河野だけでなく、志公会の議員が支援にまわった上川陽子外務大臣や、小林鷹之前経済安全保障担当大臣も決選投票には届きそうになかった。

自らの政治力が低下することに焦った麻生が打ち出したのが党員票で伸びを見せていた保守派の高市を支持することだった。

九月二六日の夜、麻生は、派閥として決選投票では高市を支援する意向を所属議員たちに伝えた。

麻生内閣時代の末期に退陣を迫られた相手である石破を支援することは麻生には考えられなかった。

麻生は、決選投票への進出は望めそうにない茂木敏充幹事長とも連携し、茂木を支持する旧茂木派の衆議院議員たちの一部も高市支持で取り込んでいた。

第二次安倍晋三政権が発足して以来、主流派の立場にいた麻生は、高市優勢の流れを自ら作ることで、高市政権でも主流派の立場を維持しようと目論んでいた。

麻生はこの日、岸田文雄総理に電話をかけて打診する。

「また麻生、茂木、岸田の三頭政治でいこう」

岸田政権では、岸田総理が派閥解消の流れを打ち出すまで、岸田派、茂木派、麻生派の三派を主流派として政権運営がおこなわれていた。

しかし、麻生から高市への支持を打診された岸田総理は断った。

「うちは難しいですね」

岸田は、高市の総理就任に危機感を強めていた。

総理大臣就任後の靖国神社参拝を公言していた高市の支援は、韓国との関係改善に尽力してきた岸田総理にとっては到底できなかった。

さらに、岸田政権発足以降、政務調査会長や経済安全保障担当大臣を務めていた高市は、岸田総理の方針に反する言動をたびたびおこなっていた。

麻生の動きを知った岸田総理は周囲に危機感を示した。

「高市はだめだという方針は明らかにしなければいけない」

旧岸田派の幹部たちは、投票日の九月二七日の朝、旧岸田派に所属していた議員たちに電話で、決選投票では高市以外の石破か小泉で行くべき、という方針を指示した。

いっぽうの麻生派は、岸田派に比べるとまとまりを欠いた。

会長の麻生は高市支持で動いていたが、もともと、議員たちが河野太郎、上川陽子、小林鷹之を中心に各陣営に分かれていたために、一致して行動することはなかった。

特に三年前の総裁選の際に、石破や小泉進次郎が「小石河連合」として河野を支援した縁もあり、河野陣営には決選投票で高市ではなく石破に入れる議員が多かったようだ。

衛藤が振り返って語る。

「麻生派は河野太郎さんが出ていましたからね。一回目から河野さんでまとまっていたら違ったのかもしれませんが、河野さんの議員票は二二票でしたから気の毒でしたね」

結果的には決選投票で岸田派の大勢が石破に入れてくれたことが大きかった。

衛藤が以前から岸田と石破の連携を模索していたことがここに来て活きてきたわけである。

九月二七日、岸田文雄総理の後継を争う自民党総裁選が永田町の自民党本部八階ホールで行われた。

今回の総裁選には、麻生派（志公会）をのぞいた全派閥が解散した影響もあり、多くの候補者が名乗りを上げた。

その結果、立候補に推薦人が必要となった昭和四七年以降、最多となる九人が出馬。総裁選史上まれにみる本命不在の大混戦となった。

石破総理の誕生

九月二七日の総裁選当日の正午ごろ、武田良太は、二階俊博元幹事長や林幹雄元経済産業大臣らと話し合う機会を持った。

すでにこの日の朝刊で麻生太郎副総裁が派内の一部の議員に「一回目から高市に投票するように」と指示を出していることが報じられていた。

高市に麻生派の議員票が乗るとなれば、党員票で苦しい小泉の決選投票への進出は絶望的だった。

〈決選投票は石破対高市だな……〉

そう判断した武田は、提案した。

「まとまって石破に入れましょう」

二階と林の了承を得ると、武田はすぐに派の議員たちに連絡した。武田は、二階派の議員たちにはただちに隅々まで伝えるシステムを作っていた。

結果的にはほとんどの二階派の議員が石破支持でまとまって動くことになった。

武田が振り返って語る。

「宏池会もまとまっていたので、決選投票では勝つと思っていました」

この日は、午後一時から国会議員による投票（三六八票・棄権一票）がおこなわれ、郵送により投票が事前におこなわれていた党員票（三六八票）と合わせて、午後二時二〇分ごろに開票結果が発表された。

一位は、前回の令和三年の総裁選にも出馬した高市早苗経済安全保障担当大臣だった。高市は党員票で一位となる一〇九票を獲得。さらに議員票でも小泉進次郎に次ぐ七二票を獲得、合計で一八一票だった。

二位は、五回目の総裁選出馬となった石破茂元幹事長だった。党員票では高市と一票差の一〇八票を獲得し、議員票は四六票、合計で一五四票を獲得した。

三位は、総裁選初挑戦の小泉進次郎元環境大臣。党員票は六一票で三位だったが、議員票ではトップとなる七五票を獲得。合計で一三六票となり、決選投票には進出できなかった。

四位は、平成二四年の総裁選以来、一二年ぶりの出馬となった林芳正官房長官。党員票は二七票、議員票は三八票を獲得し、合計で六五票だった。

五位は、総裁選に初めて出馬した小林鷹之前経済安全保障担当大臣。党員票は一九票、議員票は四一票を獲得し、合計で六〇票だった。

六位は、総裁選初挑戦の茂木敏充幹事長。党員票は一三票、議員票は三四票で合計四七票だった。

七位は、総裁選初挑戦の上川陽子外務大臣。党員票は一七票、議員票は二三票で合計四〇票だった。

八位は、前回の令和三年の総裁選に出馬し二位だった河野太郎デジタル担当大臣。党員票は八票で議員票が二二票。合計で三〇票であった。

九位は、総裁選初挑戦の加藤勝信官房長官で党員票は六票、議員票は推薦人の二〇人を下回る一六票で合計二二票であった。

一回目の投票では過半数の得票を獲得した候補者はいなかったため、一位の高市と二位の石破が決選投票へと進むことが決まった。

決選投票は国会議員票（三六八票）と都道府県連に一票ずつ割り振られた四七票の計四一五票で争われる。

党員票は全体の合計では高市早苗が二〇万三八〇二票を獲得し、二〇万二五五八票だった石破茂をわずかに上回ったが、一位となった都道府県の数では石破が二六で、二一の高市を上回った。

石破の勝利を決めた最後のスピーチ

三年前の総裁選では自身は出馬せず河野太郎を支援した石破だったが、今回の総裁選でも多くの党員票を集めた。

党員票は全体の合計では高市が二〇万三八〇二票を獲得し、二〇万二五五八票だった石破茂をわずかに上回った。だが、一位となった都道府県の数では石破が二六で、二一の高市を上回り、決選投票で五票リードすることになった。

高市の急伸により、最終的には全体で二位だったが、相変わらずの党員人気の高さを石破は見せた。

衛藤はどのように分析しているのか。

「やはり、石破さんは、地方を歩いていますから。地方創生担当大臣や農水大臣時代に、各地で座談会や懇談会をやって、地道に党員一人ひとりとひざを突き合わせて議論していましたよ」

議員との付き合いの悪さをよく指摘される石破だが、実は永田町きっての酒豪の一面を持つ。「一位が石破で二位が岸田」と言われるほど、岸田とならんで酒豪なのだという。

党員票が順調だった一方で、石破は議員票では伸び悩んだ。最終的には、一回目の投票では四六票を集めたが、中盤まで三〇票前後と報じられていた。

決選投票のおこなわれる前に高市と石破がそれぞれ五分ずつ演説をすることになった。

決選投票に残れなかった小泉進次郎を支持していた陣営も、決選投票では石破支持で動いた。菅義偉前総理や、菅前総理に近い無派閥の議員、旧二階派の武田良太元総務大臣たちだ。

彼らの多くは、前回の令和三年の総裁選で石破や小泉進次郎とともに、「小石河」連合として、河野太郎デジタル担当大臣を支えていた。

高市の保守強硬的な主張には、党内や連立を組む公明党にも警戒する声があった。

一回目の投票の結果に危機感を覚えて、石破に流れた票もあった。

さらに石破の勝利の決め手となったのは、決選投票の直前に行われた最後の訴えだった。

石破は、スピーチの冒頭で、前任者である岸田総理の功績を讃え、歴代の政権に批判的だった自分の過去について詫びた。

「私は至らぬものでありまして、議員生活三八年になります。多くの足らざるところがあり、多くの方々の気持ちを傷つけたり、いろんな嫌な思いをされたりされた方が多かったかと思います。自らの至らぬ点を心からお詫びを申し上げます。

とともに、この総裁選挙を通じまして、多くのことを学ばせていただきました。ともに戦いました多くの候補者の皆様方から、多くの教えをいただきました。政治家としての生きざまも教えていただきました。

総裁選が終わりました後は、本当に心を一つにして、日本国のために自由民主党のために、ともに手を携え、全身全霊を尽くしたいと思っております」

これまで「背後から鉄砲を撃つ」といわれ続けてきたことを素直に詫びたことが高く評価されたと見られている。

いっぽうの高市は、一回目の投票で一位となったこともあり、手ごたえをにじませて語っていた。

「岸田総理の時、そして菅前総理の時、その前は安倍元総理の時、激務を果たしてこられた歴代の総裁にも心から敬意を表し、感謝を申し上げます」

しかし、高市は制限時間を超えて話し続けてスタッフに指摘されるなど、ちぐはぐな印象を与えてしまっていた。

このスピーチも、二人の勝敗を分ける要因となったという。

ある若手議員は語った。

「最後のスピーチで石破さんに決めた議員は多かった。高市さんはもっと準備するべきだった」

午後三時二三分、決選投票の結果を逢沢一郎《あいさわいちろう》選挙管理委員長が発表した。

議員票一八九票を獲得した石破が党員票二六票と合わせて、二一五票を獲得。議員票一七三票、党員票二一票で合計一九四票だった高市を逆転し、勝利した。

結果が発表されると、石破は立ち上がり、周囲の議員に頭を下げた。

そして、うっすらと笑みを浮かべて、右手を高々と上げた。

石破は、大きな拍手に迎えられて登壇すると、語った。

「みなさまのおかげをもちまして選出をいただきました。国民を信じ、勇気と真心を持って真実を語り、この日本国をもう一度、みんなが笑顔で暮らせる安全で安心な国にするために全身全霊を尽くしていく」

その後、石破は岸田文雄総理と握手を交わすと、高市をはじめとするほかの八人の候補者全員たちも壇上にあがった。

岸田と候補者九人が一列になり、つないだ手を高く掲げて、総裁選は幕を閉じた。

石破は、一〇月一日に召集される臨時国会で第一〇二代の総理大臣に指名され、その日のうちに新内閣を発足させる。

一転する石破

九月三〇日午後、石破新総裁は自民党本部で党役員人事に取り組んだ。

幹事長には森山裕、政調会長には小野寺五典、総務会長には鈴木俊一《すずきしゅんいち》、選挙対策委員長には小泉進次郎が就任した。なお、麻生派に所属し、麻生の義弟で岸田政権で財務大臣を務めていた鈴木は、麻生の発した高市への投票指示に従わず、石破に投票していた。その行動に対する見返りともいえた。

さらにキングメーカーの一人である菅義偉がそれまで麻生の座っていた自民党副総裁となった。菅は小泉を支援していたが、裏で石破にも保険を掛けていた。推薦人集めに苦労していた石破のために「誰か出せないか」と声をかけていた。さらに、近しい議員に「決選投票では石破だ」と伝えていた。

いっぽうのキングメーカーの麻生太郎は、党則に規定のない最高顧問へと棚上げされた。

石破は、記者会見で異例の宣言をおこなった。

「新政権は、できる限り早期に国民の審判を受けることが重要だと考えている。諸条件が整えば、一〇月二七日に総選挙を行いたい」

翌日に総理大臣に就任予定とはいえ、事前段階で解散総選挙を表明するのは異例だった。

そもそも、石破は総裁選の討論でも、「できる限り早く総選挙を」と訴える小泉に対して、石破は「なってもいない者が言及すべきではない」「世界情勢がどうなるかわからないのにすぐ解散するという言い方は、私はしない」などと慎重姿勢を貫いていたため、異例の解散宣言は野党やメディアから強い批判を浴びた。

石破内閣、始動

一〇月一日、石破茂新総裁は、臨時国会で第一〇二代の総理大臣に選出され、石破新内閣を発足させた。

石破内閣は初入閣が一三人。裏金問題で政治資金収支報告書の不記載が発覚した議員は起用せず、安倍派からの入閣は見送った。

総裁選で争った加藤勝信が財務大臣に、旧岸田派で岸田政権でも官房長官だった林芳正が官房長官に引き続き就任した。

石破と同じ防衛族からの起用も目立つ。岩屋毅が外務大臣、中谷元《なかたにげん》が防衛大臣に就任。旧石破派のメンバーの赤沢亮正《あかざわりょうせい》が経済再生担当大臣、平将明《たいらまさあき》がデジタル担当大臣に就任した。

菅グループからは、坂井学《さかいまなぶ》元官房副長官が国家公安委員長に、牧原秀樹《まきはらひでき》元経産副大臣が法務大

村上誠一郎

臣に抜擢された。菅の地元の神奈川県選出で、菅と近い三原《みはら》じゅん子《こ》参議院議員も、こども政策担当大臣として初入閣を果たした。

また党の結束に配慮する姿勢も見せた。

麻生太郎最高顧問の麻生派から浅尾《あさお》慶一郎《けいいちろう》が環境大臣に、武藤容治《むとうようじ》が経済産業大臣に就任、旧森山派に所属し、高市を支持していた城内《きうち》実《みのる》を高市の後任の経済安全保障担当大臣に起用した。

話題を呼んだのは、今回石破の推薦人になった村上誠一郎《むらかみせいいちろう》元行政改革担当大臣を総務大臣に起用したことだ。村上は、銃撃により死亡した安倍晋三元総理を「国賊」と呼び、令和四年一〇月に自民党の党紀委員会で「品位に欠ける」として一年間の党役職停止処分を受けている。

石破総理は安倍一強時代、自分と同じく堂々と安倍批判をおこなっていた村上に強い共感を覚えているのであろう。

決選投票で石破に敗れた高市は、総務会長の打診を断り、入閣もしなかった。最初から幹事長以外の人事は受ける気がなかったという。

総裁選後、高市は支援を受けた麻生に会い、麻生から助言された。

「自民党の歴史の中で三年以上総理を務めた例は七人しかいない。俺も菅も一年。石破はもっと短いかもしれない。だから用意しておけ。議員は仲間作りが大事だから、これから半年くらい飲み会に行け」

高市は麻生の助言をもとにすでに動きはじめている。衆院選でも一〇〇人を超える候補者に頼まれて、各地に応援に駆け付けた。


衛藤は、今後総理総裁として多くの自民党議員と交流を深めてほしいと思っている。

「石破さんは平素のお付き合いが少ないから、それが議員票にも反映されてしまった。わたしがその酒席の部分を受け持ち、できる限り議員との飲み会を開いて、総理の考えを伝え、議員の考えを聞いて、総理に伝えます。その潤滑油として支えたい。これから総理と議員が直接交流する機会も頻繁に作っていこうと思っています。酒席のなかで琴線に触れるようなものがないと、人の輪は広がりません」

参議院議員として一期六年、衆議院議員として三〇年以上のキャリアを持つ衛藤は、多くの総理大臣と酒席を共にしたことがある。

彼らのほとんどは、酒席で他の議員たちとの交流を深めていた。

「中曽根康弘《なかそねやすひろ》さんも、総理大臣時代には若手の議員を官邸に呼んで、肩を組んで歌を一緒に歌ったりしていました。竹下登《たけしたのぼる》さんも若手を別荘に呼んで、しょっちゅう楽しく飲んでいました。読書も良いけれど、政治家はそれだけじゃダメですから　その点はこれからも石破総理にアドバイスしていきます」

最低賃金の上昇

衛藤が石破内閣に期待しているのが長年取り組んでいる最低賃金の上昇だという。

石破は、総裁選での政策集でも最低賃金を「二〇二〇年代に全国平均一五〇〇円」にすることを掲げ、一〇月四日の所信表明演説でも同様の訴えをおこなった。

平成三一年（二〇一九年）二月七日、衛藤は、自民党内に「最低賃金一元化推進議員連盟」が発足させ、会長を務めている。

最低賃金一元化とは、都道府県別の最低賃金設定を是正し、最低賃金を全国一律にすることをいう。議連の発足式では、英国出身で金融アナリストのデービッド・アトキンソンが基調講演をした。

昭和三四年（一九五九年）に施行された最低賃金法は福祉政策としてヨーロッパ各国よりも早く賃金の最低額を保障した。

だが、地域別にしたために、都市部と地方で最低賃金はかなり異なっている。

例えば、令和六年一〇月五日時点で、衛藤の選挙区である大分県の最低賃金は時給九五四円。

一方、日本で最も高い東京都の最低賃金は時給一一六三円。その差は二〇九円と大きい。

一日八時間労働で月に二〇日働いた場合で計算すると、一年間で四〇万一二八〇円もの収入格差が生じるのだ。

いっぽう、経済政策として最低賃金法を導入したイギリスやドイツなどは、全国一律の金額とした。

そのため、日本の若者のように自分の生まれ故郷を離れ都会を目指す必要はなく、地元で安定した収入を確保することができる。フランスでも、田舎町で暮らす人々が明るく元気が良いのは、パリの時給と田舎町の時給がすべて同じだからである。

中小零細企業経営者の多くは、感覚的に「最低賃金を引き上げると雇用が抑制されるから、勤労者のためにならない」と主張する。が、最低賃金が低い地域での最低賃金引き上げが雇用増に寄与したとの検証結果もすでに出ており、人手不足の中、実際に低賃金職種の時給上昇も進んでいる。

が、地方の最低賃金を少しずつ引き上げるためには、国の支援で補填するしかない。最低賃金を引き上げた企業に対して、雇用調整助成金や社会保険料での支援をおこなうなど、さまざまな方法がある。

「最低賃金一元化推進議員連盟」では、政治のイニシアティブで一元化を実現するため、さまざまな具体策を話し合いながら、菅義偉政権でも岸田文雄政権でも少しずつ、最低賃金の上昇を実現させてきた。

衛藤は、石破政権にさらにこの取り組みを進めてほしいと思っている。

また、衛藤は外交面でも石破に期待している。

防衛大臣や防衛庁長官を歴任した石破は、安全保障政策のスペシャリストだ。

石破総理は、日米同盟の強化につながるとして、在日米軍の法的地位を定めた日米地位協定の改定に取り組むことを表明している。

在日米軍に特別な地位を認めた日米地位協定の見直しは、かねてから課題であったが、これまで本格的に公約として掲げた政権はなかった。

衛藤はこの問題にも必死に向き合って、取り組んでほしいと思っている。

「来年で戦後八〇年になりますが、第二次世界大戦の敗戦国である日本とドイツとイタリアにはそれぞれ米軍基地がありますが、ドイツとイタリアは基地の管理権を持っていて、対等なんです。日本だけが持っていないんです。この問題に取り組まざるして真の独立国とは言えません」

衛藤は、それだけでなく北朝鮮による拉致問題の解決にも取り組んでほしいと思っている。

衛藤は、超党派の国会議員が参加する「日朝国交正常化推進議員連盟」の会長を務めている。

この議連は、与党の自民党と公明党だけでなく、野党も含めてすべての政党が議連に参加し、与野党の垣根を超えて、拉致問題の解決に取り組んでいる。

令和六年三月一五日にも、衛藤は国会内で林芳正官房長官と会談し、拉致問題などの解決に向けた北朝鮮の金正恩朝鮮労働党総書記との交渉を見据えて、岸田文雄総理に「早期の訪朝」を要請する議連の決議文を提出した。

衛藤は語る。

「朝鮮半島の安定と平和のためには、日朝の国交正常化が大事だと思っています。総理大臣自ら、金正恩《キム・ジョンウン》委員長と直接交渉してほしいですね」

石破自身も、平成四年に超党派の訪朝団の一員として北朝鮮を訪問した経験がある。

さらに平成一四年二月に「北朝鮮に拉致された日本人を早期に救出するために行動する議員連盟」（現・拉致議連）が設立された際には、初代の会長を務めていて、拉致問題については以前から熱心に取り組んでいる。

中国の軍備拡張もあり、東アジアにおける緊張関係は年々高まりつつある。

衛藤はさらに語る。

「まずアメリカを動かして、アメリカが先に北朝鮮と国交正常化する。そうすると、韓国もやるでしょう。その次に日本もやる。北朝鮮のミサイルの防衛のために莫大な防衛費が必要になりますが、まず外交を尽くすべきです」

また、中国と台湾の関係も、非常に問題である。

「当たり前のことですが、日本が中国と敵対したからといって、台湾を守ることはできません。台湾の現状維持を前提として、日本と中国がしっかりとした関係を構築することが何より重要です。台湾の平時を守ることが日本の平時ですから」

衛藤は、憲法改正推進本部長を務めるなど、憲法改正にも長年取り組んできた。

「まずは九条に自衛隊を明記することと緊急事態条項の追記。四項目のうちのこの二つにじっくり取り組んでほしいですね」

裏金問題議員の非公認

一〇月一日に石破内閣が発足すると、二階派からは石破の推薦人だった伊東良孝《いとうよしたか》が沖縄《おきなわ》北方担当大臣として入閣し、さらに伊藤忠彦も復興大臣として入閣した。

武田は今後どのように石破内閣を支えていくのか。

「決選投票で石破さんを支持した宏池会、参議院の平成研究会、菅前総理を支持する議員たちのグループ、財務大臣に起用された加藤勝信さんと連携しながら支えていこうと思っています」

「ＨＫＴ」の一員である加藤勝信は、推薦人集めに苦戦していたが、告示の二日前の九月一〇日に出馬表明にこぎつけた。

実は加藤の推薦人集めにも武田は協力していた。

「足りなくて困っているというから、その時滞在していたソウルから何人かに電話して頼みました」

加藤は、議員票一六票、党員票六票の合計二二票で最下位に沈んだが、石破内閣では重要閣僚の財務大臣に就任している。

今後、さらに活躍の機会を広げるだろう。

総裁選後、石破から総務会長に就任してほしいとの依頼を断り、一議員になった高市だが、衛藤は、今後総理総裁となる可能性はおおいにあると語る。

「幹事長以外は受けないと言った高市さんの考えも理解できます。今回高市さんは党員からも国会議員からも多くの支持を得たわけですから、今後の彼女の動き次第ではさらに注目されると思いますよ。彼女の外交姿勢について懸念する声もありますが、わたしは心配していません。しかるべき立場の時には、それなりにバランスをとって、将来を見据えて、やってくれると思います」

総理大臣となった石破にとって、重要だったのが衆院選で自民党の派閥の裏金事件で問題になった議員の公認問題だった。

一度は裏金議員を「原則公認」とする方針が報じられたが、世論から批判や反発が噴出し、衆院選への影響が無視できなくなり、軌道修正を迫られた。

石破総理は世論の反発を考えて、厳しい判断を下していく。

一〇月六日午後二時過ぎ、石破総理は、自民党本部で、森山裕幹事長、小泉進次郎選挙対策委員長との協議を終えたあと、非公認の対応について記者団に語った。

「わたしはこれまで一貫して、政治資金の問題に対する国民の不信や怒りに対し、党としてきちんと対応することが必要だと申し上げてきた」

一〇月九日、自民党は、衆院選の一次公認候補二七九人を発表した。

石破茂総理（党総裁）が示した基準に従い、萩生田光一元政調会長、下村《しもむら》博文《はくぶん》元政調会長ら六人の非公認のほかに、さらに菅家《かんけ》一郎《いちろう》や越智《おち》隆雄《たかお》、小田原《おだわら》潔《きよし》など六人の非公認が決まった。

ただし、非公認議員が無所属で立候補する場合は対立候補を擁立しない方針で、非公認の候補者が選挙に勝った場合、追加公認する可能性にも言及した。

総裁選で石破総理の最後の推薦人になった保岡は思った。

〈石破総理の真骨頂だ。政治改革のために自ら決断されたんだな……〉

一〇月九日午後、石破内閣は衆院を解散した。解散後の臨時閣議で「一五日公示、二七日投開票」の衆院選の日程が決まり、与野党は事実上の選挙戦に入った。

石破総理は、一〇月九日夜、官邸で記者会見し、語った。

「国民に信を問い、信任を得て、新政権の掲げる政策に力強い後押しをお願いしたい」選挙戦を通じ、能登半島地震の被災地の復興、物価高対策を含む経済政策、自衛隊員の処遇改善、地方創生などを訴える考えを示した。

石破総理は、今回の解散を「日本創生解散」と命名。

週内にも地方創生に向けた新たな本部を設け、年末に向けて考え方をまとめる意向を示した。

勝敗ラインは「自民党、公明党で過半数を目指したい」と語った。

あいまいな政権公約

一〇月一〇日、自民党は、衆院選の政権公約を発表した。低所得者世帯への給付金を含む物価高対策や、石破茂総理肝いりの防災庁設置、地方創生の交付金倍増などを打ち出した。

一方で、派閥の裏金事件を受けた政治改革は、他党と比べて具体性に欠ける内容で、踏み込み不足が目立つ。

「日本を守る。成長を力に。」と題した公約は、石破総理が掲げる「五つの守る」を柱にした。

政治への信頼を取り戻す「ルールを守る」、物価高対策などの「暮らしを守る」、防衛力や防災の強化をめざす「国を守り、国民を守る」、高校の無償化拡充など「未来を守る」、人口減少に取り組む「地方を守る」とし、別項に憲法改正の実現も掲げた。

裏金事件を受けた政治改革では「ルールを徹底して守る政党に生まれ変わる」と強調。総理直轄の「政治改革本部」を置き改革を進めるとした。小野寺五典政調会長は会見で「信頼回復の一丁目一番地だ」と訴えた。

党から議員に渡され、使途公開の義務がない政策活動費については監査を担う第三者機関の設置などに取り組むとした。

ただ、公明党や立憲民主党が「政活費の廃止」を明記しているのに対し、自民の公約は「将来的な廃止も念頭に」との表現にとどまった。小野寺は、「かなり議論があった。各党横並びで議論し、前に進むことが必要だ」と語った。

国会議員に毎月一〇〇万円支給される調査研究広報滞在費（旧文通費）については、他党と同様に使途の公開や、未使用分の国庫返納を盛り込んだ。

物価高対策では、電気・ガス料金やガソリン代の補助と併せて「総合的な対策に取り組む」とし、基本的に岸田政権の政策を引き継ぐ姿勢を鮮明にした。そのうえで低所得者世帯への給付金に加え、学校給食の負担軽減などについて、地域ごとで対応できるよう重点支援地方交付金を拡充するとした。

九月の総裁選で石破自身が主張していた政策については、部分的に取り込まれた。

「石破カラー」が色濃く出た防災庁設置は、準備を進めると明記。避難所の環境改善などに取り組み、災害関連死ゼロを目指すとした。

一方、党内でも議論が割れる日米地位協定の改定については「あるべき姿を目指す」としたのみ。「アジア版NATO（北大西洋条約機構）」については詳細に触れなかった。

選択的夫婦別姓は、「運用面で対応する形で一刻も早い不便の解消に取り組む」としつつ、今後の夫婦の氏制度の在り方については「社会的意義や運用上の課題などを整理しつつ、合意形成に努める」とあいまいさを残した。

二〇〇〇万円問題が最後のとどめ

令和六年一〇月二七日投開票の第五〇回衆議院議員選挙は、就任したばかりの石破茂総理にとって非常に厳しい結果となった。

石破総理は、選挙前には衆院選の勝敗ラインを「自公で過半数の二三三議席」と明言していた。だが、自民党は選挙前の二四七議席から五六議席も減らし、なんと一九一議席であった。政治とカネの問題についての逆風は予想以上に強かったのである。

さらに自民党だけでなく、選挙前に三二議席だった公明党も、八議席減らして二四議席であった。

特に苦戦をしたのが小選挙区で、令和三年の衆院選での九議席から五議席も減らし、四議席しか獲得できなかった。

長年党代表を務めていた山口那津男に代わり、令和六年九月二八日の党大会で新代表に就任した石井啓一も、埼玉県一四区から立候補したが、国民民主党の鈴木義弘に敗れ、比例区での重複立候補もしていなかったために落選した。

その後、石井は、代表を辞任する意向を表明。後任には斉藤鉄夫前国土交通大臣が就任している。

自民党と公明党の合計は、目標の二三三議席に一八議席も届かない二一五議席となり、過半数割れに陥ってしまった。

この衆院選で、自民党にとって特に致命傷となったのが、選挙戦の終盤の一〇月二三日に発覚した共産党の機関紙の「しんぶん赤旗」のスクープであった。政治資金収支報告書に収入を記載していなかった自民党の前議員一〇人が党から公認されずに無所属で立候補していたが、非公認となった候補者が代表を務める政党支部に対して、自民党本部が、公示後に政党交付金として二〇〇〇万円を支給していたのが明らかになったのだ。選挙戦の最終盤に浮上した二〇〇〇万円問題は、さらに有権者の自民党に対する視線を厳しいものにし、激戦区で自民党の候補者が競り負ける要因となった。

いっぽうで、衆院選前に新代表に就任していた野田佳彦が率いる立憲民主党は、選挙前の九八議席から五〇議席も増やし一四八議席であった。

日本維新の会は四四議席から六議席減の三八議席、国民民主党は七議席から二一議席増の二八議席、共産党は一〇議席から二議席減の八議席、れいわ新選組は三議席から六議席増の九議席、社民党は現状一議席の維持だった。

衆院選の翌日の一〇月二八日、石破総理は記者会見で厳しい表情を浮かべながら、語った。

「今回の厳しい結果は、自由民主党の改革姿勢に対する国民の皆様方の厳しいご叱責と受け止めております」

石破は敗因となった政治とカネの問題についても語った。

「身内の論理や党内の理屈だと、国民の皆様から思われていることを今後は一切排除し、わたし自身も原点に返り、厳しい党内改革を進め、政治とカネにつきましては、さらに抜本的な改革をおこなってまいります」

与党過半数割れという大誤算の結果により注目を集めたのが、衆院選後に開かれる特別国会での内閣総理大臣指名選挙だった。

もし、野党側が結集して一人の候補者を押し出した場合、状況によっては自公が推す候補者を決選投票で逆転することも可能だったからだ。

しかし、野党側で結集の気運が高まることはなかった。

一一月八日、今回の衆院選で躍進した国民民主党の玉木雄一郎代表は、外国特派員協会で記者会見を開き、総理大臣指名選挙について明言した。

「一回目も決選投票でも玉木雄一郎と書くつもり」

玉木代表は、決選投票への進出が予想される野田ではなく、無効になっても自らの名前を書くと宣言したのだ。

さらに日本維新の会も、一一月一〇日の夜の両院議員総会で、一回目と決選投票で馬場伸幸代表に投票する方針を決めた。

結局、一一月一一日に招集された特別国会で行われた内閣総理大臣選挙では決選投票の末に石破が二二一票を獲得して一六〇票を獲得した野田佳彦をやぶり、総理大臣を続投することが決まった。

衆院で過半数を持たずに、いつ内閣不信任案が可決してもおかしくない「少数与党」という状況のなか、石破総理は今後、どのような政権運営をおこなっていくのか。

令和七年夏に参院選が迫るなか、石破総理の舵取りにさらなる注目が集まっている…。

あとがき

この作品は、東京スポーツ新聞に、令和四年一〇月四日から令和五年一二月二九日までに全二四一回にわたり連載した『死してなお　昼将軍安倍晋三』と、令和六年一月一〇日から令和六年九月二七日までに全一四三回にわたり連載した『政界大波乱！　立ち向かう岸田文雄』をもとに再構成し、単行本化にあたって、書き下ろしたものになります。

執筆にあたり、青山繁晴、甘利明、荒井広幸、石井啓一、石井準一、石破茂、岩屋毅、衛藤征士郎、遠藤利明、小倉将信、小野寺五典、木原誠二、加藤勝信、古賀誠、小林鷹之、佐藤正久、下村博文、鈴木俊一、高市早苗、高鳥修一、武田良太、竹中平蔵、林芳正、西村康稔、野田聖子、萩生田光一、平沢勝栄、森山裕、保岡宏武、山田宏の諸氏（五〇音順）、そのほか名前を明かすことの出来ない政界関係者の取材協力をいただきました。お忙しいなか、感謝いたします。

本文中の肩書きは、その当時のもの、敬称は略させていただきました。

また、朝日新聞、産経新聞、日本経済新聞、毎日新聞、読売新聞、日本経済新聞の各紙、月刊誌『文藝春秋』令和三年九月号、月刊誌『中央公論』令和四年九月号、『美しく、強く、成長する国へ。―私の「日本経済強靭化計画」』（高市早苗著・ワック）を参考にいたしました。

なお、東京スポーツ新聞に連載中、叱咤激励してくださった担当の小林宏隆氏、この作品の上梓に協力してくださった、さくら舎の古屋信吾氏に感謝いたします。

著者略歴

一九四四年、広島県に生まれる。広島大学文学部仏文科を卒業。「週刊文春」記者をへて、作家として政財官界から芸能、スポーツ、犯罪まで幅広いジャンルで旺盛な創作活動をつづけている。
著書には『十三人のユダ　三越・男たちの野望と崩壊』（新潮文庫）、『実録　田中角栄と鉄の軍団』シリーズ（全三巻、講談社＋α文庫）、『昭和　闇の支配者』シリーズ（全六巻、だいわ文庫）、『安倍官邸「権力」の正体』（角川新書）、『逆襲弁護士　河合弘之』『専横のカリスマ　渡邉恒雄』『激闘！闇の帝王　安藤昇』『百円の男　ダイソー矢野博丈』『田中角栄　最後の激闘』『日本を揺るがした三巨頭』『政権奪取秘史』『スルガ銀行　かぼちゃの馬車事件』『安藤昇　侠気と弾丸の全生涯』『西武王国の興亡』『最後の無頼派作家　梶山季之』『ハマの帝王』『任侠映画伝説　高倉健と鶴田浩二（上・下）』（以上、さくら舎）などがある。

自民党大乱《じみんとうたいらん》
――裏金《うらがね》・抗争《こうそう》・権力奪取《けんりょくだっしゅ》

二〇二五年二月八日　第一刷発行

著者　大下英治《おおしたえいじ》
発行者　古屋信吾
発行所　株式会社さくら舎　http://www.sakurasha.com
東京都千代田区富士見一-二-一一　〒一〇二-〇〇七一
電話　営業　〇三-五二一一-六五三三　ＦＡＸ　〇三-五二一一-六四八一
編集　〇三-五二一一-六四八〇　振替　〇〇一九〇-八-四〇二〇六〇

カバー写真　共同通信社
装丁　村橋雅之
印刷　株式会社新藤慶昌堂
製本　株式会社若林製本工場

ISBN978-4-86581-453-8